2026
브랜드 만족 1위

7·9급 공무원 시험대비

박문각
공무원

특별판

합격 까지 함께

9급/7급 행정학 기출문제 OX지문 총정리

Day별로 나누어 학습하도록 30Day로 구성

개정법령 및 최신 출제 경향 완벽 반영

최욱진 편저

동영상 강의 www.pmg.co.kr

최욱진
행정학 ★★★★★
천지문 OX

박문각

☆ 나의 소중한 시간을 아껴주는 강의 : 최욱진 행정학

✎ 들어가는 글

안녕하세요. 공무원 시험을 준비하는 수험생들에게 행정학을 전하고 있는 최욱진입니다. 기출문제를 정복하는 것은 여러분의 단기합격을 위해 꼭 필요한 조건 중 하나입니다. 이는 모든 수험생이 공감하는 부분이지요. 지금 여러분은 기출문제를 제대로 공부하고 있는지요? 기출문제를 잘 공부하는 방법은 아래와 같습니다.

1. 중요하지 않은 기출문제에 집착하지 말자.

기출문제의 종류는 크게 두 가지가 있습니다. '중요한 문제와 그렇지 않은 문제'이지요. 수험생이 흔히 범하는 오류 중 하나는 중요하지 않은 기출문제에 집착하는 것입니다. 중요하지 않은 문제는 모두에게 낯설고 어려운 주제이거나, 중요한 지식을 바탕으로 해결할 수 있는 경우가 대다수입니다. 전자는 상대평가이므로 틀려도 괜찮은 것이고, 후자는 풀 수 있는 문제이므로 합격에 악영향을 미치지 않습니다. 그러니 기출문제 수업을 수강하면서 제가 경중을 가려드리는 것을 바탕으로 공부하시길 바랍니다.

2. 총론부터 기타 제도 및 법령까지 전체를 여러 번 회독하자.

공무원 행정학 시험은 총론부터 기타 제도 및 법령까지 중요한 부분을 중심으로 고르게 출제됩니다. 따라서 행정학의 특정 부분을 자세히 공부하는 사람보다 중요한 내용을 중심으로 전체를 여러 번 공부하는 수험생이 합격할 공산이 큽니다. 최욱진 행정학은 이와 같은 방향성을 토대로 다음의 커리큘럼을 제시하고 있습니다.

✎ 최욱진 행정학 커리큘럼 체계

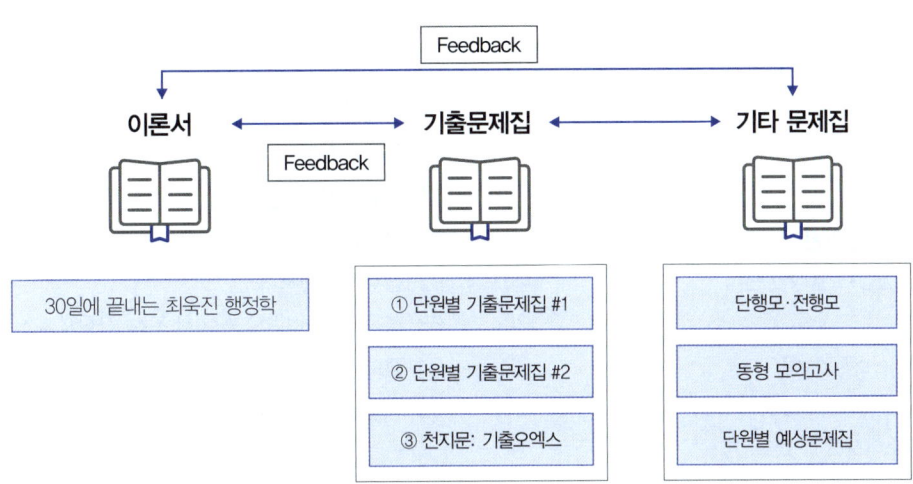

위의 커리큘럼 체계를 보세요. 여러분은 이론수업과 단원별 기출문제집 수업만 수강해도 최소 행정학을 5회 반복하게 되는바 시험에 붙을 수 있는 경쟁자가 될 수 있습니다. 행정학 점수가 나오지 않는 이유는 간단합니다. 기출문제를 제대로 공부하지 않았기 때문이지요. 현장에서의 경험을 토대로 말씀드리자면, 재수가 아니라 N수 하는 분들도 중요한 기출문제를 잘 풀지 못하는 경우가 많습니다. 총론부터 기타 제도 및 법령까지 중요한 부분을 중심으로 계속 반복하세요. 여러분을 합격으로 안내하는 지름길이 될 것입니다.

✎ 마치는 글

다반향초(茶半香初)라는 말이 있습니다. 이는 차가 반이나 줄었으나 그 향은 처음과 같다는 뜻입니다. 힘든 수험생활이지만 초심을 잃지 않고 그 향을 이어간다면 어느새 합격의 문에 도달해 있으리라 생각합니다. 그 과정에서 저 또한 처음의 마음을 잊지 않고 여러분과 함께 하겠습니다. 아무쪼록 저의 교재와 커리큘럼이 여러분의 소중한 시간을 아끼는 데 도움이 될 수 있기를, 여러분의 목표를 이루는 데 일조할 수 있기를 진심으로 소망하면서 짧은 글을 마치겠습니다. 궁금한 사항이 있을 때 언제든지 저의 블로그나 유튜브 채널에 문의주세요. 감사합니다.

Mr. Ku. 최욱진 드림

CONTENTS

이 책의
차례

CONTENTS

이 책의
차례

이 책의
구성과 특징

❶ 2,000여 개의 기출 선지로 완벽 정리

다양한 시행처에서 출제된 기출 선지 중 주제별로 많이 출제되는 선지들을 정리하였습니다.
OX를 체크하며 빈출 개념을 파악하고 실력을 점검할 수 있습니다.

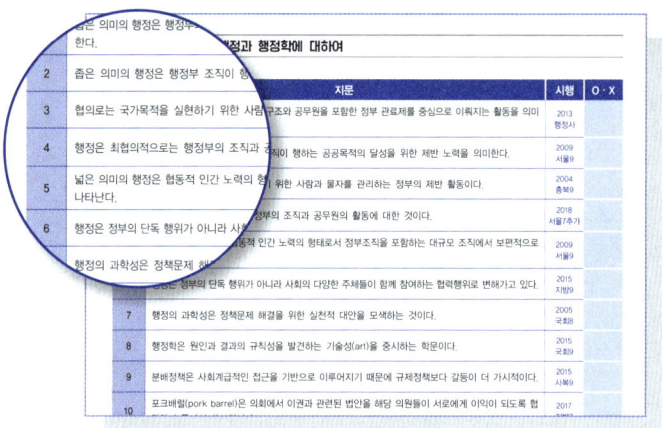

❷ 자세한 해설 제공

문제를 풀고 바로 확인을 할 수 있도록 기출 선지와 정답 및 해설을 한번에 볼 수 있도록 구성하였습니다.
자세한 해설을 통해 알고 있는 개념은 한 번 더 확인하고, 오답이 나온 문제는 다시 복습할 수 있습니다.

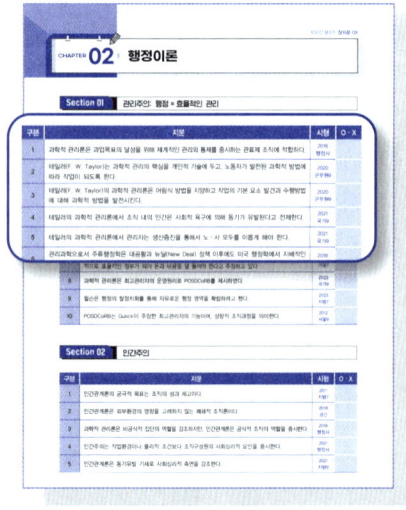
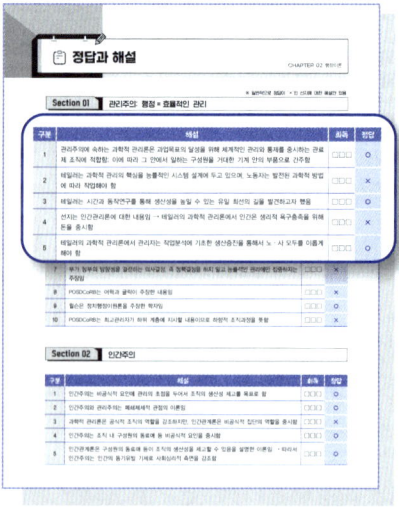

❸ 회독 공부법

총론부터 기타 제도 및 법령까지 반복적인 회독을 통해 자신의 취약 파트를 확인하고, 모르는 부분을 채워나가면서 행정학을 단단하게 다질 수 있습니다.

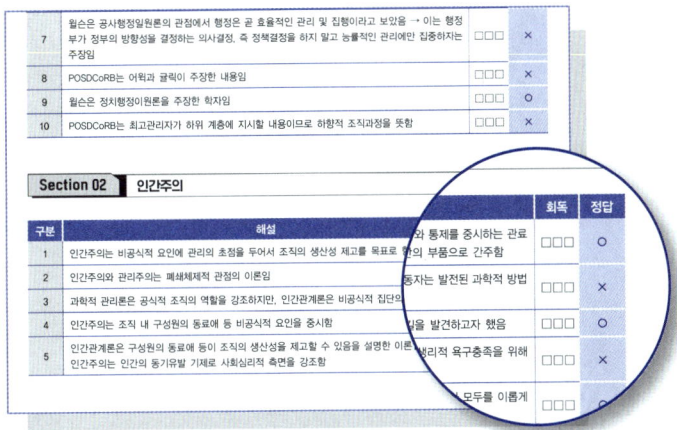

❹ 30 DAY 학습 설계

행정학 전 범위를 DAY 01~30으로 구성해 30일 안에 학습할 수 있도록 설계했습니다.

최욱진 행정학 천지문 OX ✧

PART

01

행정학총론

CHAPTER **01** ▤ **행정과 행정학**

Section 01   **행정과 행정학에 대하여**

구분	지문	시행	O · X
1	좁은 의미의 행정은 행정부의 구조와 공무원을 포함한 정부 관료제를 중심으로 이뤄지는 활동을 의미한다.	2013 행정사	
2	좁은 의미의 행정은 행정부 조직이 행하는 공공목적의 달성을 위한 제반 노력을 의미한다.	2009 서울9	
3	협의로는 국가목적을 실현하기 위한 사람과 물자를 관리하는 정부의 제반 활동이다.	2004 충북9	
4	행정은 최협의적으로는 행정부의 조직과 공무원의 활동에 대한 것이다.	2018 서울7추가	
5	넓은 의미의 행정은 협동적 인간 노력의 형태로서 정부조직을 포함하는 대규모 조직에서 보편적으로 나타난다.	2009 서울9	
6	행정은 정부의 단독 행위가 아니라 사회의 다양한 주체들이 함께 참여하는 협력행위로 변해가고 있다.	2015 지방9	
7	행정의 과학성은 정책문제 해결을 위한 실천적 대안을 모색하는 것이다.	2005 국회8	
8	행정학은 원인과 결과의 규칙성을 발견하는 기술성(art)을 중시하는 학문이다.	2015 국회9	
9	분배정책은 사회계급적인 접근을 기반으로 이루어지기 때문에 규제정책보다 갈등이 더 가시적이다.	2015 사복9	
10	포크배럴(pork barrel)은 의회에서 이권과 관련된 법안을 해당 의원들이 서로에게 이익이 되도록 협력하여 통과시키는 것이다.	2017 지방7	
11	집합재는 비경합성과 비배제성의 특징 때문에 과소공급과 과다공급의 쟁점을 야기시키는 만큼 원칙적으로 공공부문에서 공급해야 할 서비스이다.	2017 경간	
12	전기와 고속도로는 공공재의 성격을 갖고 있다.	2015 교행9	
13	요금재는 독점이익의 왜곡을 방지하기 위해 주로 일반행정 방식이나 책임경영 방식이 활용되지만, 정부실패로 인해 민간기업의 참여가 활성화되어 있다.	2012 국가7	
14	무임승차자가 발생하는 근본 원인으로는 비배제성을 들 수 있다.	2014 국가7	
15	전기·수도와 같은 공공서비스 공급에 정부가 개입하는 이유는 해당 서비스가 비경합성과 비배제성을 지니고 있기 때문이다.	2018 행정사	
16	순수민간재는 경합성과 배제성을 동시에 지니고 있다.	2018 행정사	
17	공유지의 비극은 소유권이 불분명하게 규정되어 자원이 낭비되는 현상이다.	2012 지방9	

※ 일반적으로 정답이 'x'인 선지에 대한 해설만 있음

Section 01	행정과 행정학에 대하여

구분	해설	회독	정답
1	협의로서 행정은 정부의 활동을 의미함	☐☐☐	O
2	좁은 의미의 행정은 공익을 위해 행정부 조직이 행하는 활동을 의미함	☐☐☐	O
3	협의로서 행정은 공익을 실현하기 위한 사람과 물자를 관리하는 정부의 제반 활동임	☐☐☐	O
4	시험에서 최협의로서 행정과 협의로서 행정은 같은 의미임	☐☐☐	O
5	넓은 의미의 행정은 협력행위를 의미함 → 정부조직을 포함하는 대규모 조직에서 보편적으로 발생	☐☐☐	O
6	최근 행정의 개념은 정부의 단독 행위가 아니라 사회의 다양한 주체들이 함께 참여하는 협력행위, 즉 거버넌스로 변해가고 있음	☐☐☐	O
7	문제해결을 위한 대안을 모색하는 것은 기술성에 대한 내용임 ※ 과학성: 어떤 현상에서 인과법칙을 발견하려는 특성	☐☐☐	×
8	원인과 결과의 규칙성을 발견하는 것은 '과학성'에 대한 내용임	☐☐☐	×
9	재분배정책은 사회계급적인 접근을 기반으로 이루어지기 때문에 규제정책보다 갈등이 더 가시적임	☐☐☐	×
10	로그롤링(log rolling)은 의회에서 이권과 관련된 법안을 해당 의원들이 서로에게 이익이 되도록 협력하여 통과시키는 현상임 ※ 포크배럴: 보조금과 같은 편익을 더 많이 얻기 위해 이익집단이나 의원이 노력하는 현상	☐☐☐	×
11	집합재, 즉 공공재는 무임승차자 문제로 인해 정확한 수요를 파악하기 어려움 → 아울러 시장에서 공급하지 않는바 정부가 직접 공급함	☐☐☐	O
12	전기와 고속도로는 요금재의 성격을 갖고 있음	☐☐☐	×
13	요금재의 일부는 자연독점으로 인해 정부가 공급하지만, 정부가 서비스를 제대로 공급하지 못하면 시장이 공급할 수도 있음	☐☐☐	O
14	비배제성, 즉 서비스를 공짜로 이용할 수 있는 특성은 무임승차자가 발생하는 원인임	☐☐☐	O
15	전기·수도와 같은 공공서비스 공급에 정부가 개입하는 이유는 해당 서비스가 자연독점 현상을 야기할 수 있기 때문임 ※ 자연독점은 규모의 경제효과로 인해 발생하는데, 규모의 경제효과는 생산 설비의 규모 증가에 따른 생산 비용의 감소 현상을 의미함	☐☐☐	×
16	순수민간재, 즉 시장재는 경합성과 배제성을 동시에 지니고 있음	☐☐☐	O
17	공유지의 비극은 주인이 없는 천연자원 등이 낭비되는 현상임	☐☐☐	O

18	공유지의 비극은 한 사람의 선택행위가 다른 사람에게 긍정적인 외부효과를 초래한다.	2012 지방9	
19	공유지의 비극을 해결하기 위해 고전적 공유재 모형이 제시한 전형적인 대안들은 공유재산을 사유화 하는 방식이었다.	2012 국가7	
20	공유재는 비경합성과 비배제성을 특징으로 하며 국방, 외교 등이 여기에 속한다.	2024 지방7	
21	민간위탁의 방식에는 면허방식, 바우처 방식, 책임경영 방식, 자조활동 방식 등이 있다.	2014 서울9	
22	BLT(Build Lease Transfer)는 민간의 투자자금으로 건설한 공공시설을 정부가 사업운영하여 민간에 임대료를 지불하는 방식으로, 운영종료 시점에 정부가 소유권을 이전받게 된다.	2012 경간	
23	민간부문에 의한 공공서비스 제공은 대규모의 사업착수비용을 절약할 수 있다.	2009 국회9	
24	시장성이 큰 서비스를 다루는 공기업을 민영화하게 되면 지나친 경쟁체제에 노출되기 때문에 민영화 의 실익이 없다.	2015 국가7	
25	BOT는 민간투자기관이 민간자본으로 공공시설을 건설하고 시설완공 후 일정기간 동안 민간투자기관 이 소유권을 가지고 직접 운영하여 투자비를 회수하는 방식이다.	2020 군무원7	
26	BTO방식은 민간투자기관이 민간자본으로 공공시설을 건설하고 시설완공과 동시에 소유권을 정부에 이전하는 대신, 민간투자기관이 일정 기간 시설을 운영하여 투자비를 회수하는 방식이다.	2020 군무원7	
27	BOO방식은 민간투자기관이 민간자본으로 공공시설을 건설하고 시설완공 후 일정기간 동안 민간투 자기관이 소유권을 가지고 직접 운영하여 투자비를 회수한 다음, 기간만료 시 소유권을 정부에 이전 하는 방식이다.	2020 군무원7	
28	행정학은 다른 학문으로부터 많은 이론과 지식을 받아들여 종합학문적인 성격을 지니고 있다.	2019 행정사	
29	민영화의 방식 중 보조금(subsidy)방식은 신축적 인력운영이 가능하고 서비스 수준을 개선하는 효과 가 크다.	2020 군무원7	
30	왈도(D. Waldo)가 'practice'란 용어로 지칭한 기술성은 정해진 목표를 어떻게 효율적으로 달성하는 가 하는 방법을 의미한다.	2020 군무원9	
31	경쟁의 심화는 민영화의 문제점 중 하나이다.	2020 군무원9	
32	바우처는 소수의 공급자가 있는 경우에 유용하게 활용될 수 있다.	2021 경찰간부	
33	요금재는 X-비효율성으로 인해 발생할 수 있는 문제 때문에 대부분 정부가 공급한다.	2023 지방7	

18	공유지의 비극은 한 사람의 선택행위가 다른 사람에게 부정적인 외부효과(피해)를 초래함	☐☐☐	×
19	공유지의 비극을 해결하기 위해 고전적 공유재 모형이 제시한 전형적인 대안(전통적인 해결방식)은 공유재산에 소유권을 부여하는 것임	☐☐☐	O
20	선지는 공공재에 대한 내용임 → 공유재는 비배제성과 경합성을 띠며, 주인이 없는 천연자원 등이 예시에 해당함	☐☐☐	×
21	책임경영 방식은 민간위탁 방식에 해당하지 않음	☐☐☐	×
22	임대형 민간투자방식은 공공임대주택, 노인요양 시설 등 투자비 회수가 어려운 시설에 주로 활용됨	☐☐☐	O
23	민간위탁 등을 활용하면 정부의 서비스 공급비용을 절약할 수 있음	☐☐☐	O
24	시장성이 큰 서비스를 다루는 공기업을 민영화하게 되면 지나친 경쟁체제에 노출되기 때문에 민영화의 실익이 있음	☐☐☐	×
25	BOT는 민간투자기관이 민간자본으로 공공시설을 완공하고 일정 기간 해당 시설을 직접 운영하면서 투자비를 회수한 뒤에 소유권을 정부에 이전하는 방식임	☐☐☐	×
26	수익형 민간투자방식은 투자비 회수가 용이한 시설(도로·철도 등)에 주로 적용됨	☐☐☐	O
27	선지는 BOT방식에 대한 내용임; BOO는 민간부문이 건설하고, 해당 시설의 소유권 및 운영권을 민간부문이 갖는 방식임	☐☐☐	×
28	행정학은 여러 학문을 활용하는 응용학문임	☐☐☐	O
29	① 선지는 자원봉사자 방식에 대한 내용임 ② 자원봉사자 방식은 <u>서비스를 생산할 때 발생하는 지출만 보상받고 직접적인 보수는 받지 않는 방식으로써</u> 신축적 인력운영이 가능하고, 서비스 수준이 개선될 수 있으며 정부의 재정상태가 좋지 않은 시기에 예산삭감에 따른 서비스 수준에 대한 영향을 최소화할 수 있음 ③ **보조금 방식** : 민간부문이 제공하는 공공서비스 활동에 대해 정부가 재정 또는 현물의 일부를 지원하는 방식이며 서비스가 기술적으로 복잡하여 서비스의 목적달성이 불확실한 경우, 공공서비스에 대한 요건을 구체적으로 명시하기 곤란한 경우에 활용함	☐☐☐	×
30	왈도가 아니라 사이먼이 언급한 내용임; 사이먼이 'practice'란 용어로 지칭한 기술성은 정해진 목표를 어떻게 효율적으로 달성하는가 하는 방법을 의미함; 왈도(D. Waldo)는 기술성을 'art' 혹은 'professional'이란 용어로 지칭함 → 기술성은 특정 문제를 처방하고 치료하는 행위를 뜻함	☐☐☐	×
31	경쟁의 심화는 능률성을 촉진하는 까닭에 민영화의 장점에 해당함	☐☐☐	×
32	바우처는 시장 내 다수의 공급자가 있을 때 유용하게 활용될 수 있음	☐☐☐	×
33	요금재는 자연독점 문제로 인해 정부가 공급할 수 있음 **참고** X-비효율성은 정부실패 요인이므로 선지는 모순되는 내용임	☐☐☐	×

Section 02 행정학의 정체성: 행정과 경영, 그리고 정치

구분	지문	시행	O·X
1	행정은 모든 국민에게 법 앞에 평등원칙이 지배하지만, 경영은 고객에 따라 대우를 달리 할 수 있다.	2013 행정사	
2	효과적인 업무수행을 위해 관리성이 강조되는 것은 행정과 경영이 구분되는 속성이다.	2014 국가9	
3	행정은 공익을 추구하기 때문에 경영보다 법적 규제를 적게 받는다.	2013 행정사	
4	공공부문의 성과관리는 민간부문에 비해 성과지표가 다양하기 때문에 성과측정이 용이하다.	2025 지방7	
5	굿노(Goodnow)는 정치를 국가의지의 표명으로, 행정을 국가의지의 집행으로 정의했다.	2023 지방7	
6	전통적으로 민주주의 정치체제에서 정치는 가치 개입적 행위이며, 행정은 가치 중립적 행위이다.	2013 국회8	
7	윌슨(Wilson)은 '행정의 연구'에서 행정과 정치의 분리를 강조하며 행정의 능률성을 강조하였다.	2007 대구9	
8	윌슨은 행정부패를 막기 위해서 그 진원지가 되는 '정치로부터 행정을 격리하려는(행정으로부터 정치를 격리시키려는)'논리를 전개하였다.	2004 국가7	
9	정치행정이원론은 공사행정이원론의 성립에 기여하였다.	2012 국회9	
10	윌슨(W. Wilson)의 정치행정이원론은 행정의 정책결정권한 및 적극성을 강조한다.	2018 행정사	
11	정치행정이원론은 행정의 정책형성기능 강화로 인해 기능적 행정학을 추구했다.	2024 국가7	
12	19세기 이후 엽관제의 비효율 극복을 위해 제퍼슨·잭슨 철학에 입각한 진보주의 운동과 행정의 탈정치화를 강조한 정치행정이원론이 전개되었다.	2015 서울7	
13	정치행정일원론에서 공공조직의 관리자들은 정책결정자를 위한 지원, 정보제공의 역할만을 수행한다.	2019 서울9	
14	정치행정일원론에서 공공조직의 관리자들은 정책을 구체화하면서 정책결정기능을 수행한다.	2019 서울9	
15	1930년대 경제대공황 이후 행정권의 우월화 현상을 인정한 정치행정일원론이 등장하였다.	2017 서울7	
16	정치행정일원론은 디목(M. E. Dimock), 애플비(P. H. Appleby) 등에 의해 주장되었다.	2015 행정사	
17	정치행정일원론은 행정에 있어서 절약과 능률을 최고 가치로 추구한다.	2015 행정사	
18	애플비(Appleby)는 정치는 국가의 의지를 표명하고 정책을 구현하는 것이며, 행정은 이를 실천하는 것으로 정치와 행정의 차이를 명확히 구별했다.	2016 국가7	
19	행정의 적극적 기능수행과 행정입법의 확대를 지지하는 입장은 행정의 정치성·공공성을 강조한다.	2009 서울7	

Section 02 행정학의 정체성: 행정과 경영, 그리고 정치

구분	해설	회독	정답
1	행정은 경영과 다르게 형평성을 추구함	☐☐☐	O
2	효과적인 업무수행을 위해 관리성이 강조되는 것은 행정과 경영의 유사점임	☐☐☐	X
3	행정은 국민의 세금으로 공익을 추구하기 때문에 경영보다 법적 규제를 많이 받음	☐☐☐	X
4	행정의 목적은 공익인데, 공익은 사익(기업의 순이익)에 비해 추상적인 개념임 → 따라서 공익을 달성하는 지표나 척도를 개발하기 어려움	☐☐☐	X
5	굿노는 정치행정이원론을 주장한 학자임(1900)	☐☐☐	O
6	일반적으로 정치는 정책결정을 통해 정부의 방향성을 설정함; 반면 행정은 정치가 결정한 내용을 능률적으로 집행함	☐☐☐	O
7	윌슨은 정치와 행정을 분리해야 행정의 능률성을 제고할 수 있다고 보았음	☐☐☐	O
8	선지는 정치행정이원론에 대한 내용임	☐☐☐	O
9	정치행정이원론은 공사행정일원론의 성립에 기여하였음; 정치행정이원론에서 행정은 능률적인 관리를 강조하므로 이는 경영과의 유사점을 강조한 이론에 해당함	☐☐☐	X
10	윌슨(W. Wilson)의 정치행정이원론은 행정의 능률적인 집행 및 관리를 강조함 → 즉, 행정의 정치적인 기능(정책결정)을 인정하지 않음	☐☐☐	X
11	선지는 정치행정일원론에 대한 내용임	☐☐☐	X
12	19세기 이후 제퍼슨-잭슨 철학에 입각한 잭슨 대통령의 엽관주의가 비효율과 부패를 야기하였고, 이를 극복하기 위해 공직개혁운동인 진보주의 운동이 전개되면서 실적주의 인사행정제도 및 정치행정이원론이 등장함	☐☐☐	X
13	정치행정이원론에서 공공조직의 관리자들은 정책결정자를 위한 지원, 정보제공의 역할만을 수행함	☐☐☐	X
14	정치행정일원론은 행정부의 정책결정(어느 정도) 및 능률적인 집행기능을 인정하는 입장임	☐☐☐	O
15	정치행정일원론은 국가위기시에 등장한 개념으로서 행정부의 정책결정기능을 인정(어느 정도)함	☐☐☐	O
16	**두문자** 내 친구 일원이는 목디스크(디목)가 있어서 아파(애플비)!	☐☐☐	O
17	정치행정이원론은 행정에 있어서 절약과 능률을 최고 가치로 추구함	☐☐☐	X
18	애플비(Appleby)는 정치행정일원론자이므로 틀린 지문임 ※ 애플비(Appleby): "국민의 의사가 종합화되고 형성되는 과정이 정치과정이고 이루어진 의사가 구체화되고 집행되는 과정이 행정과정이라면, 정치와 행정은 태생적으로 연속과정이고 통합과정이다."	☐☐☐	X
19	선지에서 행정입법의 확대는 정치행정일원론을 의미함; 정치행정일원론은 능률성만 중시하는 정치행정이원론과 다르게 행정의 정치성 및 공공성을 강조함	☐☐☐	O

20	1960년대 발전행정론이 대두하면서 기존의 행정우위론과 대비되는 정치우위론의 입장에서 새일원론이 제기되었다.	2013 국회8	
21	정치행정이원론은 정당정치의 개입으로부터 자유로운 행정 영역을 강조하였다.	2020 국가9	
22	디목(M. Dimock)의 사회적 능률은 사회적 형평성을 보장하기 위한 개념이다.	2020 군무원9	
23	국민의 권리를 제한하고 의무를 부과하는 것은 행정의 본질과 거리가 멀다.	2014 행정사	
24	행정은 정치과정과 분리된 정부의 활동으로 공공서비스 생산 및 공급, 분배에 관한 모든 활동을 의미한다.	2009 서울9	

Section 03   행정학의 정체성: David H.Rosenbloom의 접근법

구분	지문	시행	O · X
1	정치적 접근법은 행정의 능률성을 최대 가치로 한다.	2005 경북9	
2	정치적 접근법은 정치행정일원론에 기초하고 있다.	2005 경북9	

20	1960년대 발전행정론이 대두하면서 행정우위론의 입장에서 새일원론이 제기되었음	□□□	×
21	정치행정이원론은 정치와 행정의 분리를 주장하므로 정당정치의 개입으로부터 자유로운 행정 영역을 강조함	□□□	○
22	• 사회적 능률성과 사회적 형평성은 다른 개념임 • **사회적 능률성**: 민주성을 강조하면서 능률성 인정 • **사회적 형평성**: 동일한 기회를 제공하되, 소외계층에 대한 지원을 강조	□□□	×
23	정부는 병역법에 근거해서 병역의무를 부과할 수 있음	□□□	×
24	행정은 정치과정과 연결된(다양한 이해관계를 반영하는) 정부의 활동으로 공공서비스 생산 및 공급, 분배에 관한 모든 활동을 의미함	□□□	×

Section 03   행정학의 정체성: David H.Rosenbloom의 접근법

구분	해설	회독	정답
1	선지는 관리적 접근에 대한 내용임 ※ 정치적 접근: W.Sayre, D.Waldo 등에 의하여 주창되었으며 행정은 본질적으로 정치적 현상이라는 입장 → 정치행정일원론의 관점	□□□	×
2	1번 해설 참고	□□□	○

CHAPTER 02 ≡ 행정이론

관리주의: 행정 = 효율적인 관리

구분	지문	시행	O · X
1	과학적 관리론은 과업목표의 달성을 위해 체계적인 관리와 통제를 중시하는 관료제 조직에 적합하다.	2016 행정사	
2	테일러(F. W. Taylor)는 과학적 관리의 핵심을 개인적 기술에 두고, 노동자가 발전된 과학적 방법에 따라 작업이 되도록 한다.	2020 군무원9	
3	테일러(F. W. Taylor)의 과학적 관리론은 어림식 방법을 지양하고 작업의 기본 요소 발견과 수행방법에 대해 과학적 방법을 발전시킨다.	2020 군무원9	
4	테일러의 과학적 관리론에서 조직 내의 인간은 사회적 욕구에 의해 동기가 유발된다고 전제한다.	2021 국가9	
5	테일러의 과학적 관리론에서 관리자는 생산증진을 통해서 노·사 모두를 이롭게 해야 한다.	2021 국가9	
6	관리과학으로서 주류행정학은 대공황과 뉴딜(New Deal) 정책 이후에도 미국 행정학에서 지배적인 자기 정체성을 유지했다.	2018 서울7	
7	윌슨은 행정의 본질을 의사결정과 이에 따른 집행의 효과성을 높이는 것으로 파악하고 있으며, 근본적으로 효율적인 정부가 되어 돈과 비용을 덜 들여야 한다고 주장하고 있다.	2019 서울7	
8	과학적 관리론은 최고관리자의 운영원리로 POSDCoRB를 제시하였다.	2023 국가9	
9	윌슨은 행정의 탈정치화를 통해 자유로운 행정 영역을 확립하려고 했다.	2023 지방7	
10	POSDCoRB는 Gulick이 주장한 최고관리자의 기능이며, 상향적 조직과정을 의미한다.	2012 서울9	

인간주의

구분	지문	시행	O · X
1	인간관계론의 궁극적 목표는 조직의 성과 제고이다.	2011 지방7	
2	인간관계론은 외부환경의 영향을 고려하지 않는 폐쇄적 조직론이다.	2018 경간	
3	과학적 관리론은 비공식적 집단의 역할을 강조하지만, 인간관계론은 공식적 조직의 역할을 중시한다.	2016 행정사	
4	인간주의는 작업환경이나 물리적 조건보다 조직구성원의 사회심리적 요인을 중시한다.	2021 행정사	
5	인간관계론은 동기유발 기제로 사회심리적 측면을 강조한다.	2021 지방9	

정답과 해설

DAY —— 02

※ 일반적으로 정답이 'x'인 선지에 대한 해설만 있음

Section 01 관리주의: 행정 = 효율적인 관리

구분	해설	회독	정답
1	관리주의에 속하는 과학적 관리론은 과업목표의 달성을 위해 체계적인 관리와 통제를 중시하는 관료제 조직에 적합함; 이에 따라 그 안에서 일하는 구성원을 거대한 기계 안의 부품으로 간주함	☐☐☐	O
2	테일러는 과학적 관리의 핵심을 능률적인 시스템 설계에 두고 있으며, 노동자는 발전된 과학적 방법에 따라 작업해야 함	☐☐☐	X
3	테일러는 시간과 동작연구를 통해 생산성을 높일 수 있는 유일 최선의 길을 발견하고자 했음	☐☐☐	O
4	선지는 인간관리론에 대한 내용임 → 테일러의 과학적 관리론에서 인간은 생리적 욕구충족을 위해 돈을 중시함	☐☐☐	X
5	테일러의 과학적 관리론에서 관리자는 작업분석에 기초한 생산증진을 통해서 노·사 모두를 이롭게 해야 함	☐☐☐	O
6	고전기 주류행정학(관리주의)은 경제대공황 이후 정치행정일원론이 등장하면서 점차 사라짐	☐☐☐	X
7	윌슨은 공사행정일원론의 관점에서 행정은 곧 효율적인 관리 및 집행이라고 보았음 → 이는 행정부가 정부의 방향성을 결정하는 의사결정, 즉 정책결정을 하지 말고 능률적인 관리에만 집중하자는 주장임	☐☐☐	X
8	POSDCoRB는 어윅과 귤릭이 주장한 내용임	☐☐☐	X
9	윌슨은 정치행정이원론을 주장한 학자임	☐☐☐	O
10	POSDCoRB는 최고관리자가 하위 계층에 지시할 내용이므로 하향적 조직과정을 뜻함	☐☐☐	X

Section 02 인간주의

구분	해설	회독	정답
1	인간주의는 비공식적 요인에 관리의 초점을 두어서 조직의 생산성 제고를 목표로 함	☐☐☐	O
2	인간주의와 관리주의는 폐쇄체제적 관점의 이론임	☐☐☐	O
3	과학적 관리론은 공식적 조직의 역할을 강조하지만, 인간관계론은 비공식적 집단의 역할을 중시함	☐☐☐	X
4	인간주의는 조직 내 구성원의 동료애 등 비공식적 요인을 중시함	☐☐☐	O
5	인간관계론은 구성원의 동료애 등이 조직의 생산성을 제고할 수 있음을 설명한 이론임 → 따라서 인간주의는 인간의 동기유발 기제로 사회심리적 측면을 강조함	☐☐☐	O

Section 03　행태주의(Behaviorism)

구분	지문	시행	O · X
1	행태주의는 행태의 규칙성 및 인과성을 경험적으로 입증하고 설명할 수 있다고 보며 가치와 사실을 통합하고 가치중립성을 지향한다.	2015 서울7	
2	사이먼의 행태주의는 인간행태를 연구대상으로 정립했으며 행정연구에 과학주의를 도입하여 가치중립적인 객관적 분석을 가능하게 하였다. 그러나 이 이론은 과학적·계량적 연구방법론의 강조로 연구대상과 범위의 제한을 가져왔다는 비판을 받고 있다.	2013 행정사 수정	
3	사이먼 등 행태주의 학자들은 정책결정 기능을 인정한다는 점에서 기존의 이원론과 구분된다.	2013 국회8	
4	행정행태론은 가치지향적 관리를 강조한다.	2021 경정승진	
5	행태주의는 가치와 사실을 일치시킨다.	2020 국회9	
6	행정행태론은 가치와 사실을 구분하고 가치에 기반한 행정의 과학화를 시도하였다.	2023 국가9	
7	행태적 접근방법은 연구에서 가치와 사실을 구분하지 않는다.	2018 국가 7	
8	행태주의는 집단의 고유한 특성을 인정하지 않는 방법론적 개체주의의 입장을 취한다.	2011 경정승진	
9	행태주의는 행정현상 중 가치판단적인 요소의 존재를 인정하지 않았다.	2016 경찰간부	
10	행태주의는 가치와 사실의 분리를 통해 급박한 정책문제 해결을 위한 역할을 하고 학문의 실천적 성격을 회복하였다.	2025 국가7	
11	행태주의는 사회현상에 대한 분석도 자연과학과 마찬가지로 엄밀한 과학적 연구가 가능하다고 본다.	2025 국가7	

Section 04　후기행태주의(Post-Behaviorism)

구분	지문	시행	O · X
1	정책학은 후기행태주의(Post Behavioralism)의 퇴조로 등장하게 되었다.	2011 경간	
2	이스턴(D. Easton)의 후기행태주의는 가치중립적·과학적 연구를 강조하였다.	2013 행정사	
3	후기행태주의가 등장한 배경은 1960년대 흑인에 대한 인종차별, 월남전에 대한 반전 데모 및 강제징집에 대한 저항 등 미국 사회의 혼란이라고 볼 수 있다.	2008 서울9	

Section 03	행태주의(Behaviorism)

구분	해설	회독	정답
1	행태주의는 행태의 규칙성 및 인과성을 경험적으로 입증하고 설명할 수 있다고 보며 가치와 사실을 분리하고 가치중립성을 지향함	☐☐☐	×
2	행태주의는 인간행동에 영향을 미치는 원인을 파악하여 보편적 법칙을 발견하고자 했음 → 그러나 행태주의는 사실 연구에 치중한 까닭에 가치연구를 배제했음	☐☐☐	O
3	행태주의는 정치행정새이원론의 입장임	☐☐☐	O
4	행정행태론은 사실 중심의 연구를 지향함	☐☐☐	×
5	행태주의는 가치와 사실을 분리하고, 사실 연구에 초점을 둠	☐☐☐	×
6	행정행태론은 가치와 사실을 구분하고 사실에 기반한 행정의 과학화를 시도함	☐☐☐	×
7	행태주의를 창시한 사이먼은 과학성을 강조하는바 논리실증주의를 통해 검증할 수 있는 영역인 '사실'에 연구의 초점을 둠 → 따라서 사이먼은 행정학 연구에서 가치와 사실을 명백하게 구분하자는 입장임	☐☐☐	×
8	행태주의는 특정 개인의 의사결정에 대한 원인을 탐구한 후 개인이 속한 집단의 의사결정(행태)을 파악했다는 점에서 방법론적 개체주의 입장을 취하고 있음	☐☐☐	O
9	사이먼은 행정학 연구분야를 가치와 사실로 구분하고 사실에 중점을 두자고 한 것이지 가치에 대한 연구가 없다고 주장하지는 않았음	☐☐☐	×
10	• 행태주의는 가치와 사실의 분리를 통해 사실중심의 과학적 연구를 강조함 • 급박한 정책문제 해결을 위한 역할 및 학문의 실천적 성격 회복은 후기행태주의 혹은 신행정학에 대한 내용임	☐☐☐	×
11	사이먼은 사회현상에 대한 분석도 자연과학과 마찬가지로 논리실증주의를 적용할 수 있다고 주장함	☐☐☐	O

Section 04	후기행태주의(Post-Behaviorism)

구분	해설	회독	정답
1	정책학은 후기행태주의(Post Behavioralism)의 등장과 함께 발전하였음	☐☐☐	×
2	사이먼의 행태주의가 가치중립적·과학적 연구를 강조하였음	☐☐☐	×
3	후기행태주의는 미국의 격동기에 등장함 → 정치학자 이스턴이 주장함	☐☐☐	O

Section 05   신행정학과 현상학

구분	지문	시행	O · X
1	신행정학은 왈도(Waldo), 마리니(Marini), 프레드릭슨(Frederickson) 등이 주도하였다.	2011 국가9	
2	신행정론은 고객 중심의 행정, 사회적 형평성 등을 강조한다.	2016 행정사	
3	행정학에서 가치에 관한 연구가 본격적으로 관심을 끌기 시작하면서 신행정학이 등장하였다.	2020 군무원9	
4	신행정학(New Public Administration)은 행태주의와 논리실증주의를 비판하면서 등장하였다.	2021 군무원9	
5	신행정학은 행정의 능률성을 강조했으며, 논리실증주의 및 행태주의의 주장을 지지하였다.	2022 국가7	
6	신행정론은 실증주의적 방법론을 비판하고 사회적 형평성과 적실성을 강조하였다.	2023 국가9	
7	신행정론은 논리실증주의와 행태주의를 계승하였다.	2025 국가9	
8	신행정론은 정치와 행정의 긴밀한 관계를 주장한 점에서 정치행정일원론적 관점에 가깝다.	2025 국가9	
9	현상학은 행정현상의 본질, 인간 인식의 특성, 이론의 성격 등 사회과학 연구의 본질적 문제에 대해 실증주의와 행태주의적 연구 방법에 반대한다.	2010 지방7	
10	현상학에 따르면 조직 내외의 인간들은 자신 또는 다른 사람의 행위에 의미를 부여함으로써 조직을 설계한다.	2009 국가9	
11	현상학에 따르면 인간 행위의 가치는 행위 자체보다는 그 행위가 산출한 결과에 있다.	2009 국가9	

Section 06   공공선택론

구분	지문	시행	O · X
1	공공선택이론은 뷰캐넌(Buchanan)이 창시하고, 오스트롬(Ostrom)이 발전시킨 이론으로 정치학적인 분석도구를 중시한다.	2015 국회8	
2	공공선택론은 관료의 사익추구, 예산극대화, 지대추구행위, 정치 및 행정현상의 경제학적 분석 등과 관련 있는 이론이다.	2020 행정사	
3	공공선택론은 합리적 선택 제도주의의 대표적 이론 중 하나이다.	2019 행정사	
4	공공선택론은 공공서비스의 효율적 공급을 위해 공공부문의 시장경제화를 추구하며 정치 및 행정 현상에 경제학적 분석도구를 적용하여 설명한다.	2015 행정사	

Section 05 신행정학과 현상학

구분	해설	회독	정답
1	신행정학은 왈도(Waldo)를 중심으로 마리니(Marini), 프레드릭슨(Frederickson) 등이 주도하였음	□□□	O
2	신행정론은 사회문제를 다루기 위해 고객 중심의 행정을 강조하며, 당시 미국의 사회문제 중 흑인폭동을 해결하기 위해 사회적 형평성 등을 주장하였음	□□□	O
3	행정학에서 가치의 연구, 즉 사회문제 해결을 위한 방향성에 대한 고민은 격동기에 등장한 후기행태주의로부터 시작되어 신행정학에 영향을 주었음	□□□	O
4	신행정학과 후기행태주의는 행태주의와 논리실증주의를 비판하면서 등장하였음	□□□	O
5	신행정학은 형평성 등을 주장했으며, 기술성을 중시하는바 과학성을 강조하는 행태주의를 비판하는 입장임	□□□	X
6	신행정학은 사회문제를 해결하기 위해 과학성을 강조하는 행태주의를 비판하고 형평성과 현실에 적합한 연구를 강조함	□□□	O
7	신행정학은 과학성에 치중한 나머지 격동기를 해결하지 못한 행태주의를 비판하는 입장임	□□□	X
8	신행정학은 사회문제해결을 위해 행정부의 정책결정권을 인정하는 입장임 → 정치행정일원론 관점	□□□	O
9	현상학은 행위를 연구대상으로 하는바 실증주의와 행태주의적 연구 방법에 반대하는 입장임	□□□	O
10	인간이 모인 조직은 인간이 부여한 상징(의미)으로 상호작용하는 곳임 → 이는 조직의 설계에 영향을 미칠 수 있음	□□□	O
11	현상학에 따르면 인간 행동의 가치는 행위가 산출한 결과가 아니라 행위 안에 내재한 의미에 있음 → 예를 들어, 꽃을 주는 행동 자체가 중요한 게 아니라 그 행동 안에 내재한 의도가 행동의 본질이라는 것	□□□	X

Section 06 공공선택론

구분	해설	회독	정답
1	공공선택이론은 뷰캐넌(Buchanan)이 창시하고, 오스트롬(Ostrom)이 발전시킨 이론으로 경제학적인 분석도구를 중시함	□□□	X
2	공공선택론은 경제학을 활용하여 비시장영역(관료의 사익추구, 예산극대화, 지대추구행위, 정치 및 행정현상)에서 발생하는 의사결정을 설명함	□□□	O
3	공공선택론은 이기적 인간, 제도의 중요성 등을 언급하는바 합리적 선택 제도주의의 대표적 이론 중 하나임	□□□	O
4	공공선택론은 공공서비스의 효율적 공급을 위해 분권과 경쟁을 추구하며, 현상을 설명하는 과정에서 경제학을 적용함	□□□	O

5	지대추구이론은 정부규제가 지대를 만들어내고 이해관계자 집단으로 하여금 그 지대를 추구하도록 한다는 점을 설명한다.	2015 국회8	
6	예산결정에 대한 공공선택론적 관점에서 정치인과 관료들은 개인효용함수에 따라 권력이나 예산 규모의 극대화를 추구한다.	2014 국가9	
7	니스카넨(Niskanen)의 예산극대화모형은 의회 의원들이 재선 가능성을 높이기 위해 지역구 예산을 극대화 하는 행태에 분석의 초점을 둔다.	2017 국가7	
8	오스트롬(E. Ostrom)은 관료가 소관 예산의 극대화를 추구한다고 주장한다.	2025 국가7	
9	던리비(Dunleavy)의 관청형성모형 중 통제기관의 경우 예산이 증가할수록 권력이 커지기 때문에 예산을 증액하려는 성향이 높게 나타난다.	2010 경정승진	
10	A 보험회사가 보험 가입 대상자의 건강 상태 및 사고확률에 대한 특수정보를 가지고 있지 않고, 질병 확률 및 사고 확률이 높은 B를 보험에 가입시켜 회사의 보험재정이 악화된 상황은 대리인 이론과 관련 있다.	2020 국가7	
11	니스카넨(Niskanen)에 따르면 예산극대화 행동은 예산유형과 직위의 관계, 기관유형, 시대적 상황 등의 측면에서 다양하게 나타날 수 있다.	2020 국가7	
12	니스카넨에 따르면 공무원은 금전적 효용보다는 직무에 관련한 개인적 효용을 추구한다.	2025 국가7	
13	대리인 관계를 설정할 수 있는 다수의 잠재적 당사자(대리인)가 존재하는 것은 대리인이론에서 주인·대리인 관계의 효율성을 제약하는 요인이다.	2020 지방7	
14	대리정부(proxy government)에서는 분권화 전략에 의해 자원의 낭비와 남용을 줄일 수 있다.	2020 군무원7	
15	공공선택론적 접근방법은 방법론적 개체주의 입장에서 공공재의 수요자들 간의 공평한 자원배분에 관심을 가진다.	2020 군무원7	
16	공공선택론은 방법론적 집단주의를 지향한다.	2021 군무원9	
17	공공선택론은 경제주체의 집단적 선택행위를 중시하는 방법론적 집단주의 입장이다.	2024 지방9	
18	공공선택론은 개인 선호를 중시하여 공공서비스 관할권을 중첩시킬 수도 있다.	2021 군무원9	
19	공공선택론은 공공부문의 시장경제화를 통해 시민의 편익을 극대화할 수 있는 서비스의 공급과 생산이 가능하다고 본다.	2025 지방9	
20	관료는 한계편익곡선과 한계비용곡선이 교차하는 점에서 공공서비스를 공급하려 한다고 본다.	2011 지방7	
21	티부모형의 전제조건으로 시민의 이동성, 외부효과의 배제, 고정적 생산요소의 부존재, 지방정부 재정패키지에 대한 완전한 정보 등이 있다.	2022 지방9	
22	티부모형에 따르면 지방정부에 의해 공급되는 공공서비스는 외부효과를 발생시킨다.	2016 국가9	
23	티부모형에서 제시한 '발로 하는 투표'의 전제조건으로 정보의 불완전성, 다수의 지방정부, 고정적 생산요소의 존재, 배당수입에 의한 소득 등이 있다.	2019 사복9	
24	티부의 발로 하는 투표 가설에 따르면, 지방자치단체의 주된 재원은 지방소비세가 되어야 한다.	2012 지방7	

5	지대추구이론은 정부의 정책이 특혜, 즉 지대를 만들어내고, 이익집단은 지대를 추구하는 현상을 설명함	□□□	O
6	니스카넨 예산극대화 모형에서 의원은 재선(권력), 공무원은 예산규모의 극대화를 추구함	□□□	O
7	니스카넨(Niskanen)의 예산극대화모형은 의회 의원들이 재선 가능성을 높이기 위해 지역구 주민의 순편익을 극대화하는 행태에 분석의 초점을 둠	□□□	×
8	오스트롬을 니스카넨으로 고쳐야 함	□□□	×
9	던리비(Dunleavy)의 관청형성모형 중 전달기관의 경우 예산이 증가할수록 권력이 커지기 때문에 예산을 증액하려는 성향이 높게 나타남	□□□	×
10	보험회사와 보험 가입 대상자와의 정보불균형으로 인해 발생하는 손실을 다루고 있으므로 주인·대리인이론을 설명하고 있음	□□□	O
11	니스카넨(Niskanen)의 예산극대화 모형은 현상을 설명할 때 예산유형과 직위의 관계, 기관유형, 시대적 상황 등 제도적인 측면을 고려하지 못하는 한계를 지니는 까닭에 던리비의 비판을 받았음	□□□	×
12	선지는 던리비에 대한 내용임 → 던리비에 따르면 예산극대화 전략은 관료들의 개인적인 전략(예 승진, 업무평가에서 높은 점수획득 등)이 아니라 집단적인 전략(예 부서의 예산극대화)에 속함	□□□	×
13	대리인 관계를 설정할 수 있는 다수의 대리인이 존재할 경우 대리인 간에 경쟁이 발생하기 때문에 대리손실을 완화할 수 있음	□□□	×
14	대리정부는 정부가 결정한 정책을 실행에 옮기는 다양한 준정부조직 또는 비정부조직 등을 의미함 → 정부가 외부 조직(준정부 조직이나 비정부 조직)을 제대로 관리하지 못할 경우, 자원의 낭비와 남용이 발생할 수 있음	□□□	×
15	공공선택론적 접근방법은 방법론적 개체주의 입장에서 공공재의 효율적인 공급에 관심을 가지면서 수익자부담원칙을 중시함	□□□	×
16	공공선택론은 방법론적 개체주의를 지향함	□□□	×
17	공공선택론은 방법론적 개체주의를 지향함	□□□	×
18	공공선택론은 개인 선호를 중시하는 까닭에 분권화를 통한 경쟁을 중시함	□□□	O
19	공공선택론은 공공부문의 시장경제화, 즉 분권과 경쟁을 통해 시민의 편익을 극대화할 수 있는 서비스의 공급과 생산이 가능하다고 봄	□□□	O
20	관료의 권력은 예산인 까닭에 관료는 총편익곡선과 총비용곡선이 교차하는 점, 즉 순편익이 0이 되는 지점에서 공공서비스를 공급하려고 함	□□□	×
21	티부가설에서 각 지방정부는 공공서비스를 공급하기 위한 고정적 생산요소를 보유하고 있음	□□□	×
22	티부가설에서 주민의 자유로운 이동이 발생하려면 외부효과가 없어야 함 → 즉, 지역재정프로그램의 혜택은 해당 지방정부에 속한 지역주민에게만 영향을 미쳐야 함	□□□	×
23	발로 하는 투표(주민의 이동)를 하려면 각 지방정부가 어떤 서비스를 제공하는지 알 수 있어야 함 → 각 지방정부의 완전한 정보공개	□□□	×
24	① 티부가설에서 지방자치단체의 주된 재원은 지방소비세가 아니라 재산세임 ② **지방소비세**: 국세인 부가가치세의 일부를 중앙정부가 지방정부에 이전해주는 일종의 교부세	□□□	×

Section 07   신공공관리론(New Public Management)

구분	지문	시행	O·X
1	신공공관리론은 시장주의와 신관리주의가 결합하여 전통적 관료제 패러다임의 한계를 극복하기 위한 것이다.	2011 국가7	
2	신공공관리론은 시민을 고객으로 인식해 고객 만족의 극대화를 추구한다.	2014 사복9	
3	신공공관리론은 정치적인 논리를 우선하여 내부관리적 효율성을 경시하는 경향이 있다.	2018 국가9	
4	신공공관리론은 성과평가에 대한 지나친 집착으로 공무원의 창조적 사고를 억제할 수 있다.	2010 서울9	
5	신공공관리론은 중앙정부의 감독과 통제의 강화를 통해 일선공무원의 행정서비스 품질을 향상시키고자 한다.	2008 지방9	
6	신공공관리론은 정부의 기능을 민간화하고 지출을 팽창시켜야 한다는 관점의 이론이다.	2020 행정사	
7	신공공관리론은 효율성 대신 형평성에 초점을 맞춘 고객지향적 정부를 강조한다.	2024 국가9	
8	신공공관리론은 분절화의 축소와 조직구조의 통합, 조정을 강조한다.	2024 국가7	
9	오스본(D. Osborne)과 플래스트릭(P. Plastrik)의 '기업가 정부'를 만들기 위한 다섯 가지 전략에서 통제전략은 권력을 대상으로 하고 집권화를 추구하는 전략을 의미한다.	2019 행정사	
10	탈신공공관리(Post NPM)는 탈관료제 모형에 기반을 둔 경쟁과 분권화를 강조한다.	2020 지방7	
11	행정재정립운동(refounding movement)은 기존의 정치행정이원론을 재해석하여 정책 과정에서 공무원의 적극적인 역할을 옹호하였다.	2020 군무원7	
12	오스본(D. Osborne)과 게블러(T. Gaebler)의 『정부재창조론』에 따르면 수입 확보 위주의 정부 운영방식에서 탈피하여 예산지출의 개념을 활성화하는 것이 필요하다.	2021 군무원7	
13	신공공관리는 정부의 크기와 관계없이 시장지향적인 효율적인 정부를 만들 수 있는 개혁방안에 관심을 갖는다.	2021 군무원9	
14	대리인의 기회주의적 행동을 제어하는 데에는 시장이 계층제보다 효율적인 수단이다.	2021 국가7	
15	조직이 투자한 자산이 유동적이어서 자산 특정성이 낮으면, 조직 내의 여러 관계나 외부공급자들과의 관계가 고착되어 대리인 관계가 비효율적이더라도 이를 바꾸기 어렵다.	2021 군무원7	
16	'노젓기 정부'는 신공공관리론에서 지향하는 '기업가적 정부'의 특성에 해당한다.	2021 지방9	
17	대리인이론은 대리인에게 불리한 선택으로 인한 문제해결에 초점을 둔다.	2014 사복9	
18	블랙스버그 선언과 행정재정립운동은 신행정학의 태동을 가져왔다.	2023 지방9	
19	주인과 대리인의 목표 상충으로 인해 X-비효율성이 나타난다.	2023 국가7	
20	신공공관리론은 시장지향적 경쟁원리를 활용함으로써 정부의 효율성과 성과를 높이려 하였다.	2025 지방7	

Section 07　신공공관리론(New Public Management)

구분	해설	회독	정답
1	신공공관리론은 구공공관리론을 비판하면서 작고 능률적인 정부 구현을 위해 시장주의와 신관리주의를 강조함	☐☐☐	O
2	신공공관리론은 고객주의를 추구함	☐☐☐	O
3	신공공관리론은 경제적인 능률성을 우선하여 내부관리적 효율성을 중시하는 경향이 있음	☐☐☐	X
4	신공공관리론에서 공무원은 성과평가와 연관된 지표에만 집착할 수 있음	☐☐☐	O
5	신공공관리론은 중앙정부의 감독과 통제의 완화(분권화)를 통해 일선공무원의 행정서비스 품질을 향상시키고자 함	☐☐☐	X
6	신공공관리론은 정부의 기능을 민간화하고 정부의 지출을 축소해야 한다는 관점의 이론임	☐☐☐	X
7	신공공관리론은 작고 능률적인 정부, 고객주의를 특징으로 함	☐☐☐	X
8	선지는 탈신공공관리론에 대한 내용임	☐☐☐	X
9	▪ 오스본과 플라스트릭의 5C전략 **핵심전략: 구체적인 목표설정** — 핵심전략을 달성하기 위해서는 목표의 명확화, 역할의 명확화, 방향의 명확화가 필요 **결과(성과)전략: 성과관리 강조** — 결과전략을 위해 기업식 관리, 경쟁관리, 성과관리 등 **고객전략: 고객주의 강조** — 고객선택 접근법, 고객품질보증 등 **통제전략: 분권화 강조** — 실무조직 및 실무자에 대한 권한부여, 지역사회에 대한 권한부여 등 → 분권화 **문화전략: 기업가 정신 강조** — 조직문화를 바꾸기 위해서는 조직구성원 사고의 틀을 먼저 바꾸어야 함 → 기업가 정신을 중시하는 문화	☐☐☐	X
10	탈관료제 모형에 기반을 둔 경쟁과 분권화를 강조하는 이론은 신공공관리론임 ※ 탈신공공관리: 구공공관리(전통적 관료제 모형) + 신공공관리 → 관료제와 탈관료제의 조화	☐☐☐	X
11	스바라(J. H. Svara)는 기존의 정치행정이원론을 재해석하여 정책과정에서의 공무원의 적극적인 역할을 옹호했음; 즉, 기존의 정치행정이원론에서는 정부의 미션과 미션 정립에서의 직업공무원의 역할을 간과하고 있는 가운데 행정의 능률적 집행만을 다루고 있다는 것 → 다만, 인사행정에 있어서 엽관주의에 반대하는 것은 정치행정이원론과 유사함	☐☐☐	O
12	징부재칭조론은 신공공관리돈이므로 수입확보 위주의 정부 운영방식을 상소함	☐☐☐	X
13	신공공관리는 작은 정부를 지향하면서 시장지향적인 효율적인 정부를 만들 수 있는 개혁방안에 관심을 가짐	☐☐☐	X
14	계층제는 생산을 대리하는 구조가 아니므로 기회주의적 행동을 제어하는 데에는 시장이 계층제보다 비효율적임	☐☐☐	X
15	조직이 투자한 자산이 유동적이어서 자산 특정성이 낮으면, 조직 내의 여러 관계나 외부공급자들과의 관계가 고착되지 않음 → 따라서 대리인 관계가 비효율적이면 이를 바꿀 수 있음	☐☐☐	X
16	'노젓기 정부'는 구공공관리론에 대한 내용임	☐☐☐	X
17	대리인이론은 주인에게 불리한 선택으로 인한 문제해결에 초점을 둠	☐☐☐	X
18	신행정학은 1968년에 등장했으나 블랙스버그 선언 및 재정립운동은 80년대에 나타남	☐☐☐	X
19	X-비효율성, 즉 서비스 생산시 나타나는 낭비현상은 정부의 독점적 지위로 인해 발생함	☐☐☐	X
20	• 신공공관리론은 작고 능률적인 정부를 추구하기 위해 시장지향적 경쟁원리를 활용함 • 아울러 분권과 성과책임을 강조함	☐☐☐	O

Section 08   거버넌스

구분	지문	시행	O · X
1	뉴거버넌스에서 정치적 과정은 중요하게 인식되지 않는다.	2014 국가7	
2	피터스(Peters)의 시장적 정부모형의 문제 진단 기준은 내부규제에 있으며, 관리개혁 방안으로 관리재량권 확대를 제안한다.	2013 국회8	
3	시장모형, 자유민주주의 모형, 참여모형, 탈규제모형, 신축모형은 피터스가 제시한 정부개혁모형이다.	2024 지방9	
4	시민공동생산 논의는 시민과 지역주민을 정규생산자로 파악하는 데에서 출발한다.	2013 지방7	
5	자유민주주의를 옹호하는 좋은 거버넌스는 효율성을 강조하는 신공공관리와는 결합되기 어렵다고 로즈(Rhodes)는 주장했다.	2010 서울7	
6	거버넌스는 정부·시장·시민사회 간의 협력을 통한 공공문제 해결을 강조한다.	2015 교행9	
7	뉴거버넌스론은 공공문제를 해결하는 과정에서 정부라는 제도적 장치에 전적으로 의존하는 것을 강조한다.	2025 지방7	

Section 09   신공공서비스론

구분	지문	시행	O · X
1	신공공서비스론에서 공무원들은 시민이 아니라 고객에 대하여 봉사하여야 한다고 본다.	2016 경찰간부	
2	신공공서비스론은 시장의 가격 매커니즘과 경쟁의 원리를 적극적으로 도입한다.	2012 지방9	
3	신공공서비스론은 정부관료제에 경쟁 원리를 도입하여 개혁할 것을 강조한다.	2019 행정사	
4	신공공서비스론에서 관료 역할의 중요성은 사회의 새로운 방향을 잡고 시민을 지원하는 데 있다.	2020 군무원7	
5	신공공서비스론은 전략적으로 생각하고 민주적으로 행동해야 한다고 주장한다.	2020 군무원7	
6	신공공서비스론에 따르면, 정부는 '노젓기'보다 '방향잡기'에 집중하면서 시민에게 더 많은 권력을 부여해야 한다.	2024 지방9	
7	신공공서비스론에서 공익은 시민의 공유된 가치에 대한 담론의 결과이다.	2024 지방9	

Section 10   전통적 행정 vs NPM vs NPS

구분	지문	시행	O · X
1	신공공서비스론은 신공공관리론이 간과하거나 경시한 행정의 공공성을 재조명한다.	2015 교행	
2	신공공서비스론은 정부의 역할을 '노젓기'보다는 '방향잡기'로 규정한다.	2019 행정사	
3	신공공서비스론에서 공익은 개인적 이익의 집합체이기 때문에 시민들과 신뢰와 협력의 관계를 확립해야 한다.	2021 국가9	

Section 08	거버넌스

구분	해설	회독	정답
1	뉴거버넌스에서 정치적 과정(시민사회의 참여)은 중요하게 인식됨	☐☐☐	×
2	피터스(Peters)가 제시한 뉴거버넌스 정부개혁 모형 중 탈내부규제 정부모형의 문제 진단 기준은 내부규제에 있으며, 관리개혁 방안으로 관리 재량권 확대를 제안함 ※ 시장모형은 독점을 문제 진단 기준으로 보고, 분권화 및 시장기제 활용을 장려함	☐☐☐	×
3	자유민주주의 모형은 피터스가 제시한 모형이 아님	☐☐☐	×
4	정부가 시민 혹은 주민과 서비스를 공동으로 생산하는 시민 공동생산에서 정규생산자는 정부에 해당함	☐☐☐	×
5	좋은 거버넌스는 '신공공관리와 자유민주주의의 특징을 모두 포함'하는 거버넌스 유형이므로 틀린 선지에 해당함	☐☐☐	×
6	거버넌스는 정부, 시장, 시민사회 간의 협력체계를 의미함	☐☐☐	O
7	거버넌스론은 공공문제를 해결하기 위해 정부, 시민사회, 시장 간 협치를 강조함 → 정부에 의존×	☐☐☐	×

Section 09	신공공서비스론

구분	해설	회독	정답
1	신공공서비스론에서 공무원들은 고객이 아니라 시민에 대하여 봉사하여야 함	☐☐☐	×
2	신공공관리론은 시장의 가격 매커니즘과 경쟁의 원리를 적극적으로 도입함	☐☐☐	×
3	신공공관리론은 정부관료제에 경쟁 원리를 도입하여 개혁할 것을 강조함	☐☐☐	×
4	정부의 역할로서 방향잡기를 중시하는 것은 신공공관리론임 → 신공공서비스론에서 관료는 동료 관료들과 시민들의 의견을 존중하고, 국민에 대해 '말하기'보다 '듣기', '조정'이 아닌 '봉사'의 역할에 중점을 두어야 함	☐☐☐	×
5	신공공서비스론은 전략적으로 생각(관료와 시민 간의 협력 중시)하고 민주적으로 행동(시민참여 강조)해야 한다고 주장함	☐☐☐	O
6	신공공서비스론에서 정부역할은 '봉사'임 → 방향잡기 역할은 신공공관리 혹은 거버넌스임	☐☐☐	×
7	신공공서비스론에서 공익은 국민 간 토론의 결과물임	☐☐☐	O

Section 10	전통적 행정 vs NPM vs NPS

구분	해설	회독	정답
1	신공공서비스론은 능률성 외적인 가치를 상대적으로 중시함	☐☐☐	O
2	신공공서비스론은 정부의 역할을 봉사로 규정함	☐☐☐	×
3	공익을 사익의 총합으로 보는 것은 신공공관리론임 → 신공공서비스론에서 공익은 담론의 결과물임	☐☐☐	×

Section 11   NPM vs (뉴)거버넌스

구분	지문	시행	O · X
1	신공공관리론은 정부역할을 노젓기(rowing)로 보는 반면 뉴거버넌스론은 정부역할을 방향잡기 (steering)로 본다.	2019 교행9	
2	신공공관리론은 신뢰를 기반으로 조정의 원리를 강조하고, 뉴거버넌스는 시장지향적 경쟁원리를 강조한다.	2024 지방7	
3	신공공관리론이 조직 내 관계를 중시하는 반면 뉴거버넌스론은 조직 간 관계를 중시한다.	2019 교행9	
4	신공공관리의 인식론적 기초는 공동체주의이다.	2021 국가9	

Section 12   포스트모더니즘

구분	지문	시행	O · X
1	포스트모더니즘의 세계관은 상대주의적이며 다원주의적이고 개방주의적인 경향을 지닌다.	2010 경정승진	
2	포스트모더니티 이론의 진리의 기준은 맥락의존적이다.	2016 서울7	
3	포스트모더니즘은 행정의 실무는 능률적이어야 한다는 설화를 당연한 것으로 받아들인다.	2007 대구9	
4	포스트모더니티에 입각한 행정은 객관적으로 연구될 수 있는 설화를 해체해야 한다.	2016 서울7	
5	파머(Farmer)가 주장한 포스트모더니티 행정이론에 따르면 관점에 따라 다양한 가능성이 허용되는 상상(imagination)보다는 과학적 합리성(rationality)이 더 중요하다.	2020 지방7	

Section 13   생태론적 접근방법, 비교행정론, 발전행정론

구분	지문	시행	O · X
1	생태론적 접근방법을 행정학에 도입한 것은 1947년 가우스(Gaus)이다.	2010 지방7	
2	생태론은 폐쇄체제론적 접근방법을 선호한다.	2006 군무원9	
3	비교행정론은 행정을 지나치게 과소평가함으로써 행정의 독자성을 무시하고 행정의 종속성을 강조하였다.	2016 지방7	
4	리그스(F. W. Riggs)의 프리즘적 모형(Prismatic Model)에 따르면 농업사회에서 지배적인 행정모형을 사랑방 모형(Sala Model)이라 한다.	2020 행정사	

Section 11　　NPM vs (뉴)거버넌스

구분	해설	회독	정답
1	신공공관리론과 뉴거버넌스론 모두 정부의 역할은 방향잡기(steering)임; 노젓기는 전통적인 행정에서의 정부역할에 해당함	☐☐☐	×
2	신공공관리와 거버넌스의 내용이 바뀌었음	☐☐☐	×
3	신공공관리론이 조직 내 능률성 제고를 중시하는 반면 뉴거버넌스론은 시장, 시민사회, 정부 간 협력 여부를 강조함	☐☐☐	O
4	거버넌스의 인식론적 기초는 공동체주의임 → 신공공관리론의 인식론적 기초는 신자유주의임	☐☐☐	×

Section 12　　포스트모더니즘

구분	해설	회독	정답
1	다양성을 추구하는 포스트모더니즘은 상대주의적이며 다원주의적(다양한 관점 수용)이고 개방주의적인 경향을 지님	☐☐☐	O
2	포스트모더니티 이론은 다양성을 강조하는바 진리의 기준이 맥락의존적임	☐☐☐	O
3	포스트모더니즘은 '다양성'을 지향하는 바 행정의 실무는 능률적이어야 한다는 설화를 당연한 것으로 받아들이지 않음	☐☐☐	×
4	**■ 포스트모더니즘은 해체를 특징으로 함** **해체**　① 의문을 통해 기존의 메타설화를 재검토 → 고정관념 타파 　　　　② 예를 들어 "행정은 능률적이어야 한다." 또는 "행정학은 객관적으로 연구될 수 있다."라는 설화를 당연한 것으로 인정하지 않음	☐☐☐	O
5	포스트모더니티 행정이론은 과학적 합리성보다는 상상(imagination)을 중시함; 상상이란 목적과 최적의 수단을 고려하는 도구적 합리성에서 벗어나서 새로운 생각과 판단을 하자는 것 → 이는 부정적으로 보았을 때 규칙에 얽매이지 않는 행정의 유영이며 긍정적으로 보았을 때 문제의 특수성을 인정하는 것임	☐☐☐	×

Section 13　　생태론적 접근방법, 비교행정론, 발전행정론

구분	해설	회독	정답
1	가우스, 리그스 등은 생태론을 주장한 학자임	☐☐☐	O
2	생태론은 개방체제론적 접근방법을 선호함	☐☐☐	×
3	비교행정론은 현상을 설명할 때 환경의 영향력을 지나치게 강조함	☐☐☐	O
4	리그스(F. W. Riggs)의 프리즘적 모형 (Prismatic Model)에 따르면 개발도상국에서 지배적인 행정모형을 사랑방 모형(Sala Model)이라고 함	☐☐☐	×

5	생태론 혹은 비교행정론은 행정현상을 자연·사회·문화적 환경과 관련시켜 이해하며 집합적 행위나 제도를 거시적 수준에서 분석한다.	2015 행정사	
6	발전행정론은 정치, 사회, 경제의 균형성장에 크게 기여하였다.	2018 국회8	
7	생태론적 접근방법은 행정의 가치지향성과 기술성을 중시하며, 시장원리에 입각한 공공관리에 초점을 둔다.	2016 행정사	
8	생태론적 접근방법은 행정조직을 개방체제로서 파악하는 입장이며, 발전도상국의 행정현상을 설명하는 데 유용하게 도입되었다.	2020 군무원7	
9	생태론적 접근방법은 행정변수 중에서 특히 환경변화와 사람의 행태를 연구대상으로 한다.	2021 군무원9	
10	생태론은 행정이 추구해야 할 목표나 방향을 명확히 제시하고 있다.	2010 지방7	

Section 14 신제도주의

구분	지문	시행	O·X
1	역사적 신제도주의는 제도가 형성되면 안정성과 경로의존성을 갖는다고 본다.	2015 지방9	
2	사회학적 신제도주의는 문화가 제도의 형성에 미치는 영향을 간과한다.	2013 지방9	
3	신제도주의는 정책 등을 내생변수가 아닌 외생변수로 다룬다.	2019 행정사	
4	사회학적 제도주의는 제도의 범위에 관습과 문화도 포함한다.	2019 행정사	
5	합리적 선택 제도주의는 거래비용론의 영향을 받았고, 역사적 제도주의는 경로의존성을 인정하며 사회학적 제도주의는 제도의 동형화를 강조한다.	2020 국가7	
6	신제도주의 접근에서는 제도를 공식적인 구조나 조직 등에 한정하지 않고, 비공식적인 규범 등도 포함한다.	2020 국가9	
7	신제도주의에서는 제도의 개념을 법률로 규정된 공식적 정부로 한정한다.	2008 국가9	
8	조직들이 시장의 압력 속에서 생존하기 위해 경쟁력 있는 조직형태나 조직관리기법을 합리적으로 선택하는 것은 사회학적 신제도주의의 규범적 동형화(normative isomorphism)의 예이다.	2020 지방7	
9	역사적 제도주의에 의하면, 제도는 환경의 변화가 크지 않으면 안정적인 균형상태를 유지하다가 외부의 충격을 겪으면서 근본적 변화를 경험하고 새로운 경로에서 다시 균형상태를 이루는 단절적 균형의 특성을 보인다.	2021 국회직8	
10	사회학적 제도주의가 제도의 종단면적 측면을 중시하면서 국가 간의 차이를 강조한다면, 역사적 제도주의는 횡단면적으로 서로 다른 국가나 조직에서 어떻게 유사한 제도가 나타나는지에 관심을 갖는다.	2021 국회직8	

5	생태론 혹은 비교행정론은 행정현상을 자연·사회·문화적 환경과 관련시켜 이해하며 개인 행위가 아닌 집합적 행위나 제도를 거시적 수준에서 분석함	☐☐☐	O
6	발전행정론은 정치, 사회, 경제의 불균형 성장을 야기하였음	☐☐☐	X
7	생태론적 접근방법은 행정의 과학성을 중시하되, 중범위 이론의 구축을 지향함 ※ 시장원리에 입각한 공공관리에 초점을 두는 이론은 공공선택론, 신공공관리론 등임	☐☐☐	X
8	생태론자들은 서구 행정제도가 후진국(발전도상국)에서 제대로 작동하지 않는 이유를 사회·문화적 환경에서 찾음(개방체제적 관점) → 생태론은 후진국의 행정현상을 설명하는 데 크게 기여했으며, 행정의 보편적 이론보다는 중범위이론(특수성 인정)의 구축에 자극을 주어 행정학의 과학화에 기여함	☐☐☐	O
9	생태론적 접근방법은 행정변수 중에서 특히 환경적 요인을 연구대상으로 함 → 예를 들어, 선진국의 행정체제가 후진국에서 작동하지 않는 이유를 환경적 요인에서 찾음	☐☐☐	X
10	생태론은 과학성을 추구하는바 사실연구에 초점을 둠 → 따라서 행정이 추구해야 할 목표나 방향을 명확히 제시하지 못함	☐☐☐	X

Section 14 | 신제도주의

구분	해설	회독	정답
1	역사적 신제도주의는 제도가 형성되면 설령 그 제도가 비합리적일지라도 안정성과 경로의존성을 갖는다고 봄	☐☐☐	O
2	사회학적 신제도주의는 제도적 동형화를 인정하므로 문화가 제도의 형성에 미치는 영향을 강조함	☐☐☐	X
3	신제도주의는 정책 등을 변하지 않는 변수, 즉 외생변수가 아닌 내생변수(변화할 수 있는 변수)로 간주함	☐☐☐	X
4	사회학적 신제도주의는 비공식적인 제도를 강조하는 관점임	☐☐☐	O
5	합리적 선택 제도주의는 공공선택론 계열 이론의 영향받았고, 역사적 제도주의는 제도의 경직성 즉, 경로의존성을 인정하며 사회학적 제도주의는 제도의 동형화를 통한 제도의 변화와 신설을 강조함	☐☐☐	O
6	신제도주의는 현상을 설명할 때 공식적·비공식적 제도를 모두 강조함	☐☐☐	O
7	신제도주의에서 제도는 공식적(규칙 등)·비공식적(문화·규범 등) 제도를 포함하고 있음	☐☐☐	X
8	조직의 이해관계를 위해 조직이 특정한 제도(조직형태 혹은 조직관리기법)를 '합리적으로 선택'하는 것은 합리선택적 신제도주의에 대한 내용임	☐☐☐	X
9	역사적 제도주의에 의하면, 제도는 환경의 변화가 크지 않으면 안정적인 균형상태를 유지하다가 우연한 사건을 겪으면서 근본적 변화를 경험하고 새로운 경로에서 다시 균형상태를 이루는 단절적 균형의 특성을 보임	☐☐☐	O
10	역사적 제도주의가 제도의 종단면적 측면을 중시하면서 국가 간의 차이를 강조한다면, 사회학적 제도주의는 횡단면적으로 서로 다른 국가나 조직에서 어떻게 유사한 제도가 나타나는지에 관심을 둠	☐☐☐	X

DAY — 04

11	사회학적 제도주의는 적절성의 논리보다 결과성의 논리를 중시한다.	2021 지방직9	
12	사회학적 제도주의에서 제도는 개인의 행동을 제약하는 게임 규칙의 역할을 하며, 개인은 자신의 의도에 따라 제도를 만들거나 변화시킬 수 있다.	2025 지방7	
13	구제도주의와 신제도주의의 공통점은 제도의 개념을 동태적인 것으로 파악하면서, 국가 간 차이에 대한 설명을 시도하는 것이다.	2014 국가7	

Section 15   기타이론

구분	지문	시행	O·X
1	체제론은 비계서적 관점을 중시한다.	2018 국회8	
2	체제론적 접근방법은 행정과 환경의 상호작용을 중시하고, 선진국보다 개발도상국의 행정현상을 설명하는 데 유용하다.	2016 행정사	
3	체제론에 따르면, 목적달성을 위한 유일 최선의 방법은 없으며 다양한 방법이 존재한다.	2024 국가7	
4	체제론은 체제의 에너지 소모로 인한 소멸 가능성을 강조한다.	2024 국가7	
5	구체적인 프로젝트와 관련되는 단기적인 목표에 의해 구성되며 올림픽 게임과 같은 주요한 국제적 이벤트를 유치하기 위해 구성되는 레짐은 유기적 레짐이다.	2011 경찰간부	

Section 16   접근방법(Approach)

구분	지문	시행	O·X
1	행태론적 접근방법은 행정현상을 자연·사회·문화적 환경과 관련시켜 설명한다.	2016 행정사	
2	현상학적 접근방법에서 인간행위의 가치는 행위 자체보다 그 행위가 산출한 결과에 있다.	2009 국가9	
3	현상학적 접근방법은 행정현실을 이해하는 데 과학적 방법보다 해석학적 방법을 선호한다.	2009 국가9	

11	사회학적 제도주의는 적절성의 논리를 중시함 ※ 적절성의 논리: 사회적 맥락이나 제도가 개인의 행위를 제약하기 때문에 개인은 제도의 제약 아래서 적절한 행동을 한다는 것	□□□	✕
12	합리선택적 신제도주의에 대한 내용임	□□□	✕
13	• 구제도주의는 제도를 정태적으로 파악하지만, 신제도주의는 동태적인 것으로 파악함 • 구제도주의는 정태적인 연구(제도에 대한 정태적 기술)를 활용하지만 신제도주의는 동태적인 연구 (변수 간의 관계를 드러냄)를 함	□□□	✕

Section 15 기타이론

구분	해설	회독	정답
1	체제론은 계서적 관점을 중시함	□□□	✕
2	체제론적 접근방법은 행정과 환경의 상호작용을 통해 안정과 균형을 유지하는 현상을 설명하는바 개발도상국보다 선진국의 행정현상을 설명하는 데 유용함	□□□	✕
3	체제이론 특성 중 등종국성에 대한 설명임	□□□	O
4	체제론은 '투입 → 전환 → 산출 → 환류' 모형을 활용하여 체제의 생존·안정 및 동태적인 균형(동태적 항상성)을 설명함(소멸 가능성 강조✕)	□□□	✕
5	구체적인 프로젝트와 관련되는 단기적인 목표에 의해 구성되며 올림픽 게임과 같은 주요한 국제적 이벤트를 유치하기 위해 구성되는 레짐은 도구적 레짐임 ※ 유기적 레짐은 현상유지와 정치적인 교섭 등을 위해 형성되는 레짐 유형임	□□□	✕

Section 16 접근방법(Approach)

구분	해설	회독	정답
1	생태론적 접근방법 혹은 비교행정은 행정현상을 자연·사회·문화적 환경과 관련시켜 설명함	□□□	✕
2	현상학적 접근방법에서 인간행위의 가치는 그 행위가 산출한 결과보다 행위 안에 내재된 의미에 있음	□□□	✕
3	현상학은 인간을 이해하기 위해서 행동의 의미를 해석함	□□□	O

CHAPTER 03 ☰ 행정의 목적

Section 01   행정의 궁극적(본질적) 가치

구분	지문	시행	O·X
1	공익의 실체설은 다원주의 국가에서 일어나는 정책결정과정을 전제로 한다.	2016 국회8	
2	공익은 자유, 형평, 평등과 같이 수단적 행정가치에 해당한다.	2024 지방7	
3	공익의 실체설은 관료의 독자적·적극적 역할을 강조한다.	2011 국회8	
4	실체설은 사회 구성원 간에 보편적으로 공유되는 공동의 이익보다는 부분적이며 특수한 이익을 공익으로 보는 입장이다.	2015 지방7	
5	실체설에 따르면 공익은 사익의 총합이거나 사익 간의 타협 및 조정과정을 통해 얻어진다.	2018 행정사	
6	과정설은 정부 또는 행정관료가 공익결정 과정에서 주체로서 적극적인 역할을 수행한다고 본다.	2024 지방7	
7	과정설은 개인의 사익을 초월한 공동체 전체의 공익이 따로 있다고 보는 견해이다.	2019 서울9	
8	과정설에 의하면 협상과 조정 과정에서 약자가 희생되는 결과를 초래할 수 있다.	2007 서울9	
9	베를린(Berlin)은 자유의 의미를 두 가지로 구분하면서, 간섭과 제약이 없는 상태를 적극적 자유라고 하고 무엇을 할 수 있는 자유를 소극적 자유라고 하였다.	2013 국회8	
10	롤즈(Rawls)의 정의의 두 가지 기본원리는 특수한 사실의 유·불리 여부에 대한 판단이 불확실한 원초적 상태에서 구성원들이 합의하는 규칙 또는 원칙은 불공정할 것이라고 전제하고 있다.	2011 경간	
11	롤즈는 정의와 관련하여 원초적 상태에서의 인간은 최소극대화 원리(maximin)에 입각하여 규칙을 선택하는 것으로 가정한다.	2010 서울7	
12	롤스(J. Rawls)의 「정의론」은 사회적으로 최소의 혜택을 받는 사람들에게 차별적 이익을 제공하는 이론적 근거를 제공한다.	2018 행정사	
13	수평적 형평성이란 동등하지 않은 것을 서로 다르게 취급하는 것, 수직적 형평성이란 동등한 것을 동등하게 취급하는 것을 의미한다.	2021 군무원9	
14	수직적 형평성(vertical equity)은 '동등한 여건에 있지 않은 사람을 동등하게 취급'함을 의미하며, 누진세가 그 예이다.	2024 지방9	
15	공리주의는 사회 전체의 효용이 증가하면 공익이 증진된다는 관점의 철학으로써 결과를 중시하는 목적론적 윤리론을 따르고 있다.	2020 국가9	
16	롤스는 개인의 재능과 노력에 의한 성과는 사회공동의 자산이 아닌 개인의 소유로 할 것을 주장하였다.	2021 경정승진	
17	실체설에 의하면 공익은 사익을 초월한 것이다.	2022 지방9	
18	과정설에 의하면 공익은 사익 간 갈등을 조정·타협하는 과정에서 산출되는 것이다	2022 지방9	
19	실체설은 다원적 민주주의에 도움을 준다.	2022 지방9	
20	플라톤(Plato)과 루소(Rousseau) 모두 공익 실체설을 주장하였다.	2022 지방9	

정답과 해설

※ 일반적으로 정답이 '×'인 선지에 대한 해설만 있음

Section 01 · 행정의 궁극적(본질적) 가치

구분	해설	회독	정답
1	공익의 과정설은 다원주의 국가에서 일어나는 정책결정과정을 전제로 함	□□□	×
2	공익은 자유, 형평, 평등과 같이 궁극적 행정가치에 해당함	□□□	×
3	공익의 실체설은 엘리트주의를 지향하는바 관료의 독자적·적극적 역할을 강조함	□□□	O
4	실체설은 특정 집단의 특수이익이 아니라 사회 구성원이 보편적으로 공유하는 이익을 공익으로 보는 학설임	□□□	×
5	과정설에 따르면 공익은 사익의 총합이거나 사익 간의 타협 및 조정과정을 통해 얻어짐	□□□	×
6	실체설에 대한 내용임	□□□	×
7	실체설은 개인의 사익을 초월한 공동체 전체의 공익이 따로 있다고 보는 견해임	□□□	×
8	협상과 조정 과정에서 일부 세력의 영향력이 크다면 약자가 희생되는 결과를 초래할 수 있음	□□□	O
9	베를린(Berlin)은 자유의 의미를 두 가지로 구분하면서, 간섭과 제약이 없는 상태를 소극적 자유라고 하고 무엇을 할 수 있는 자유를 적극적 자유라고 하였음	□□□	×
10	롤즈(Rawls)의 정의의 두 가지 기본 원리는 특수한 사실의 유·불리 여부에 대한 판단이 불확실한 원초적 상태에서 구성원들이 합의하는 규칙 또는 원칙은 공정할 것이라고 전제하고 있음	□□□	×
11	롤즈의 정의론에서 인간은 위험회피적인 성향을 띠므로 최소극대화 원리(maximin)에 입각하여 규칙을 선택함	□□□	O
12	선지는 최소극대화 원리에 대한 설명임	□□□	O
13	수직적 형평성이란 동등하지 않은 것을 서로 다르게 취급하는 것, 수평적 형평성이란 농능한 것을 동등하게 취급하는 것을 의미함	□□□	×
14	수직적 형평은 다른 것을 다르게 대우한다는 뜻임(동등하게 취급×)	□□□	×
15	공리주의는 극빈자에 대한 배려 없이 사회 총효용의 극대화에 치중함	□□□	O
16	롤즈는 개인의 재능과 노력에 의한 성과는 개인의 소유가 아닌 사회공동의 자산임을 주장하였음 → 기회균등의 원칙에 따라 더 좋은 직업을 가진 자는 타고난 재능 때문이라는 것	□□□	×
17	실체설은 집단 전체를 위한 이익이 공익이라고 보는 학설임; 이때 집단 전체를 위한 이익은 개인의 이해관계를 초월해서 존재함	□□□	O
18	과정설은 사회 내 각 개인의 이해관계를 조정한 결과가 공익이라고 보는 관점임	□□□	O
19	민주주의는 국민의 견해를 수용하므로 과정설과 관련된 개념임	□□□	×
20	플라톤(Plato)과 루소(Rousseau)는 실체설과 연관된 학자이며, 슈버트는 과정설을 대표하는 학자임	□□□	O

Section 02 — 행정의 수단적 가치

구분	지문	시행	O·X
1	능률성(efficiency)은 일반적으로 '투입에 대한 산출의 비율'로 정의된다.	2014 국회8	
2	능률성은 행정이 추구하는 가치 중 본질적 가치에 해당한다.	2016 행정사	
3	사회적 능률성은 민주성의 개념으로 이해되는 데 신행정론에서 처음 주창된 가치이다.	2014 행정사	
4	디목(Dimock)이 제창한 사회적 능률은 인간적, 단기적 능률을 의미한다.	2011 국가9	
5	사이먼(H. A. Simon)의 절차적 합리성은 결정이 생성되는 과정보다 선택의 결과에 더 관심을 갖는다.	2008 지방7	
6	환경의 불확실성이 커질수록 가외성의 필요성은 감소한다.	2014 행정사	
7	가외성은 환경에 대한 조직의 적응성을 높여 준다.	2014 행정사	
8	능률성은 투입 대비 산출의 비율을, 효과성은 목표의 달성도를 나타내는 개념이다.	2021 군무원9	
9	경합가치모형 중 합리목표모형은 조직의 성장과 자원 확보를 목표로 정보관리와 능률성을 중시한다.	2020 군무원7	
10	행정의 본질적 가치로는 능률성, 책임성 등이 있으며 수단적 가치로는 정의, 형평성 등을 들 수 있다.	2015 지방9	
11	가외성, 능률성, 효과성, 합법성은 행정의 수단적 가치에 해당한다.	2024 국가7	
12	퀸과 로보그의 경쟁가치모형에 따르면 위계 문화는 응집성을 강조한다.	2022 지방9	
13	동등잠재성(equipotentiality)은 동일한 기능을 여러 기관이 독자적 상태에서 수행하는 것을 의미한다.	2020 서울속기9	
14	자율적 책임성은 전문가로서의 직업윤리와 책임감에 기초해서 적극적·자발적 재량을 발휘하여 확보되는 책임이다.	2010 국가9	
15	효율성은 목표의 달성도를 나타내고, 효과성은 투입 대비 산출의 비율을 의미한다.	2023 지방9	
16	자율적 책임성은 공무원이 직업윤리와 책임감에 기초해 전문가로서 자발적인 재량을 발휘할 때 확보된다.	2023 지방9	
17	가외성은 예측하지 못한 행정수요에 대응이 가능하게 함으로써 행정에 대한 신뢰성을 제고한다.	2023 지방7	

Section 03 — 행정이념 간 관계와 시대적인 변천

구분	지문	시행	O·X
1	뉴거버넌스에서는 행정의 효율성과 고객중심주의를 강조한다.	2009 국회9	
2	구공공관리론에서는 행정의 능률성과 전문성을 강조한다.	2009 국회9	

Section 02   행정의 수단적 가치

구분	해설	회독	정답
1	능률성은 일반적으로 투입에 대한 산출의 비, 즉 가성비로 정의됨	☐☐☐	O
2	능률성은 행정이 추구하는 가치 중 수단적인 가치에 해당함 ※ 본질적인 가치는 공익, 정의, 복지, 형평, 평등, 자유임	☐☐☐	×
3	사회적 능률성은 합목적성, 인간적 능률, 즉 인간에 대한 존중을 포함하는바 민주성의 개념으로 이해되며, 1930년대 기능적 행정학(통치기능설=정치행정일원론)에서 중시된 이념임 → 신행정론에서 처음 주창된 가치는 형평성임	☐☐☐	×
4	디목(Dimock)이 제창한 사회적 능률은 인간적, 장기적 능률을 의미함	☐☐☐	×
5	사이먼(H. A. Simon)의 내용적 합리성은 결정이 생성되는 과정보다 선택의 결과에 더 관심을 가짐	☐☐☐	×
6	환경의 불확실성이 커질수록 잉여장치, 즉 가외성의 필요성은 증가함	☐☐☐	×
7	가외성은 잉여장치이므로 환경에 대한 적응성을 제고함	☐☐☐	O
8	능률성은 가성비를, 효과성은 목표의 달성도를 의미함	☐☐☐	O
9	합리목표모형은 조직의 생산성과 능률성을 목표로 기획 · 목표설정 · 평가 등을 중시함 ※ 조직의 성장과 자원확보를 목표로 하는 것은 개방체제 모형임	☐☐☐	×
10	행정의 본질적 가치에는 공익, 정의, 복지, 형평성, 평등성, 자유 등이 있으며, 수단적 가치에는 능률성, 투명성, 책임성 등이 있음	☐☐☐	×
11	행정의 궁극적 가치는 공익, 정의, 복지, 형평, 평등, 자유임 → 궁극적 가치를 제외한 나머지 가치는 수단적 목표에 해당함	☐☐☐	O
12	위계지향 문화는 내부과정 모형에 따라 조직의 효과성을 판단하므로 '안정성 · 균형 및 통제와 감독'을 강조함 → 응집성은 인간관계 모형, 즉 관계지향 문화와 관련된 표현임	☐☐☐	×
13	동일한 기능을 여러 기관이 독자적 상태에서 수행하는 것은 중복 또는 반복에 해당함 → 동등잠재성은 어떤 기관 내에서 주된 조직 단위의 기능이 작동하지 않을 때 동일한 잠재력을 지닌 보조적인 단위기관이 그 기능을 수행하는 것을 의미함	☐☐☐	×
14	자율적 책임은 공무원 스스로 책임을 다하는 능동적 책임을 뜻함	☐☐☐	O
15	선지에서 효율성과 효과성의 내용이 바뀌었음	☐☐☐	×
16	자율적 책임성은 공무원이 소명심에 따라 공무집행하는 것을 의미함	☐☐☐	O
17	가외성은 불확실성에 대한 소극적 방안이기 때문에 행정의 안정성 및 신뢰성을 제고할 수 있음	☐☐☐	O

Section 03   행정이념 간 관계와 시대적인 변천

구분	해설	회독	정답
1	선지는 신공공관리론에 대한 내용임 → 거버넌스는 민주성 및 투명성 등을 강조함	☐☐☐	×
2	구공공관리, 즉 관리주의는 기계적 능률성 제고를 위해 행정의 능률성과 전문성을 강조함	☐☐☐	O

CHAPTER **04** 행정의 구조: 관료제

Section 01　관료제의 정의와 특징

구분	지문	시행	O·X
1	베버(Weber)의 관료제 모형은 계층제의 원리를 근간으로 한다.	2015 국가7	
2	베버(Weber)의 관료제에서 관료는 객관적·중립적 입장보다는 민원인의 입장에서 판단하고 결정한다.	2017 국가7 추가	
3	베버(Weber)의 관료제 이론에서 보수를 받지 않고 봉사하는 사람은 관료라고 볼 수 없다.	2013 지방7	
4	베버가 제시한 관료제에서 구성원의 임무수행은 인격성(personality)과 비합리성이 중시된다.	2020 행정사	
5	베버(Weber)는 정당성을 기준으로 권위의 유형을 전통적 권위, 카리스마적 권위, 법적·합리적 권위로 나누었는데, 근대적 관료제는 법적·합리적 권위에 기초를 두고 있다고 주장한다.	2015 국가7	
6	계층제에서 근무하는 관료는 봉사대상인 국민에게 책임을 져야 한다.	2013 지방7	
7	이상적인 관료제는 정치적 전문성에 의해 충원되는 제도를 갖는다.	2014 서울7	
8	이상적인 관료제는 증오나 열정 없이 형식주의적인 비정의성(impersonality)에 따라 움직인다.	2010 서울9	
9	관료제는 정의적(personal) 업무 처리를 특징으로 한다.	2021 행정사	
10	카리스마적 권위는 베버가 제시한 이념형(ideal type) 관료제의 특성이다.	2021 경찰간부	
11	관료제는 관료제 내의 직위를 계서적으로 배열함으로써 업무능률을 향상시키고 조정을 용이하게 한다.	2008 선관위9	
12	관료제 성립의 배경은 봉건적 지배체제의 확립이다.	2023 국가9	
13	이념형 관료제에서 관료는 원칙적으로 상관이 임명한다.	2023 국가9	
14	베버(Weber)의 이념형(ideal type) 관료제에서 파트타임 채용은 권장되지 않으며, 직원의 급여는 업무의 성과에 따라 지급한다.	2025 지방7	
15	M.Weber에 의하면 관료제는 동양과 서양의 모든 국가에서 공통으로 발견되는 보편적인 현상이다.	2009 서울7	
16	관료제 모형에서 베버(Weber)가 가장 강조한 행정가치는 능률성이다.	2021 지방7	

※ 일반적으로 정답이 '×'인 선지에 대한 해설만 있음

Section 01	관료제의 정의와 특징

구분	해설	회독	정답
1	베버의 관료제는 계층제를 통한 상명하복을 강조함	☐☐☐	O
2	베버(Weber)의 관료제에서 관료는 민원인의 입장보다는 법이나 규칙에 따라 판단하고 결정함	☐☐☐	×
3	베버의 관료제는 구성원에게 급료를 제공하는 것을 원칙으로 함	☐☐☐	O
4	베버가 제시한 관료제에서 구성원의 임무수행은 비인격성(Impersonality)과 합리성이 중시됨	☐☐☐	×
5	근대적 관료제는 합법적 권위, 즉 규칙을 통해 조직을 규율함	☐☐☐	O
6	계층제에서 근무하는 관료는 명령계통에 따라 움직이는 바 상관에게 책임을 져야 함	☐☐☐	×
7	이상적인 관료제는 정치적인 전문성(정당에 대한 충성)이 아니라 기술적 전문성에 의해 관료를 충원함	☐☐☐	×
8	이상적인 관료제는 비정의성, 즉 법치행정에 기초함	☐☐☐	O
9	관료제는 비정의적(Impersonal) 업무처리를 특징으로 함	☐☐☐	×
10	베버가 제시한 이념형 관료제는 합법적 권위를 기초로 조직을 규율함 → 카리스마적 권위는 리더의 비범한 능력을 기초로 조직의 순응을 만들어내는 현상을 설명한 개념임	☐☐☐	×
11	관료제는 상명하복 기제를 활용하여 업무능률을 향상시키고 조정을 용이하게 함	☐☐☐	O
12	베버의 이념형 관료제는 근대 사회를 토대로 함(봉건적 지배체제×)	☐☐☐	×
13	이념형 관료제에서 임명권을 부여받은 상관은 능력있는 사람을 관료로 임명함	☐☐☐	O
14	베버(Weber)의 이념형(ideal type) 관료제에서 관료로서의 직업은 잠정적인 것이 아니라 일생동안 종사하는 한구적인 생애의 직업이며, 직원의 급여는 연공서열에 따라 결정되는 연공급 제도임	☐☐☐	×
15	베버가 언급한 보편성은 공사부문이지 동양과 서양이 아님 → 베버는 서양사회가 동양사회보다 빨리 발전한 이유를 근대관료제에서 찾고 있음	☐☐☐	×
16	관료제는 조직목표를 달성하기 위한 능률적인 조직구조임 → 분업강조	☐☐☐	O

DAY — 05

Section 02　관료제의 역기능(병리)과 순기능

구분	지문	시행	O · X
1	관료제에서는 조직구성원이 조직목표보다는 수단에 집착하여 목표의 전환현상이 발생한다.	2009 국회9	
2	관료제의 집권적이고 권위주의적인 통제와 법규우선주의, 그리고 몰인격적(impersonal) 역할관계는 조직구성원의 사회적 욕구충족을 저해하며 그들의 성장과 성숙을 방해한다.	2011 지방7	
3	굿셀(Goodsell)에 따르면 관료제에서는 계층제 조직의 구성원이 각자의 능력을 넘는 수준까지 승진하게 되는 병리현상이 나타난다.	2015 서울9	
4	셀즈닉(Selznick)모형은 권한의 위임과 전문화가 조직 하위체제의 이해관계를 지나치게 분열시킨다고 본다.	2012 지방7	
5	맥커디(McCurdy)모형은 계층제적 관료조직 내에서 구성원이 각자의 능력을 넘는 수준까지 된다고 본다.	2012 지방7	
6	법규나 절차준수의 강조는 관료제 내 구성원의 비정의성(非情誼性)을 저해한다.	2017 국가9	
7	피터의 원리(Peter Principle)가 지적하듯이 무능력자가 승진하게 되는 경우가 생긴다.	2016 지방7	
8	피터의 원리에 따르면 각 계층에서 유능한 자가 승진하고 나면 결국 무능한 자만 남게 되어 관료제의 대다수 계층이 무능력자로 채워진다.	2025 국가9	
9	피터의 원리에 따르면 자신의 무능력 수준에 이를 때까지 승진하게 된다.	2025 국가7	
10	훈련된 무능이란 상사의 계서적 권한과 부하의 전문적 권력이 충돌하는 관료제의 역기능을 의미한다.	2011 서울9	
11	훈련된 무능은 관료가 제한된 분야에서 전문성은 있으나 새로운 상황에서 적응력과 업무능력이 떨어지는 현상이다.	2022 국가7	
12	동조과잉은 적극적으로 새로운 과업을 찾아서 실행하기보다 현재의 주어진 업무만을 소극적으로 수행하는 것이다.	2022 국가7	

Section 02 관료제의 역기능(병리)과 순기능

구분	해설	회독	정답
1	관료제에서는 조직구성원이 조직목표보다는 수단, 즉 조직 내 규칙준수에 집착하여 목표의 전환현상이 발생할 수 있음	☐☐☐	O
2	관료제의 합법적 권위 강조, 상명하복 기제 등은 구성원을 거대한 기계 속의 부품으로 만드는 경향이 있음	☐☐☐	O
3	피터(Peter)에 따르면 관료제에서는 계층제 조직의 구성원이 각자의 능력을 넘는 수준까지 승진하게 되는 병리현상이 나타남 ※ 굿셀(Goodsell)은 관료제 옹호론을 주장한 학자임	☐☐☐	X
4	셀즈닉은 분업으로 인한 부처할거주의를 지적하였음	☐☐☐	O
5	피터의 원리에 대한 내용임 참고 맥커디는 탈관료제의 특징을 제시한 학자임	☐☐☐	X
6	비정의성은 법치행정을 의미하므로 법규나 절차 준수의 강조는 관료제 내의 비정의성을 촉진함	☐☐☐	X
7	**피터의 원리** : 관료제는 경력을 중시하여 직원을 승진시키기 때문에 무능한 자가 능력 이상의 자리를 맡게 되어 대다수 계층이 무능력자로 채워지는 현상	☐☐☐	O
8	① 위의 문제 해설 참고할 것 ② **주의** : 피터의 원리를 설명할 때 무능한 자와 유능한 자를 같은 개념으로 사용할 때가 있음	☐☐☐	O
9	피터의 원리에 따르면 관료는 상위계층 업무가 아니라 하위계층 업무에 능숙해져서 승진함 → 따라서 승진시 과거보다 일처리 능력이 떨어지는 현상이 발생함(자신의 무능력 수준에 이를 때까지 승진)	☐☐☐	O
10	① 선지는 권력구조의 이원화에 대한 내용임 ② **훈련된 무능** : 조직의 한정된 부분 속에서 정해진 일만 반복한 결과 발생한 무능력	☐☐☐	X
11	위의 해설 참고	☐☐☐	O
12	① 선지는 무사안일에 대한 내용임 ② **동조과잉** : 규칙에 집착하는 현상임 → 조직을 규율하는 규칙에 과도하게 집착할 경우 소식의 복적을 망각하는 목적의 대치현상이 발생	☐☐☐	X

Section 03   관료제와 민주주의

구분	지문	시행	O · X
1	정부관료제의 계층적 속성은 민주주의 가치와 충돌하는 측면이 있다.	2012 국회9	
2	정부관료제의 비민주적 속성은 공무원의 전문성을 강조하는 경향과 관련이 있다.	2012 국회9	

Section 04   대안적 조직구조: 탈관료제 조직에 대하여

구분	지문	시행	O · X
1	애드호크라시의 대표적인 예로는 네트워크 조직, 매트릭스 조직 등을 들 수 있다.	2019 국가7	
2	애드호크라시는 변화에 신속하게 대응할 수 있다는 장점으로 인해 최근에는 전통적 관료제 조직모형을 대체할 정도로 많이 활용되고 있다.	2019 국가7	
3	애드호크라시(adhocracy)는 수평적 분화가 낮고 수직적 분화가 높다.	2025 국가7	
4	골렘뷰스키(R. Golembiewski)의 견인이론(Pull theory)은 기능 중심으로 구성원들을 관리하며, 조직의 통합보다는 분화를 강조한다.	2014 해경간부	
5	견인이론은 기능의 동질성과 일의 흐름을 중시한다.	2007 국가7	
6	린덴(Linden)의 이음매 없는 조직은 전통적 조직에 비해 조직 내 역할 구분이 비교적 명확하지 않다.	2008 국가7	
7	이음매 없는(seamless) 조직은 내부적 필요에 의해 조직단위와 기능을 분산적으로 설계한다.	2025 지방9	
8	학습조직은 조직 능력보다는 개인 능력을 제공하는 데 초점을 맞춘다.	2013 지방7	
9	학습조직의 핵심가치는 의사소통과 수평적 협력을 통한 조직의 문제해결이다.	2016 교행	
10	학습조직은 결정과 기획 등 핵심기능만 남기고 기타 집행사업기능을 각각 전문업체에 위탁경영하여 일을 수행하는 조직이다.	2013 행정사	
11	학습조직은 불확실한 환경에서 조직 스스로 문제해결을 할 수 있도록 조직구성원에게 권한 강화와 학습기회를 제공한다.	2013 행정사	
12	학습조직은 조직구성원의 합이 조직이 된다는 점에서, 조직 내 구성원 각자의 개인적 학습을 강조한다.	2020 국가7	
13	애드호크라시는 현대의 복잡하고 불확실한 환경에서 발생하는 문제에 신속하게 대응하지 못한다.	2021 행정사	
14	위원회 조직은 결정권한의 최종책임이 기관장 한 사람에게 집중되어 있는 조직이다.	2021 행정사	
15	위원회 조직은 참여자들의 결정에 대한 책임성을 높인다.	2025 국가7	
16	후기 관료제에서는 구조적 배열의 잠정성을 지향한다.	2010 군무원9	
17	행정위원회인 공정거래위원회는 의사결정의 권한은 갖지만 집행까지 책임지지는 않는다.	2025 지방9	

Section 03　관료제와 민주주의

구분	해설	회독	정답
1	정부관료제의 계층적인 속성은 집권화를 나타내고, 이는 곧 대내적·대외적 민주성을 저해하는 요인으로 작용할 수 있음	☐☐☐	O
2	공무원의 전문성이 높아지면 민중통제가 어려워지는 까닭에 정부관료제의 비민주적인 속성이 나타날 수 있음	☐☐☐	O

Section 04　대안적 조직구조: 탈관료제 조직에 대하여

구분	해설	회독	정답
1	애드호크라시, 즉 탈관료제의 대표적인 예로는 네트워크 조직, 매트릭스 조직 등을 들 수 있음	☐☐☐	O
2	애드호크라시는 변화에 신속하게 대응할 수 있다는 장점으로 인해 최근에는 전통적 관료제 모형을 보완하여 제한적으로 활용되고 있음	☐☐☐	X
3	애드호크라시는 수직적 분화가 낮음 → 아울러 수평적 분화는 높거나 낮음	☐☐☐	X
4	골렘뷰스키(R. Golembiewski)의 견인이론(Pull theory)은 일의 흐름을 중시하며, 분화보다는 조직의 통합을 강조함	☐☐☐	X
5	견인이론은 기능이 아니라 일의 흐름을 중시함 ※ 기능구조는 관료제를 의미하며, 이는 동일한 기능을 중심으로 조직을 구성함; 견인이론은 탈관료제론에 해당하므로 해당 선지는 틀린 것임	☐☐☐	X
6	린덴(Linden)의 이음매 없는 조직은 유기적 구조이므로 전통적 조직, 즉 관료제에 비해 조직 내 역할 구분이 비교적 명확하지 않음	☐☐☐	O
7	선지는 분업을 강조하는 관료제에 대한 내용임	☐☐☐	X
8	학습조직은 개인 능력보다는 조직 능력을 제공하는 데 초점을 둠	☐☐☐	X
9	학습조직은 복잡성의 수준이 낮기 때문에 활발한 의사소통과 수평적 협력이 가능함	☐☐☐	O
10	네트워크 조직은 결정과 기획 등 핵심기능만 남기고 기타 집행사업기능을 각각 전문업체에 위탁경영하여 일을 수행하는 조직임	☐☐☐	X
11	학습조직은 능동적인 학습을 통한 환경적응을 중시하며, 유기적 구조임(낮은 수준의 복잡성, 공식화, 집권화)	☐☐☐	O
12	학습조직은 구성원의 능동적 학습을 통해 조직 내 구성원과 공유하는 공동체적 문화를 강조함 → 개인적 학습 강조가 틀린 표현임	☐☐☐	X
13	애드호크라시는 유기적인 구조이므로 현대의 복잡하고 불확실한 환경에서 발생하는 문제에 신속하게 대응할 수 있음	☐☐☐	X
14	위원회 조직은 분권적인 조직이므로 결정권한의 최종책임이 기관장 한 사람에게 집중되어 있지 않음	☐☐☐	X
15	위원회 조직은 분권적인 조직이므로 결정에 대한 책임소재가 모호함	☐☐☐	X
16	탈관료제는 유연한 구조이므로 구조적 배열의 잠정성을 지향함	☐☐☐	O
17	행정위원회는 의사결정권과 더불어 집행까지 책임을 지는 조직형태임	☐☐☐	X

CHAPTER 05 ▤ 행정과 환경

Section 01 정부와 시장

구분	지문	시행	O · X
1	긍정적 외부효과가 존재하는 시장의 경우 과소공급에 따른 비효율성이 초래된다.	2018 행정사	
2	시장에서의 정보 비대칭성은 자원배분의 효율성과는 무관하다.	2018 행정사	
3	X-비효율성은 과열된 경쟁에서 나타나는 정부의 과다한 비용발생을 의미한다.	2017 국가9	
4	X-비효율성은 조직이 내부 특성으로 인해 최소비용에 의한 이윤극대화라는 효율성을 달성하지 못하는 상태를 의미한다.	2025 국가7	
5	정부실패의 원인 중 권력의 편재에 대한 대응방안으로는 정부보조삭감, 규제완화 등이 있다.	2009 서울7	
6	교정적 조세(피구세 : Pigouvian tax)는 사회 전체적인 최적의 생산수준에서 발생하는 외부효과의 양에 해당하는 만큼의 조세를 모든 생산물에 대해 부과하는 방법이다.	2015 국가9	
7	특정 지역의 주택가격이 과도하게 상승하자, 정부가 이를 해결하기 위해 투기과열지구로 지정하였는데 정부의 의도와 달리 주택 수요자들이 투기과열지구의 지정으로 인해 그 지역의 주택가격이 더 오를 것이라고 예상하였고, 이 때문에 투기과열지구로 지정된 이후 오히려 주택가격이 급등한 상황은 파생적 외부효과로 설명할 수 있다.	2020 지방7	
8	X-비효율성은 시장실패 원인 중 하나이다.	2021 국가9	
9	정치인들의 제한된 임기로 인해 시간할인율(time discount rate)이 높기 때문에 시장실패가 일어난다.	2020 소방간부	
10	정부실패의 요인 중 내부성은 관료들이 자기 부서의 이익 혹은 자신의 사적 이익에 집착함으로써 공익을 훼손하게 되는 경우를 의미한다.	2020 국회8	
11	외부효과, 독과점, 공공재의 존재, 불완전한 정보 등은 시장실패 원인에 해당한다.	2021 국가9	
12	윌슨(J. Wilson)의 규제정치이론에서 수입규제가 유발하는 정치적 현상은 기업가정치 상황이다.	2024 국가7	
13	윌슨(J. Wilson)의 규제정치모형에서 비용은 다수에 분산되고, 편익은 소수에 집중되는 유형은 기업가 정치 상황이다.	2025 국가7	
14	정부실패 원인 중 X-비효율성이란 비공식적 목표가 공식적 조직목표를 대체하는 현상으로서, 관료 자신이 개인적 이익이나 소속기관의 이익을 사회적 목표보다 우선 고려함으로써 사회 전체의 목표와 조직 내부 목표 간 괴리가 발생하는 것이다.	2025 국가9	
15	정부개입이 초래한 의도하지 않은 결과 때문에 자원배분 상태가 정부개입이 있기 전보다 오히려 더 악화될 수 있다.	2016 국가9	

📋 정답과 해설

Section 01 정부와 시장

구분	해설	회독	정답
1	긍정적 외부효과는 남 좋은 일에 해당함 → 따라서 긍정적 외부효과가 존재하는 시장의 경우 과소공급에 따른 비효율성이 초래될 수 있는바 정부는 공적인 유도를 통해 긍정적 외부효과가 발생할 수 있도록 노력해야 함	☐☐☐	O
2	정보의 비대칭은 판매자와 소비자 간에 정보의 보유량 차이에 따른 가격 왜곡 현상을 일으킬 수 있음; 따라서 시장실패 원인 중 하나에 해당함	☐☐☐	×
3	X-비효율성은 경쟁이 부족한 상태에서 공무원의 도덕적 해이로 인해 발생하는 낭비현상임	☐☐☐	×
4	선지에서 '내부특성'은 공무원의 도덕적 해이 등을 뜻함	☐☐☐	O
5	정부실패의 원인 중 권력의 편재에 대한 대응방안으로는 민영화, 규제완화 등이 있음 [두문자] 권민규	☐☐☐	×
6	교정적 조세(피구세 : Pigouvian tax)는 사회 전체적인 최적의 생산수준에서 발생하는 외부효과의 양에 해당하는 만큼의 조세를 모든 생산물에 대해 부과하는 방법임; 즉, 부정적 외부효과를 일으키는 행위자에게 사회에 피해를 준 만큼 세금을 부과하여 규제하는 제도임	☐☐☐	O
7	파생적 외부효과는 정부의 정책으로 인해 발생한 '예측하지 못한 피해'임	☐☐☐	O
8	X-비효율성, 즉 서비스를 생산하는 과정에서 발생하는 낭비현상은 정부실패 원인 중 하나임	☐☐☐	×
9	정치인들의 제한된 임기로 인해 시간할인율(time discount rate)이 높기 때문에 정부실패가 일어남 → 정치인의 근시안적 사고는 울프의 비시장실패론(정부실패) 내용임	☐☐☐	×
10	내부성은 정부의 사익추구현상을 의미함	☐☐☐	O
11	시장실패 원인 : [두문자] 시험공부는 외롭고 독하게!	☐☐☐	O
12	농산품 수입규제로 인해 편익을 누리는 농민집단이 정부에게 로비하는 현상은 고객정치임 → 기업가정치 상황은 환경오염규제 등에서 발생함	☐☐☐	×
13	윌슨(J. Wilson)의 규제정치모형에서 비용은 다수에 분산되고, 편익은 소수에 집중되는 유형은 고객정치상황임 → 기업가 정치는 비용집중 · 편익분산에 해당함	☐☐☐	×
14	① 선지는 내부성에 대한 내용임 ② X-비효율성 : 정부의 독점구조로 인해 경쟁이 결여되어 관료가 서비스를 생산하는 과정에서 절약하지 않는 현상	☐☐☐	×
15	파생적 외부효과에 대한 내용임	☐☐☐	O

DAY — 06

16	파생적 외부효과란 정부개입에 의해 발생하는 인위적 지대를 획득하기 위해 자원을 낭비하는 현상을 의미한다.	2025 국가7	
17	X-비효율성으로 인해 시장실패가 야기되어 정부의 시장 개입 정당성이 떨어진다.	2016 지방9	
18	자연독점에 의해서 발생하는 시장실패는 공적 유도(보조금)의 방식으로 해결하는 것이 적합하다.	2010 국가7	
19	환경오염 규제, 자동차 안전 규제, 위해물품 규제 등은 윌슨의 기업가 정치의 좋은 예시에 해당하며, 편익을 기대할 수 있는 측은 집단행동의 딜레마에 빠진다.	2013 군무원9	
20	행정조직 내부목표와 사회적 목표의 불일치, 행정관료의 도덕적 해이, 소득분배의 불평등성, 정부부문의 공공서비스 공급 독점 등은 정부실패 원인에 해당한다.	2008 국가9	
21	'X-비효율성'은 정부가 가진 권력을 통해 불평등한 분배가 이루어지는 현상이다.	2022 국가7	

Section 02 정부와 시민사회

구분	지문	시행	O · X
1	시민사회 활동을 대표하는 NGO 혹은 NPO의 공통적 특징으로 비정부성, 비영리성, 자발성 등을 들 수 있다.	2005 경북9	
2	비정부 조직이 생산하는 공공재나 집합재의 생산비용을 정부가 지원하는 경우에는 대체적 관계를 형성한다.	2010 국가9	
3	우리나라에서는 시민단체의 자율성을 위하여 정부가 비정부조직에 재정지원을 하지 않는다.	2016 사회복지9	
4	NGO의 전문성·책임성 부족 현상은 살라몬(Salamon)의 NGO실패유형 중 '박애적 불충분성'에 해당한다.	2005 국회8	
5	등록비영리민간단체는 보조금을 받아 수행한 공익사업을 완료한 때에는 사업보고서를 대통령에게 제출해야 하며 사업평가, 사업보고서 및 평가결과의 공개 등에 필요한 사항은 대통령령으로 정한다.	2024 국가9	
6	서비스형 NGO는 국민권익을 보호하는 역할을 담당하고, 주창형 NGO는 사회적 약자를 위한 복지혜택을 제공하는 역할을 한다.	2025 국가7	

16	선지는 지대추구현상에 대한 내용임	☐☐☐	✕
17	① X-비효율성으로 인해 정부실패가 야기되어 정부의 시장 개입 정당성이 떨어질 수 있음 ② **X-비효율성** : 경쟁의 결여로 인해 발생하는 낭비현상	☐☐☐	✕
18	자연독점(독점)에 대한 정부의 대응방식은 공적 공급 및 정부 규제로 해결할 수 있음	☐☐☐	✕
19	① 환경오염 규제, 원자력 발전 규제, 위해물품 규제, 각종 위생 및 안전규제, 퇴폐업소 단속, 자동차 안전규제, 캡슐커피 규제(환경오염 규제) 등 주로 사회적인 규제에 해당함 ② 편익은 국민 전체에 고르게 분산되는바 집단행동의 딜레마 현상(아무도 나서지 않는 현상)이 발생함	☐☐☐	○
20	소득분배의 불평등성 → 거시적인 시장실패 원인에 해당함	☐☐☐	✕
21	선지는 권력의 편재, 즉 정부권력을 활용한 특혜나 남용에 의해 분배적 불평등이 나타나는 현상임 → X-비효율성은 경쟁의 결여로 인해 발생하는 '낭비'현상임	☐☐☐	✕

Section 02   정부와 시민사회

구분	해설	회독	정답
1	시민사회 활동을 대표하는 NGO 혹은 NPO의 공통적 특징으로 비정부성(비강제성), 비영리성(영리추구✕), 자발성(자발적인 형성 및 활동) 등을 들 수 있음	☐☐☐	○
2	비정부 조직이 생산하는 공공재나 집합재의 생산비용을 정부가 지원하는 경우에는 보완적 관계를 형성함 ※ 대체적인 관계는 국가가 제공하기 힘든 공공서비스를 민간단체가 공급하는 경우임	☐☐☐	✕
3	우리나라는 비영리민간단체지원법에 기초하여 시민단체의 자율성을 위하여 정부가 재정지원을 하고 있음	☐☐☐	✕
4	NGO의 전문성·책임성 부족 현상은 살라몬(Salamon)의 NGO실패유형 중 '박애적 아마추어리즘'에 해당함 ※ 박애적 불충분성은 NGO의 자원이 부족해서 시민단체가 실패하는 현상임	☐☐☐	✕
5	등록비영리민간단체는 보조금을 받아 수행한 공익사업을 완료한 때에는 사업보고서를 행안부장관, 시도지사나 특례시의 장에게 제출해야 함 → 아울러 사업평가, 사업보고서 및 평가결과의 공개 등에 필요한 사항은 행정안전부령으로 정함	☐☐☐	✕
6	• 반대로 기술되었음 • **서비스형 NGO** : 정부를 대신하거나 보완하여 공공서비스를 제공 → 국경없는 의사회 등 • **주창형**(옹호형) NGO : 정부와 기업의 활동을 감시·견제·비판하고 국민의 권익을 보호 → 인권단체, 환경단체 등	☐☐☐	✕

DAY — **06**

Section 03	성공적인 거버넌스를 위한 조건: 사회자본

구분	지문	시행	O · X
1	사회적 자본은 사회구성원들 간의 신뢰와 협력을 중시한다.	2015 행정사	
2	푸트넘의 사회자본론은 이탈리아 지방정부의 제도적 성과와 관련하여 남부의 성공하지 못한 지역과 북부의 성공적인 지역을 비교 연구한 결과이다.	2021 경찰간부 수정	
3	사회적 자본은 거래비용을 감소시키는 순기능이 있다.	2021 국가7	
4	사회자본의 구성요소로 신뢰, 사회적 네트워크, 지역 금융이 있다.	2021 경찰간부	
5	사회자본은 사용할수록 점차 감소하기 때문에 소유 주체가 지속적으로 유지하려는 노력을 투입해야 한다.	2011 국가7	

Section 04	정보화 시대, 그리고 행정: 전자정부

구분	지문	시행	O · X
1	정보행정은 정보기술을 활용하여 수요자 중심으로 행정서비스를 개선한다.	2020 행정사	
2	전자정부는 수요자 중심보다는 공급자 중심의 행정서비스를 강조하는 열린 정부이다.	2018 행정사	
3	유비쿼터스 전자정부는 기술적으로 브로드밴드와 무선, 모바일 네트워크, 센싱, 칩 등을 기반으로 하고, 서비스 전달 측면에서 지능적인 업무수행과 개개인의 수요에 맞는 맞춤형 서비스를 제공한다.	2020 지방9	
4	정보격차의 심화는 전자정부의 역기능이다.	2020 군무원7	
5	온라인 참여포털 국민신문고는 국민의 고충 민원과 제안을 원스톱으로 접수 및 처리하는 것을 목적으로 한다.	2020 국가7	
6	사진은 빅데이터에 포함되지 않는다.	2021 국가7	
7	빅데이터는 비정형적 데이터가 아닌 정형적 데이터를 지칭한다.	2015 국가7	
8	과학기술정보통신부장관은 5년마다 행정기관등의 기관별 계획을 종합하여 '전자정부기본계획'을 수립하여야 한다.	2023 국가9	
9	정부는 '지능정보사회 종합계획'을 3년 단위로 수립하여야 한다.	2023 국가9	
10	조직의 경험, 숙련된 기능, 개인적 노하우, 업무매뉴얼은 암묵지의 예시에 해당한다.	2013 지방9	
11	지식관리의 핵심 중 하나는 조직 내 학습을 통해 암묵지를 형식지로 전환하는 것이다.	2025 지방7	

Section 03 성공적인 거버넌스를 위한 조건: 사회자본

구분	해설	회독	정답
1	사회적 자본은 사람 혹은 집단 간 상호작용을 통해 형성된 신뢰를 의미함	☐☐☐	O
2	푸트넘은 사회자본을 강조한 학자 중 한 명임	☐☐☐	O
3	사회적 자본은 일반적으로 신뢰를 의미하는바 거래비용을 감소시키는 순기능이 있음	☐☐☐	O
4	사회자본의 핵심 구성요소로는 상호 신뢰, 믿음, 호혜적 규범, 자발적인 협력적 네트워크, 적극적 참여 등이 있음(지역 금융×)	☐☐☐	×
5	사회자본은 사용할수록 점차 증가하지만, 사용하지 않으면 감소하므로 소유 주체가 지속적으로 유지하려는 노력을 투입해야 함	☐☐☐	×

Section 04 정보화 시대, 그리고 행정: 전자정부

구분	해설	회독	정답
1	우리나라 전자정부는 수요자, 즉 국민 중심으로 행정서비스를 개선함	☐☐☐	O
2	전자정부는 공급자 중심보다는 수요자 중심의 행정서비스를 강조하는 열린 정부임	☐☐☐	×
3	**유비쿼터스 정부** ① 유·무선 모바일 기기 통합으로 언제, 어디서나 쌍방향의 정보서비스를 제공함; 아울러 개인의 관심사·선호도 등에 따른 실시간 맞춤형 정보를 제공함으로써 시민의 참여를 촉진함 ② 행정서비스가 추구하는 가치를 고객지향성, 지능성, 실시간성, 형평성 등으로 요약하며, 기술적으로 브로드밴드와 무선, 모바일 네트워크, 센싱, 칩 등을 기반으로 함	☐☐☐	O
4	전자민주주의 부정적 측면으로 정보를 정부나 상급기관이 독점하여 국민을 감시하는 전자전제주의(telefascism)가 나타날 수 있음 → 전자전제주의는 전자파놉티콘과 유사한 개념임	☐☐☐	O
5	국민신문고는 국민의 고충 민원과 제안을 원스톱으로 접수 및 처리하는 것을 목직으로 하는바 진자민주주의를 구현하기 위한 제도임	☐☐☐	O
6	빅데이터는 비정형적 데이터(사진·영상 등), 정형적 데이터(숫자·기호 등), 반정형적 데이터(정형적·비정형적 데이터의 중간 형태)를 모두 포함하는 개념임	☐☐☐	×
7	빅데이터는 기존의 환경에서 사용되는 '정형화된 데이터(숫자·기호 등)'는 물론 사진, 이미지와 같은 '비정형 데이터'를 모두 포함하는 개념임	☐☐☐	×
8	과학기술정보통신부장관을 중앙사무관장기관장(행정부의 경우 행정안전부장관)으로 수정해야 함	☐☐☐	×
9	**지능정보화기본법 제6조【지능정보사회 종합계획의 수립】** ① 정부는 지능정보사회 정책의 효율적·체계적 추진을 위하여 지능정보사회 종합계획(이하 "종합계획"이라 한다)을 3년 단위로 수립하여야 한다.	☐☐☐	O
10	① **암묵지**: 말이나 글로 표현하기 어려운 지식 → 자전거 타기, 오랜 노하우 및 경험 등 ② **형식지**: 말이나 글로 표현하기 쉬운 지식 → 교과서, 매뉴얼, 보고서 등	☐☐☐	×
11	지식관리를 중시하는 지식행정에서는 암묵지의 형식지화가 중요함	☐☐☐	O

Section 05　　**행정문화: 우리나라의 행정문화**

구분	지문	시행	O · X
1	행정문화는 시간이 흘러도 변하지 않는 지속성을 가진다.	2012 서울9	
2	상대주의는 인간관계를 불평등한 수직적 관점에서 보는 의식구조를 지칭한다.	2005 경기7	
3	선진국의 행정문화는 모든 문제를 일반적인 상식차원에서 해결할 수 있다고 본다.	2004 국가7	
4	권위주의, 온정주의, 상대주의, 연고주의는 선진국의 행정문화에 해당한다.	2004 경기9	
5	일반능력자주의, 상대주의 등은 한국의 행정문화의 특징이다.	2025 군무원9	

Section 05 | 행정문화: 우리나라의 행정문화

구분	해설	회독	정답
1	행정문화는 지속성이 있으면서도 동태성을 지니는 바 시간이 흘러서 변할 수 있음	□□□	×
2	상대주의는 인간관계를 평등한 수평적 관점에서 보는 의식구조를 지칭함 ※ 인간관계를 불평등한 수직적 관점에서 보는 의식구조를 지칭하는 것은 권위주의에 해당함	□□□	×
3	모든 문제를 일반적인 상식차원에서 해결할 수 있다고 보는 것은 일반주의로써 이는 개발도상국의 행정문화임	□□□	×
4	① 일반적으로 선진국은 다양성을 존중하는 문화상대주의를 특징으로 함 ② 각 문화에 대한 설명 　㉠ **권위주의**: 위계질서, 상명하복 등을 중시하는 문화 　㉡ **온정주의**: 감정적인 유대관계를 중시하는 문화 → 의리, 우정 등 　㉢ **연고주의**: 혈연, 지연 및 학연 등을 중시하는 문화	□□□	×
5	상대주의는 선진국 행정문화의 특징임	□□□	×

DAY — 06

CHAPTER 06 정부관: 큰 정부와 작은 정부

Section 01 시대 및 이념의 구분에 따른 정부관

구분	지문	시행	O·X
1	신자유주의는 시장실패의 해결사 역할을 해오던 정부가 오히려 문제의 유발자가 되었다는 인식을 바탕으로 다시 시장을 통한 문제해결을 강조하며 '작은 정부'를 추구한다.	2013 국가9	
2	신공공관리론은 작은 정부를 적극적으로 옹호하는 관점이다.	2020 지방9	
3	민영화를 강조하는 작은 정부론은 시장실패에 대한 대응으로 제기되었다.	2024 국가9	
4	조세 감면 확대는 진보주의에서 선호하는 정책이다.	2020 군무원9	
5	신자유주의는 고전적 자유주의와 달리 정치, 경제, 사회 모든 분야에서 개인의 자유를 공익을 위해 제한하자는 사상이다.	2021 경찰간부	
6	보수주의자는 기본적으로 자유시장을 불신하지만 정부를 신뢰한다.	2017 교행	
7	1930년대 대공황을 겪으면서 최소의 정부가 최선의 정부라는 신념이 중요시되었다.	2017 교행	
8	하이에크(Hayek)는 『노예의 길』에서 시장실패를 비판하고 큰 정부를 강조하였다.	2022 국가9	
9	신자유주의 정부이념은 케인즈(Keynes)경제학에 기반을 둔 수요 중시 거시경제정책을 강조하므로 공급측면의 경제정책에 대하여는 반대입장을 견지한다.	2013 국가9	
10	대공황 이후 케인스주의, 루스벨트 대통령의 뉴딜정책은 큰 정부관을 강조하였다.	2022 국가9	

📋 정답과 해설

※ 일반적으로 정답이 'X'인 선지에 대한 해설만 있음

Section 01 **시대 및 이념의 구분에 따른 정부관**

구분	해설	회독	정답
1	신자유주의는 작고 능률적인 정부를 지향하는 신공공관리론의 이념적 토대임	☐☐☐	O
2	신공공관리론은 작고 능률적인 정부를 지향함	☐☐☐	O
3	민영화를 강조하는 작은 정부론은 행정국가 이후에 등장함 → 따라서 정부실패에 대한 대응으로 제기되었음	☐☐☐	X
4	진보주의 정부는 정부의 규제와 활동을 증대하는 정부관에 해당함; 따라서 진보주의 정부에서는 조세감면이 이루어지는 게 아니라 더 많은 조세를 거두고(정부규제 강화) 이를 바탕으로 소득재분배와 같은 소수민족의 기회를 확대를 지향함	☐☐☐	X
5	신자유주의는 근대국가의 사상적 토대였던 고전적 자유주의와 마찬가지로 정치, 경제, 사회 모든 분야에서 개인의 자유를 최대한 보장하자는 정치철학임	☐☐☐	X
6	보수주의자는 정부의 지나친 개입을 지양하는바 시장을 신뢰하고 정부를 불신함	☐☐☐	X
7	경제대공황을 겪으면서 작은 정부의 한계점이 드러나게 되었고, 이에 따라 큰 정부(최대의 봉사를 최선의 정부로 인식)가 등장함 ※ 최소의 정부가 최선의 정부라는 표현은 19세기 입법국가의 정부관을 나타냄	☐☐☐	X
8	하이에크는 신자유주의의 아버지이므로 작은 정부를 강조하는 입장임	☐☐☐	X
9	신자유주의는 작고 능률적인 정부를 지향하는 이념이지만, 케인즈의 수요경제학은 노동자의 경제활동을 촉진하기 위해 정부가 많은 사업을 추진하는 큰 정부를 상징하는 표현임	☐☐☐	X
10	케인즈주의, 루스벨트 대통령은 행정국가를 상징하므로 양자는 큰 정부와 연관됨	☐☐☐	O

Section 02 정부의 규모 변화 · 작은 정부론

구분	지문	시행	O · X
1	파킨슨 법칙에 따르면 새로운 행정수요에 관계없이 정부규모는 확장된다.	2006 선관위9	
2	전위효과는 사회혼란기에 공공지출이 상향 조정되며 민간지출이 공공지출을 대체하는 현상이다.	2009 국가7	
3	보몰효과(Baumol's effect)는 정부가 생산 · 공급하는 서비스의 생산비용이 상대적으로 빨리 하락하여 정부지출이 감소하는 현상이다.	2009 국가7	
4	파킨슨 법칙(Parkinson's Law)에 따르면 공무원의 규모는 업무량에 상관없이 증가한다.	2021 경찰간부	
5	파킨슨에 따르면 본질적인 업무는 그대로인데, 파생적인 업무가 늘어나며, 공무원의 수는 업무량과 관계없이 증가한다.	2025 국가7	
6	파킨슨 법칙은 상승하는 피라미드의 법칙(the law of rising pyramid)이라고도 불린다.	2023 지방9	
7	정부의 규모팽창과 관련하여 '부하배증의 법칙'과 '업무배증의 법칙'은 각각 별개로 작용하며 서로 영향을 미치지 않는다.	2013 서울9	
8	파킨슨(Parkinson)은 관료들이 자신들의 권력 극대화를 위해 필요 이상으로 자기 부서의 예산을 추구함에 따라 정부 예산이 지속적으로 증가한다고 주장한다.	2023 지방9	
9	바그너(Wagner)는 경제 발전에 따라 국민의 욕구 부응을 위한 공공재 증가로 인해 정부 예산이 증가한다고 주장한다.	2023 지방9	
10	'부하 배증의 법칙'은 A라는 공무원이 과중한 업무에 허덕이게 될 때 자기의 동료를 보충받기보다는 자기를 보조할 부하 C를 보충받기를 원한다는 것이다.	2013 서울9	
11	파킨슨 법칙이란 공무원의 수가 해야 할 업무의 경중이나 그 유무에 관계없이 일정한 비율로 증가하는 현상을 설명한 것이다.	2009 국가7	
12	파킨슨에 따르면 관료는 본질적인 업무가 증가하지 않으면 파생적인 업무도 줄이려는 무사안일의 경향을 가진다.	2019 지방7	
13	그레셤의 법칙(Gresham's law)에 따르면 정부 부문은 저자본 노동집약적인 서비스 산업이어서 자본집약적인 제조업이나 민간 부문에 비해서 생산성이 낮고, 서비스 원가에서 임금이 차지하는 비율이 높다. 따라서 임금의 인상은 정부 서비스 비용을 증대시키게 되고, 결과적으로 정부지출이 증가하는 원인이 된다.	2025 국가7	

Section 02	정부의 규모 변화 · 작은 정부론

구분	해설	회독	정답
1	파킨슨 법칙에 따르면 중요한 업무와 관계없이 공무원의 지배욕구에 따라 파생적 업무가 증가해서 공무원의 수가 증가함	☐☐☐	O
2	전위효과는 사회혼란기에 공공지출이 상향 조정되며 공공지출이 민간지출을 대체하는 현상이다.	☐☐☐	X
3	보몰효과(Baumol's effect)는 정부의 노동집약적 성격으로 인해 경상비 증가가 발생하고, 이로 인해 정부의 규모가 커지는 현상을 설명한 이론임	☐☐☐	X
4	파킨슨 법칙(Parkinson's Law)에 따르면 공무원의 규모는 중요한 업무량에 상관없이 증가함	☐☐☐	O
5	파킨슨 법칙은 공무원의 수는 본질적인 업무와 관계없이 일정 비율로 증가한다는 법칙으로서 상승하는 피라미드의 법칙(the law of rising pyramid)으로 불리기도 함	☐☐☐	O
6	• 파킨슨에 따르면 본질적인 업무는 그대로인데, 공무원의 지배욕구로 인해 파생적인 업무가 증가함 • 또한, 공무원의 수는 (중요한) 업무량과 관계없이 증가함	☐☐☐	O
7	파킨슨의 법칙은 두 가지 법칙이 상호작용, 즉 악순환하면서 공무원의 수가 증가하는 현상을 설명하고 있음	☐☐☐	X
8	선지는 니스카넨의 예산극대화모형에 대한 내용임 → 파킨슨은 부하배증 및 업무배증의 원리가 상호 악순환하면서 공무원의 수가 증대되는 현상을 설명함	☐☐☐	X
9	① 바그너는 공공재 수요의 소득 탄력적 특성으로 인해 국민경제에서 차지하는 공공부문의 상대적 크기가 커지는 현상을 설명함 ② 1인당 국민소득의 증가, 즉 사회의 소득이 증가하면 공공재 수요(공적인 수요)가 빠르게 증가하게 됨 → 경제가 성장하면 국민이 정부에게 많은 요구를 하는 현상이 발생	☐☐☐	O
10	부하 배증의 법칙이란 파생적인 업무(지시, 보고, 승인, 감독 등)가 증가하면 이를 동료와 분담하지 않고, 심리적인 욕구(권력욕)에 의해 부하를 보충받기를 원한다는 것을 설명하는 개념임 → 즉, 동료와 협업을 하는 것보다 부하에게 시키는 게 편리하다는 것	☐☐☐	O
11	**파킨슨 법칙**: 공무원의 수가 중요한 업무에 관계없이 공무원의 지배욕구에 따라 일징하게 증가하는 현상을 설명하는 법칙	☐☐☐	U
12	파킨슨에 따르면 관료는 부하를 충원하기 위해, 즉 지배욕구에 따라 파생적인 업무를 일부러 만드는 경향도 있음	☐☐☐	X
13	• 선지는 보몰효과에 대한 내용임 • **그레샴 법칙**: 악화(惡貨)가 양화(良貨)를 구축한다(bad money drives out good)는 법칙 → 행정학에서 불필요한 정보가 가치있는 정보를 밀어내는 현상으로 사용되기도 함	☐☐☐	X

최욱진 행정학 천지문 OX ✧

PART

02

정책학

CHAPTER **01** : **정책학의 기초**

| Section 01 | **정책의 의의와 유형** |

구분	지문	시행	O·X
1	분배정책은 정책내용이 세부 단위로 쉽게 구분되고 각 단위는 다른 단위와 별개로 처리될 수 있다.	2016 지방7	
2	재분배정책, 분배정책, 규제정책, 구성정책은 로위가 분류한 정책유형에 해당한다.	2020 행정사	
3	규제정책은 주로 법률의 형태로 나타나며 다원주의적인 정치관계가 나타난다.	2008 충남9	
4	선거구 조정, 정부조직이나 기구신설, 공직자 보수 등은 구성정책이다.	2016 지방7	
5	구성정책은 체제 내부를 정비하는 정책으로 대외적 가치배분에는 큰 영향이 없으나 대내적으로는 게임의 법칙이 발생한다.	2018 국회8	
6	재분배정책은 정책참여자 간 이해대립으로 갈등이 발생할 가능성이 높다.	2013 지방7	
7	한글날의 공휴일 지정은 상징정책에 속한다.	2015 교행	
8	자율규제는 피규제자가 스스로 합의된 규범을 만들고 이를 구성원들에게 적용하는 형태의 규제방식이다.	2018 지방9	
9	공동규제는 정부로부터 위임을 받은 민간집단에 의해 이뤄지는 규제를 의미한다.	2019 국가9	
10	경제적 규제에서는 피규제산업에 의한 규제기관의 포획현상이 나타날 수 있다.	2010 경정승진	
11	직접적 규제의 활용 사례로는 일정한 양의 오염허가서(pollution permits) 혹은 배출권을 보유하고 있는 경제주체만 오염물질을 배출할 수 있게 허용하는 방식이 있다.	2015 국가9	
12	소비자안전규제, 산업재해규제, 환경규제 등은 경제적 규제의 성격이 강하다.	2017 지방9	
13	수단규제는 정부의 목표를 달성하기 위해 필요한 기술이나 행위에 대해 사전적으로 규제하는 것을 의미한다.	2019 국가9	
14	투입규제(수단규제)는 관리규제에 비해 피규제자에게 더욱 많은 자율성을 부여한다.	2024 국가7	
15	관리규제란 정부가 특정한 사회문제 해결에 대한 목표달성 수준을 정하고 피규제자에게 이를 달성할 것을 요구하는 것이다.	2015 국가9	
16	포지티브(positive) 규제는 네거티브(negative) 규제에 비해 규제대상 기관의 자율성이 크다.	2015 서울7	
17	포지티브 규제방식은 네거티브 규제방식에 비해 피규제자의 자율성을 더 보장한다.	2024 국가9	

📋 정답과 해설

Section 01	정책의 의의와 유형

구분	해설	회독	정답
1	분배정책은 세부 사업의 집합이 하나의 정책을 구성함 → 예를 들어, 사회간접자본 계정은 도로, 학교, 항만 등으로 구성됨	☐☐☐	O
2	**두문자** 로재분규성	☐☐☐	O
3	규제정책은 국민의 자유를 제한하는 성격이 있기 때문에 주로 법률의 형태로 나타나며 정책결정에 있어서 다원주의적인 정치관계가 나타남	☐☐☐	O
4	구성정책은 정부 체계를 고치거나 신설하는 것과 연관된 정책임	☐☐☐	O
5	구성정책은 대외적 가치 배분에는 큰 영향이 없으나, 대내적으로는 조직 내 구성원 간의 이해다툼 현상(게임의 법칙)이 발생함	☐☐☐	O
6	재분배정책은 계급대립적인 성격을 지니는 까닭에 집행과정에서 참여자 간 갈등이 발생할 가능성이 큼	☐☐☐	O
7	상징정책은 국민의 자긍심을 제고하기 위해 상징물을 지정하는 정책임	☐☐☐	O
8	**자율규제**: 민간집단(전문가 집단 등)에게 규제기준의 설정 권한을 주고 그 집행도 위임하는 정책; 일반적으로 규제의 주체는 당연히 정부지만 예외적으로 규제의 주체가 정부가 아니라 피규제산업 혹은 업계가 되는 경우가 있는데 이를 자율규제라 부름	☐☐☐	O
9	공동규제는 정부와 민간이 공동으로 규제를 하는 것이므로 정부로부터 위임을 받은 민간집단에 의해서도 규제가 형성됨	☐☐☐	O
10	경제적 규제는 특정 기업을 규제하는바 피규제산업에 의한 규제기관의 포획현상이 나타날 수 있음	☐☐☐	O
11	간접적 규제의 활용 사례로는 일정한 양의 오염허가서(pollution permits) 혹은 배출권을 보유하고 있는 경제주체만 오염물질을 배출할 수 있게 허용하는 방식이 있다.	☐☐☐	✕
12	소비자안전규제, 산업재해규제, 환경규제 등은 사회적 규제의 성격이 강함	☐☐☐	✕
13	**수단규제**: 정부의 목표를 달성하기 위해 필요한 기술이나 행위에 대해 사전적으로 취하는 규제 → 예를 들어, 환경오염을 방지하고자 기업에게 특정한 기술사용을 요구하는 것	☐☐☐	O
14	투입규제는 성과를 만들기 위한 도구나 기술을 사전에 규제하므로 피규제자에게 자율성을 거의 부여하지 않음	☐☐☐	✕
15	성과규제란 정부가 특정한 사회문제 해결에 대한 목표달성 수준을 정하고 피규제자에게 이를 달성할 것을 요구하는 것이며, 관리규제란 성과규제를 적용하기 어려울 때 산출물의 과정을 규제하는 방식임	☐☐☐	✕
16	포지티브(positive) 규제는 네거티브(negative) 규제에 비해 규제대상 기관의 자율성이 작다. ※ 포지티브 규제는 규제에 대해 긍정적인 입장이므로 규제대상 기관의 자율성이 작음	☐☐☐	✕
17	포지티브 규제방식은 네거티브 규제방식에 비해 피규제자의 자율성을 더 제한함	☐☐☐	✕

18	정책 과정에서 이해당사자들 간의 협상을 통해 비교적 안정적인 연합을 형성하거나, 로그롤링(log-rolling)이나 포크 배럴(pork barrel)과 같은 정치적 현상이 나타나는 것은 로위의 정책 유형 중 분배정책에 해당한다.	2020 국가7	
19	분배정책은 대통령이 주요 행위자라면 재분배정책은 관료나 하위정부가 주요 행위자이다.	2020 군무원7	
20	재분배정책의 사례로는 저소득층을 위한 근로장려금 제도, 영세민을 위한 임대주택 건설, 대덕 연구개발 특구 지원 등이 있다.	2021 국가9	
21	로위의 구성정책의 예로는 코로나 사태에 따른 자영업자 금융지원 정책이 있다.	2021 경찰간부	
22	로위의 정책유형 중 정부 혹은 정치체제의 정통성과 정당성을 확보하고, 국민의 단결력이나 자부심을 높여 줌으로써 정부의 정책활동을 원활하게 하기 위한 정책은 구성정책에 해당한다.	2024 국가9	
23	로위는 미국식 다원론자들의 주장과 엘리트주의자들의 주장을 통합하려는 의도에서 정책을 분류하였다.	2021 경정승진	
24	로위의 정책 유형과 리플리와 프랭클린의 정책 유형에는 없지만, 앨먼드와 파월의 정책 유형에는 있는 것은 상징정책이다.	2023 지방9	
25	리플리와 프랭클린의 보호적 규제정책은 국민을 보호하기 위해 개인이나 집단의 행동을 통제하는 정책이다.	2023 지방7	
26	특정 기업에게 특정 노선의 항공운항권 부여, 공공요금 책정, 최저임금제도 및 근로시간 제한, 환경 문제를 개선하기 위한 규제 등은 리플리와 프랭클린이 제시한 경쟁적 규제정책에 해당한다.	2025 국가9	
27	라스웰의 정책지향(1951)에서 '정책과정에 관한 지식'은 규범적·처방적 지식을 의미한다.	2018 서울7	
28	라스웰(Lasswell)은 정책과정에 관한 지식보다 정책에 필요한 지식이 더 중요하며, 사회적 가치는 분석대상에서 제외해야 함을 강조하였다.	2012 지방7	
29	라스웰(Lasswell)은 1971년 『정책학 소개(A Pre-View of Policy Sciences)』에서 맥락지향성, 이론지향성, 연합학문지향성을 제시하였다.	2024 지방9	
30	살라몬에 따르면 경제규제, 보조금, 바우처, 공기업은 직접성의 정도가 낮은 정책수단이다.	2011 국가7	
31	살라몬에 따르면 경제적 규제, 바우처, 조세지출, 직접대출 중에서 강제성이 가장 높은 것은 경제적 규제이다.	2012 지방9	
32	규제적 도구, 종교적 도구, 경제적 도구, 정보적 도구는 비덩이 분류한 정책수단에 해당한다.	2025 지방9	
33	샐리스버리(R. Salisbury)에 따르면 요구패턴(demand pattern)은 통합적이고, 결정체제(decisional system)는 분산적인 정책유형은 자율규제정책이다.	2025 국가7	

18	분배정책은 특정 집단이나 지역에 편익을 제공하는 정책이므로 편익을 가지려는 현상, 즉 로그롤링 및 포크배럴 현상이 발생함; 또한 분배정책은 주로 철의 삼각(협력이 잘되는 안정적인 연합)에서 산출되는 정책유형임	☐☐☐	O
19	분배정책은 상임위원회 위원, 부처 관료, 이익집단 등 하위정부 수준에서 결정됨; 이에 반해 재분배정책은 일반적으로 지도자의 국정철학이 많은 영향을 미치는 까닭에 재분배정책의 주요 행위자는 대통령임 ※ 하위정부: 정책문제나 쟁점에 관심을 가지는 공공 및 민간조직의 행위자로 구성된 체계	☐☐☐	×
20	재분배정책의 사례로는 저소득층을 위한 근로장려금 제도, 영세민을 위한 임대주택 건설, 등이 있음 → 대덕 연구개발 특구 지원은 배분정책임	☐☐☐	×
21	코로나 사태에 따른 자영업자 금융 지원 정책은 특정 세력에 대해 편익을 제공하는 분배정책에 해당함 → 구성정책은 정치체제의 구조와 운영에 관련된 정책으로 선거구 조정, 헌법상 운영규칙 수정 및 신설 등이 구성정책의 예임	☐☐☐	×
22	선지는 상징정책에 대한 내용임 → 구성정책은 헌정수행에 필요한 정부(체제)의 구조·기능·운영규칙의 변경에 대한 정책임	☐☐☐	×
23	로위는 정책유형에 따라 다원론과 엘리트론의 적용 여부가 달라질 수 있음을 강조함	☐☐☐	O
24	상징정책 및 추출정책은 알몬드와 포웰이 제시한 정책유형임	☐☐☐	O
25	리플리와 플랭클린의 보호적 규제정책은 국민을 보호하기 위해 특정 개인이나 집단의 행동을 통제함	☐☐☐	O
26	① 공공요금 책정, 최저임금제도 및 근로시간 제한, 환경문제를 개선하기 위한 규제 등은 리플리와 프랭클린이 제시한 보호적 규제정책에 해당함 ② **경쟁적 규제정책**: 특정 기업에게 영업권을 주고 그들을 관리·감독하는 정책 → TV·라디오 방송권 부여 등	☐☐☐	×
27	정책과정에 관한(On) 지식은 과학성을 의미함 → 규범적·처방적 지식(기술성)은 정책과정에 필요한 (for) 지식임	☐☐☐	×
28	라스웰(Lasswell)은 정책에 필요한 지식, 즉 기술성을 중시한 까닭에 사회적 가치(가치에 대한 연구)를 분석 대상에 포함시키고 있음	☐☐☐	×
29	이론지향성을 문제지향성으로 고쳐야 함	☐☐☐	×
30	① 경제규제와 공기업은 직접성이 높은 정책수단임 ② 두문자 공^{3}경정직	☐☐☐	×
31	바우처와 조세지출은 간접수단이며, 직접대출은 직접성이 높은 정책수단임	☐☐☐	O
32	종교적 도구는 비덩이 제시한 정책수단이 아님	☐☐☐	×

33

■ 샐리스버리 정책유형

구분		수요자의 요구패턴(demand pattern)	
		통합	분산
공급자의 결정체제 (decisional system)	통합	재분배정책	규제정책
	분산	자율규제정책	배분정책

· 공급자의 결정체제: 의사결정권이 국가에 집중(통합) 혹은 다수 기관에 분산
· 수요자의 요구패턴: 정책수요자의 요구가 소수(통합) 혹은 다수(분산)

☐☐☐ O

DAY —
07

Section 02　정책참여자와 참여자 간 관계

구분	지문	시행	O · X
1	정당 사무국장은 정책결정과정에서 정책의제에 영향을 미치는 공식적 참여자에 해당한다.	2014 사회복지	
2	정당은 공식적 참여자로서 대중의 여론을 형성하고 일반 국민에게 정책 관련 주요 정보를 전달하는 역할을 통해 정책과정에 영향을 미친다.	2024 국가9	
3	엘리트이론에서 Michels는 사회조직을 지배하는 가설로 '과두지배의 철칙'을 주장하였다.	2016 경간	
4	헌터(Hunter)는 지역사회연구를 통해 응집력과 동료의식이 강하고 협력적인 정치 엘리트들이 지역사회를 지배한다는 엘리트론을 주장한다.	2018 서울9	
5	다원주의론에 따르면, 공통적으로 다양한 이익집단은 정부의 정책과정에 동등한 접근 기회를 가지고 있으며, 이익집단 간의 영향력에 차이가 있음을 인정하지 않는다.	2019 서울7 추가	
6	조합주의(corporatism)에서 이익집단은 단일적·위계적인 이익대표체계를 형성한다.	2016 국가7	
7	헤클로(Heclo)는 하위정부모형을 비판적으로 검토하면서 정책이슈를 중심으로 유동적이며 개방적인 참여자들 간의 상호작용 현상을 묘사하기 위한 대안적 모형을 제안하였다.	2019 국가9	
8	정책네트워크는 참여자와 비참여자를 구분하는 경계를 두지 않고 상호작용을 통해 연계한다.	2007 전북9	
9	철의 삼각에서 관료는 특수 이익집단의 이익에 종속되는 경향이 있다.	2013 서울7	
10	정책네트워크에는 참여자들의 상호작용을 규정하는 공식적 규칙이 존재하지 않는다.	2009 서울9	
11	하위정부론은 정책분야별로 이익집단, 정당, 해당 관료조직으로 구성된 실질적 정책결정권을 공유하는 네트워크가 존재한다고 주장한다.	2016 국가9	
12	철의 삼각에서 정책참여자는 의회 상임위원회, 행정부 관료, 법원이다.	2024 국가9	
13	네트워크의 자율성과 안정성이 비교적 높고, '철의 삼각' 개념과 거의 동일한 의미를 지니는 정책네트워크는 하위정부 모형이다.	2024 국가7	
14	정책공동체는 정책결정을 둘러싼 권력게임은 공동의 이익을 추구하는 정합게임의 성격을 띤다.	2010 국가7	
15	정책공동체는 전문가를 제외한 정책 이해관계자의 참여로 다양한 요구들이 정책에 반영된다.	2006 대구9	
16	정책공동체는 이슈네트워크에 비해 개방적이고 유동적인 네트워크로서의 특징을 지닌다.	2018 행정사	
17	하위정부 모형에서는 소수의 엘리트 행위자들이 특정 정책영역에서 정책결정을 지배하고 있다고 설명한다.	2018 행정사	
18	지식경제 사회에서 엘리트 계층과 일반 대중 사이의 정보비대칭성(asymmetry)이 심화되면 엘리트 이론의 설명력은 더 높아진다.	2020 국가7	

Section 02   정책참여자와 참여자 간 관계

구분	해설	회독	정답
1	정당 사무국장은 정책결정과정에서 정책의제에 영향을 미치는 비공식적 참여자에 해당함	☐☐☐	×
2	정당은 일반 시민도 가입할 수 있는바 비공식 참여자에 해당함	☐☐☐	×
3	미헬스는 고전적 엘리트론, 즉 과두제의 철칙을 주장한 학자임	☐☐☐	O
4	헌터(Hunter)는 지역사회연구를 통해 응집력과 동료의식이 강하고 협력적인 기업 엘리트들이 지역사회를 지배한다는 엘리트론을 주장함	☐☐☐	×
5	다양한 이익집단은 정부의 정책과정에 동등한 접근 기회를 가지고 있으나, 이익집단 간의 영향력에 차이가 있음을 인정함	☐☐☐	×
6	조합주의에서 이익집단은 다양한 분야별로 형성되며 각 분야 내에서 발휘할 수 있는 영향력의 크기가 상이함	☐☐☐	O
7	헤클로는 다양한 정책참여자를 고려하지 못하는 철의 삼각 모형을 비판하면서 이슈네트워크를 제시함	☐☐☐	O
8	정책네트워크는 참여자와 비참여자를 구분하는 경계를 두고 참여자 간 상호작용을 통해 연계함	☐☐☐	×
9	철의 삼각은 특정 이익집단에게 편익을 제공하는 분배정책을 산출함 → 이러한 과정에서 관료는 특수 이익집단의 이익에 종속되는 경향이 있음	☐☐☐	O
10	정책네트워크는 특정한 정책과정에 참여하는 개인이나 조직 등 행동주체가 형성하는 상호의존적 연계의 망이며, 네트워크 안에서 행위자는 공식적 규칙 안에서(ex. 의회가 정한 법률) 보유한 자원을 교환하는 관계임	☐☐☐	×
11	하위정부론은 정책분야별로 이익집단, 의회 상임위원회, 해당 관료조직으로 구성된 실질적 정책결정권을 공유하는 네트워크가 존재한다고 주장함	☐☐☐	×
12	철의 삼각에서 정책참여자는 의회 상임위원회, 행정부 관료, 이익집단임 → 법원×	☐☐☐	×
13	의원집단, 이익집단, 관료집단의 합리적 거래현상이 발생하는 철의 삼각은 하위정부 모형과 동일한 개념임	☐☐☐	O
14	정책공동체는 정책전문가가 참여하는 네트워크이므로 공동의 이익을 추구하는 정합게임(positive-sum game)의 성격을 띰	☐☐☐	O
15	정책공동체는 전문가를 포함한 정책 이해관계자의 참여로 다양한 요구들이 정책에 반영됨	☐☐☐	×
16	이슈네트워크는 정책공동체에 비해 개방적이고 유동적인 네트워크로서의 특징을 지님	☐☐☐	×
17	하위정부 모형에서는 소수의 엘리트 행위자, 즉 관료, 의원, 이익집단 등이 특정 정책영역에서 정책결정을 지배하고 있다고 설명함	☐☐☐	O
18	지식경제 사회에서 엘리트 계층과 일반 대중 사이의 정보비대칭성(asymmetry)이 심화되면, 즉 엘리트가 일반 대중에 비해 많은 정보를 보유할 경우 엘리트 이론의 설명력은 더 높아짐	☐☐☐	O

DAY ─ **07**

19	무의사결정론은 조직의 주의집중력과 가용자원은 한계가 있어 일부 사회문제만이 정책의제로 선택된다고 주장한다.	2020 국가9	
20	다원주의는 주로 개발도상국가에서 경제개발과정에서의 이익집단에 대한 통제를 설명하기 위한 이론으로 활용되었다.	2020 지방7	
21	하위정부(subgovernment) 모형은 철의 삼각 모형의 경험적 타당성에 대해 의문을 제기하면서 참여자들의 범위를 대폭 확대하였다.	2020 지방7	
22	우리나라는 1997년 IMF 경제위기 이후 노사문제를 해결하기 위하여 노사정위원회를 구성하였는데, 이러한 노사정위원회는 조합주의로 설명할 수 있다.	2021 경찰간부	
23	엘리트주의는 대중에게 영향력을 행사할 수 있는 위치에 있는 소수의 리더들에 의해서 정책결정이 지배된다고 본다.	2021 군무원9	
24	무의사결정론은 엘리트의 두 얼굴 중 권력행사의 어두운 측면을 고려하지 못한다고 비판했기 때문에 신다원주의로 불린다.	2023 국가9	
25	바흐라크와 바라츠(Bachrach & Baratz)는 기존 질서의 변화를 주장하는 요구가 정치적 이슈가 되지 못하도록 하는 가장 직접적인 수단으로 폭력을 제시하였다.	2024 국가7	
26	무의사결정의 행태는 정책과정 중 정책문제 채택단계 이외에서도 일어난다.	2023 국가9	
27	밀즈(Mills)는 명성접근법을 사용하여 엘리트들을 분석한다.	2023 지방9	
28	바흐라흐와 바라츠(Bachrach & Baratz)는 무의사결정이 의제설정과정뿐만 아니라 정책결정과정에서도 발생할 수 있다고 주장한다.	2023 지방9	
29	정책네트워크의 경계는 구조적인 틀에 따라 달라지는 상호인지의 과정에 의하기보다는 공식기관들에 의해 결정된다.	2023 국가7	

Section 03 정책과 환경: 정책결정요인론

구분	지문	시행	O·X
1	도슨과 로빈슨의 '경제적 자원모형'에 따르면 사회경제적 변수, 정치체제, 정책은 순차적인 관계에 있다.	2014 국가9	
2	도슨과 로빈슨의 '경제적 자원모형'에 따르면 정치적 변수는 정책에 단독으로 영향을 미치지 못한다.	2014 국가9	
3	도슨-로빈슨(Dawson-Robinson) 모형은 사회경제적 변수가 정치체제와 정책 모두에 영향을 미친다는 모형으로, 사회경제적 변수로 인해 정치체제와 정책의 허위 상관관계가 유발된다고 설명한다.	2022 국가7	
4	정책결정요인론은 정책의 내용에 영향을 미치는 요인이 무엇인가를 밝히는 이론으로, 사회경제적 요인의 중요성을 과소평가했다는 비판을 받고 있다.	2022 국가7	
5	정책결정요인론은 정치체제가 지니는 정량적 변수를 포함하지 않는다.	2022 군무원9	

19	조직의 주의집중력과 가용자원은 한계가 있어 일부 사회문제만이 정책의제로 선택된다고 보는 입장은 사이먼의 의제설정 모형에 해당함	□□□	×
20	국가조합주의에 대한 내용임; 다원주의는 소수의 개인이나 집단이 아니라 사회 내 다수의 집단이 정책결정의 장을 주도하고 이들이 정치적 조정과 타협을 거쳐 도달한 합의가 정책이 된다고 보는 관점임 → 정부는 다수의 집단 간 합의를 도출하는 소극적 중재자 혹은 중립적 심판자 역할을 수행함	□□□	×
21	일반적으로 공무원 행정학 시험에서 하위정부와 철의 삼각은 같은 의미로 사용됨; 따라서 하위정부 모형은 비공식적 참여자인 이익집단과 공식적 참여자인 관료조직과 의회의 위원회 간(제한된 참여자)의 연계적인 활동을 의미함	□□□	×
22	정부가 노동자 대표, 기업의 대표, 정부대표 간 협상의 테이블을 형성해서 사회문제를 해결하는 것은 조합주의의 대표적인 예임	□□□	○
23	엘리트론은 일부 엘리트가 사회 내 모든 정책을 결정한다고 보는 관점임	□□□	○
24	무의사결정론은 신엘리트론에 해당함	□□□	×
25	바흐라흐와 바라츠는 비기득권의 요구를 봉쇄하는 수단으로 폭력을 제시함 → 폭력은 가장 직접적인 수단임	□□□	○
26	광의의 무의사결정에 대한 내용임	□□□	○
27	밀즈는 지위접근법을 사용하여 엘리트들을 분석함 → 명성접근은 헌터가 활용한 방식임	□□□	×
28	바흐라흐와 바라츠는 무의사결정이 모든 정책과정에서 발생할 수 있음을 강조함	□□□	○
29	정책네트워크의 경계는 공식적·비공식적 참여자의 상호작용의 구조를 통해 결정됨	□□□	×

Section 03 정책과 환경: 정책결정요인론

구분	해설	회독	정답
1	사회경제적 변수, 정치체제, 정책이 순차적인 관계에 있는 것은 Key와 Lokard의 연구(참여경쟁모형)의 내용임; 경제적 자원모형은 허위관계모형으로서 정치변수는 정책변수와 아무런 관련성이 없음을 밝혔음	□□□	×
2	도슨과 로빈슨의 '경제적 자원모형'은 정치변수와 정책 간 아무런 관계가 없음을 밝힌 모델임	□□□	○
3	도슨─로빈슨(Dawson─Robinson)의 경제적 자원모형, 즉 허위관계 모형은 사회경제적 변수가 정치체제와 정책 모두에 영향을 미치는 현상을 설명하고 있으며, 사회경제적 변수로 인해 정치체제와 정책의 거짓 상관관계가 나타나는 것을 발견함	□□□	○
4	정책결정요인론은 정책의 내용에 영향을 미치는 환경적 요인이 무엇인가를 밝히는 이론으로, 상대적으로 계량화가 어려운 정치변수의 중요성을 과소평가했다는 비판을 받고 있음	□□□	×
5	정책결정요인론을 주장한 정치학자들은 정치변수를 투표율 등으로 조작화했음	□□□	×

CHAPTER 02 ☰ 정책의제설정

Section 01 정책의제설정과 오류의 유형

구분	지문	시행	O · X
1	사회문제는 개인의 문제가 다수로부터 공감을 얻게 되어 많은 사람의 문제로 인식된 상태를 의미한다.	2012 지방7	
2	정책의제설정은 다양한 사회문제 중 특정한 문제가 정부의 정책에 의해 해결되기 위해 하나의 의제로 채택되는 과정이다.	2013 국회8	
3	공공의제(public agenda)는 일반대중의 주목을 받을 가치는 있으나, 아직 정부가 문제해결을 하는 것이 정당한 것으로 인정되지 않는 상태를 말한다.	2012 지방7	
4	버크랜드(Birkand)는 정부가 해결하기를 대중이 기대하는 이슈나 사회문제를 결정의제라고 한다.	2025 지방7	
5	가정분석은 문제상황의 가능성 있는 원인, 개연성(plausible) 있는 원인, 행동가능한 원인을 식별하기 위한 기법이다.	2024 지방9	
6	계층분석은 정책문제에 관해 서로 대립되는 가정의 창조적 종합을 목표로 하는 기법이다.	2024 지방9	
7	계층분석은 간접적이고 불확실한 원인으로부터 차츰 확실한 원인을 차례로 확인해 나가는 기법으로 인과관계 파악을 주된 목적으로 한다.	2014 국가9	
8	경계분석은 문제의 구성요소를 식별하는 정책문제 구조화 기법이다.	2008 국가7	
9	계층분석은 문제상황의 원인을 규명하는 정책문제 구조화 기법이다.	2008 국가7	
10	1종 오류는 정책이나 프로그램의 효과가 실제로 발생하였음에도 불구하고 통계적으로 효과가 나타나지 않은 것으로 결론을 내리는 경우이며, 3종 오류는 정책의 대상이 되는 문제 자체에 대한 정의를 잘못 내리는 경우를 뜻한다. 그리고 2종 오류는 정책이나 프로그램의 효과가 실제로 발생하지 않았음에도 불구하고 통계적으로 효과가 나타난 것으로 결론을 내리는 경우를 의미한다.	2015 국가9	
11	통계적 가설검정에서 확률 $1-\alpha$ 는 검정력을 나타내며, 확률 $1-\beta$ 는 신뢰수준을 나타낸다.	2021 국가7	

정답과 해설

※ 일반적으로 정답이 '×'인 선지에 대한 해설만 있음

Section 01	정책의제설정과 오류의 유형

구분	해설	회독	정답
1	사회문제는 일부 소수가 아니라 많은 사람과 관련성이 있는 문제를 의미함	☐☐☐	○
2	정책의제설정은 특정한 사회문제를 정부가 해결하겠다고 공식적으로 밝히는 것임	☐☐☐	○
3	공공의제(public agenda, 공중의제)는 일반대중의 관심과 주의를 받을 만한 가치를 지니고 있으며 정부가 개입하여 문제를 해결하는 것이 정당하다고 인정되는 사회문제를 의미함	☐☐☐	×
4	① 버크랜드는 정부가 해결하기를 대중이 기대하는 이슈나 사회문제를 체제의제라고 함 ② 버크랜드의 정책의제 수준 {{TABLE4}}	☐☐☐	×
5	① 선지는 계층분석에 대한 내용임 ② 계층분석 　㉠ 문제상황의 원인을 규명하는 것 → 간접적·불확실한 원인으로부터 차츰 확실한 원인을 확인해 나가는 기법 　㉡ 인과관계 파악을 목적으로 함	☐☐☐	×
6	① 선지는 가정분석에 대한 내용임 ② 가정분석 　㉠ 문제상황의 인식을 둘러싸고 여러 대립적인 가정들을 창조적으로 통합하는 것 　㉡ 이전에 건의된 정책부터 분석을 진행하며, 여러 기법을 활용하는 가장 포괄적인 분석	☐☐☐	×
7	4번 해설 참고	☐☐☐	○
8	① 선지는 분류분석에 대한 내용임 ② **경계분석**: 문제의 위치 및 범위 파악를 파악하는 기법	☐☐☐	×
9	4번 해설 참고	☐☐☐	○
10	1종 오류와 2종 오류의 위치가 바뀌었음	☐☐☐	×
11	검정력과 신뢰수준의 내용이 바뀌었음	☐☐☐	×

표 4번 내부:

의제우주 (Agenda universe)	• 사회에 존재하는 모든 잠재적인 문제 • 일반 대중의 관심을 받지 못한 상태의 문제
체제의제	정부가 해결하기를 대중이 기대하는 이슈나 사회문제
제도의제	정부가 공식적으로 적극적인 고려 대상 혹은 행동 대상으로 채택한 구체적인 문제들의 목록
결정의제 (Decision agenda)	• 정부가 즉각적인 행동이나 결정을 내릴 준비가 된 소수의 구체적인 사안 • 구체적인 대안을 마련하여 결정을 앞두고 있는 의제

DAY — 08

Section 02　의제설정과정모형

구분	지문	시행	O·X
1	내부접근형은 대중의 지지를 획득하기 위한 공중의제화 과정이 없다는 점에서 공중의제화 과정을 거치는 동원형과 다르다.	2015 서울7	
2	외부주도형은 외부집단이 주도하여 정책의제 채택을 정부에게 강요하는 경우로 허쉬만(Hirshman)이 말하는 '강요된 정책문제'에 해당한다.	2016 지방7	
3	외부주도형 정책의제설정모형은 다원화되고 민주화된 선진국에서 많이 나타난다.	2024 국가7	
4	킹던(J. W. Kingdon)의 정책의 창(정책흐름) 모형은 정책과정 중 정책의제설정 단계에 초점을 맞춘 모형이다.	2015 국가7	
5	외부주도형은 공중의제화를 억제하기 때문에 일종의 음모형에 해당한다.	2021 행정사	
6	정책의제설정 모형 중 공고화형(consolidation model)은 대중의 지지가 낮은 정책문제에 대한 정부의 주도적 해결을 설명한다.	2020 국가7	
7	동원형은 사회문제가 정부의제로 먼저 채택되고, 정부의 의도적인 노력에 의해서 공중의제로 확산되는 경우를 말한다.	2021 행정사	
8	킹던의 정책창 모델에 따르면 정책 창문은 한 번 열리면 문제에 대한 대안이 도출될 때까지 상당한 기간 동안 열려있는 상태로 유지된다.	2011 국가9	
9	동원형은 정책결정자가 이슈를 제기하면 자동적으로 정책의제화 되기 때문에 성공적인 집행을 위한 공중의 지지는 필요없다.	2022 지방9	
10	내부접근모형에서는 일반 시민의 지지를 얻기 위해 관료집단이 주도한 의제가 정부의 홍보활동을 통해 공중의제로 확산된다.	2022 지방7	
11	내부접근형에서 의제설정은 '사회문제 → 정부의제'의 순서를 거쳐서 선정된다.	2021 지방7	
12	공고화모형에서는 이미 광범위한 일반 대중의 지지가 있는 경우에, 정부는 동원 노력보다는 이미 존재하는 지지를 그대로 공고화해 의제를 설정한다.	2022 지방7	
13	공고화모형에서는 대중의 지지가 낮은 정책문제에 대하여 시민사회가 주도적으로 해결을 시도한다.	2025 국가9	
14	킹던의 정책창 모형은 쓰레기통 모형을 발전시킨 것이다.	2023 지방9	
15	킹던의 정책창 모형에서 정책 과정의 세 흐름은 문제흐름, 정책흐름, 정치흐름이다.	2023 지방9	
16	킹던(Kingdon)의 정책흐름모형은 문제의 흐름, 해결책의 흐름, 참여자의 흐름, 선택기회의 흐름을 제시한다.	2025 지방9	
17	킹던의 정책창 모형에서 문제의 흐름, 정책의 흐름, 정치의 흐름의 세 가지 흐름은 상호의존적 경로를 따라 진행된다.	2015 국가7	
18	다운스(Downs)는 의제가 어떤 시점에서 갑자기 관심을 받고 일정 기간 후에는 관심이 적어지거나 사라지는 순환이 반복되는 것을 의제-관심 사이클이라고 한다.	2025 지방7	
19	이슈관심주기 모형은 공공의 관심을 끌기 위한 치열한 경쟁과 별개로 이슈 자체에 생명주기가 있다고 본다.	2018 서울7	

Section 02	의제설정과정모형

구분	해설	회독	정답
1	내부접근형은 공중의제화 과정이 없다는 점에서 동원형과 다르며, 음모형이라 불리기도 함	☐☐☐	O
2	외부주도형에서 의제설정은 국민이 주도함 → 허쉬만은 외부주도형에서 선정된 의제를 '국민에 의해 강요된 문제'로 명명함	☐☐☐	O
3	외부주도형은 국민이 의제설정을 주도하는 형태이므로 선진국에서 많이 발생함	☐☐☐	O
4	킹던의 정책창 모형은 의제설정 기회가 어떻게 열리는지를 설명한 모델임	☐☐☐	O
5	내부접근형은 공중의제화를 억제하기 때문에 일종의 음모형에 해당함; 외부주도형은 국민에 의해 정책의제가 채택되는 현상을 설명한 모형임	☐☐☐	X
6	메이에 따르면 공고화형(굳히기형)은 대중의 지지가 높은 정책문제에 대한 정부의 주도적 해결을 설명함	☐☐☐	X
7	동원형에서 의제설정은 '사회문제 → 정부의제 → 공중의제'의 순서를 거침	☐☐☐	O
8	정책창 모형은 정책과정을 구성하는 정치의 흐름, 문제의 흐름, 정책의 흐름이 따로 존재하다가 우연히 만날 때 짧은 기간 동안 정책의 창문이 열리게 됨	☐☐☐	X
9	동원형에서 의제설정은 '사회문제 → 정부의제 → 공중의제'의 순서를 거침	☐☐☐	X
10	내부접근형은 음모형이므로 공중의제 현상이 나타나지 않음	☐☐☐	X
11	내부접근형은 음모형이므로 행정PR 현상이 없음	☐☐☐	O
12	굳히기형(공고화 모형)은 대중적인 지지가 높을 때 정부가 의제설정을 주도하는 모형임 → 즉, 이미 민간집단의 광범위한 지지가 형성된 이슈에 대하여 정책결정자가 지지의 공고화(consolidation)를 추진함	☐☐☐	O
13	굳히기형(공고화 모형)은 대중적인 지지가 높을 때 정부가 의제설정을 주도하는 모형임	☐☐☐	X
14	정책창 모형은 쓰레기통 모형의 일부 특징을 공유하고 있음(예 우연한 사건의 중요성 등)	☐☐☐	O
15	킹던에 따르면 의제설정에 필요한 세 조건은 문제흐름, 정책흐름, 정치흐름임	☐☐☐	O
16	선지는 쓰레기통 모형의 의사결정 조건에 대한 내용임 → 킹던에 따르면 의제설정에 필요한 세 조건은 문제흐름, 정책흐름, 정치흐름임	☐☐☐	X
17	문제·정책·정치, 세 가지 흐름은 상호 독립적으로 떠돌다가 우연한 사건에 의해 결합됨 → 이로 인해 정책창이 개방될 수 있음	☐☐☐	X
18	선지는 다운스의 이슈관심주기 모형에 대한 내용임 → 다운스에 따르면, 중요한 국내문제(이슈)는 일정한 주기를 띠게 되는데, 이를 이슈관심주기라고 함	☐☐☐	O
19	① 이슈관심주기 모형(Issue Attention Cycle)은 다운스(Downs)가 제시한 것으로, 어떤 이슈가 하나의 사회문제로 갑자기 등장해 잠시 동안 국민의 관심을 끌다가 사라지고 이후 다시 관심을 끄는 과정을 설명한 모형임 ② 이슈관심주기 모형에 따르면 사회 내 이슈는 생명의 주기가 있고, 다른 이슈들과 치열한 경쟁상태에 있는바 경쟁상태에서 살아남은 이슈는 일정 기간 국민의 관심을 받음	☐☐☐	X

DAY

08

CHAPTER **03** 정책분석

Section 01 정책목표의 설정 및 변동

구분	지문	시행	O · X
1	목표의 전환(diversion)은 애초에 설정된 목표를 달성할 수 없거나 목표가 완전히 달성된 경우 같은 유형의 다른 목표로 교체되는 것을 말한다.	2018 지방7	
2	미헬스(R. Michels)의 과두제 철칙(iron law of oligarchy)은 목표의 추가 현상을 설명한 것이다.	2020 행정사	
3	법규만능주의적 태도는 목표의 전환을 초래한다.	2007 경찰간부	
4	미국의 소아마비 재단이 20년간의 활동 끝에 소아마비 예방백신의 개발 목표가 달성되자, 관절염과 불구아 출생의 예방 및 치료라는 새로운 목표를 채택하였다면 이는 목표의 승계현상을 설명한 것이다.	2010 경정승진	
5	기존 목표에 새로운 목표를 추가하는 것은 목표의 승계이다.	2007 경찰간부	
6	미헬스의 '과두제의 철칙' 현상에 가장 부합하는 조직목표 변동 유형은 목표대치이다.	2017 국가7	
7	과두제의 철칙, 할거주의는 목표의 승계이다.	2007 경찰간부	
8	목표의 다원화(multiplication)는 기존 목표에 새로운 목표를 추가하는 것이다.	2019 사복9	

Section 02 정책대안의 탐색

구분	지문	시행	O · X
1	정책대안을 탐색하는 방법으로 과거의 정책사례나 이론 등을 참고할 수 있다.	30일 행정학 中	
2	정책대안을 탐색할 때 주관적 기법을 활용할 수 있다.	30일 행정학 中	
3	다른 정부의 정책을 대안으로 고려할 때는 가급적 사회문화적 배경이 이질적인 지역을 선택하는 것이 바람직하다.	2023 지방7	

📋 정답과 해설

※ 일반적으로 정답이 '×'인 선지에 대한 해설만 있음

Section 01	정책목표의 설정 및 변동

구분	해설	회독	정답
1	해당 선지는 목표의 승계에 대한 내용임 ※ 목표의 전환: 조직의 본래 목표를 망각하고 목표를 달성하기 위한 수단이 목표로 바뀌거나 본래 목표를 새로운 목표(예 사익추구)로 전환하는 현상	☐☐☐	×
2	미헬스의 과두제 철칙은 집권화로 인한 사익추구를 의미하는바 목표의 대치 혹은 전환을 설명한 것임	☐☐☐	×
3	법규만능주의적 태도는 수단에 집착하는 현상이므로 목표의 전환(대치)을 초래함	☐☐☐	O
4	※ 목표의 승계: 본래의 목표를 이루거나 표방한 목표를 달성할 수 없을 때, 새로운 목표를 설정 후 조직이 존속하는 것; 혹은 본래 표방한 목표를 달성할 수 없거나 조직목표를 달성하였을 때, 새로운 목표(같은 유형의 다른 목표)를 발견하여 선택하는 것	☐☐☐	O
5	기존 목표에 새로운 목표를 추가하는 것은 목표의 다원화(추가)임	☐☐☐	×
6	과두제의 철칙은 조직의 일부 소수가 조직을 지배하는 경우로서 이를 통해 본래의 조직목표보다 엘리트의 사익추구를 야기할 수 있음 → 과두제의 철칙(사익추구), 할거주의(사익추구), 법규만능주의(규칙에 대한 집착), 동조과잉(규칙에 대한 집착)은 목표의 대치 혹은 전환임	☐☐☐	O
7	과두제의 철칙, 할거주의, 법규만능주의, 동조과잉은 목표의 대치 혹은 전환임	☐☐☐	×
8	목표의 다원화(multiplication)는 기존 목표에 새로운 목표(동종목표 혹은 이종목표)를 추가하는 것임	☐☐☐	O

Section 02	정책대안의 탐색

구분	해설	회독	정답
1	**정책대안을 탐색하는 방법** ① 과거의 정책사례 혹은 외국이나 다른 지방자치단체의 경험 등을 참고 ② 알고 있는 지식, 이론, 기술 등을 기초로 모형을 설정 후 이를 통해 정책대안을 도출 ③ **주관적 기법의 활용** : 만약 과거의 경험도 없고, 외국에서 시행한 바도 없고, 체계적인 이론도 없는 경우에는 브레인스토밍과 정책델파이와 같은 주관적·직관적인 방법을 활용	☐☐☐	O
2	1번 해설 참고	☐☐☐	O
3	다른 정부의 정책을 대안으로 고려할 때는 사회문화적 배경이 유사한 지역을 선택하는 것이 바람직함	☐☐☐	×

Section 03 | 정책대안 비교 및 평가 방법

구분	지문	시행	O · X
1	비용편익분석을 통해 분야가 다른 정책이나 프로그램은 비교할 수 없다.	2020 지방9	
2	비용편익분석은 정책대안의 비용과 편익을 모두 가시적인 화폐 가치로 바꾸어 측정한다.	2020 지방9	
3	비용편익분석은 정책 실행이 가져올 모든 비용과 편익을 화폐 단위로 계량화하여 비교하는 방법으로서, 정책의 능률성과 대응성을 측정하기에 효과적이다.	2024 국가7	
4	비용편익분석은 미래의 비용과 편익의 가치를 현재가치로 환산하는데 할인율(discount rate)을 적용한다.	2020 지방9	
5	내부수익률은 할인율을 알지 못해도 사업평가가 가능하도록 하는 분석기법이다.	2021 국가9	
6	내부수익률(IRR)은 순현재가치(NPV)를 1로 만드는 할인율을 의미한다.	2014 지방7	
7	내부수익률 IRR(Internal Rate of Return)이 시중금리보다 낮아야 투자할 가치가 있는 사업이다.	2016 경찰간부	
8	비용편익분석에서 투자한 비용에 대해 효과가 장기적으로 발생한다면, 할인율이 높을수록 현재가치가 크게 평가되어 경제적 타당성이 높게 나타난다.	2021 경찰간부	
9	높은 할인율을 적용하면 장기간에 걸쳐 편익이 발생하는 장기 투자에 유리하다.	2017 서울7	
10	순현재가치(NPV)는 비용의 총현재가치에서 편익의 총현재가치를 뺀 것이며 0보다 클 경우 사업의 타당성을 인정할 수 있다.	2021 국가9	
11	비용편익분석에서 직접적이고 유형적인 비용과 편익은 반영하고, 간접적이고 무형적인 비용과 편익은 포함하지 않는다.	2021 국가9	
12	파레토 최적 상태는 형평성 가치를 뒷받침하는 기준이다.	2020 지방9	
13	비용효과(cost-effectiveness)분석은 국방, 치안, 보건 등의 영역에 적용할 수 있다.	2022 지방7	
14	비용효과분석에서 정책대안의 비용과 효과는 모두 화폐단위로 측정된다.	2022 지방7	
15	능률성(efficiency)이란 정책대안에 따른 비용과 편익이 상이한 개인 및 집단에게 얼마나 고르게 배분될 수 있는가를 판단하는 기준이다.	2025 지방9	
16	칼도힉스기준(Kaldor-Hicks criterion)은 재분배적 편익의 문제를 중시한다.	2018 국가7	
17	여러 가지 정책대안들을 비교할 때, 내부수익률이 낮은 대안일수록 좋은 대안이다.	2025 군무원9	
18	사업이 종료된 후 또 다시 투자비가 소요되는 변이된 사업 유형에서는 복수의 내부수익률이 존재할 수 있다.	2010 국가9	
19	A사업을 집행하기 위하여 소요된 총비용은 80억 원이고, 1년 후의 예상총편익은 120억 원일 경우에, 내부수익률은 40%이다.	2014 서울9	

Section 03	정책대안 비교 및 평가 방법

구분	해설	회독	정답
1	비용편익분석은 비용과 편익을 화폐가치로 전환해서 비교한 후 편익이 클 때 사업을 집행하자는 기준임; 비용과 편익을 화폐가치로 바꿀 수만 있다면 이종분야의 정책이라도 비교할 수 있음	☐☐☐	×
2	비용편익분석은 정책으로 인한 비용과 편익을 비교하기 위해서 비용과 편익을 모두 가시적인 화폐가치로 바꾸어 측정함	☐☐☐	O
3	비용편익분석은 정책의 능률성을 측정함 → 대응성×	☐☐☐	×
4	비용편익분석은 미래가치를 현재가치로 환산하는데 할인율(discount rate)을 적용함	☐☐☐	O
5	내부수익률은 사업으로 인한 예상수익률인데, 연구자가 할인율을 알지 못할 때 직접 할인율을 찾는 방법임 → 연구자가 알아낸 할인율 = 내부수익률(예상수익률)	☐☐☐	O
6	내부수익률은 순현재가치가 0이 되거나 비용편익비가 1이 되는 할인율을 의미함(최소한 손해는 보지 않는 예상수익률) → 일반적으로 내부수익률이 시중금리보다 클수록 경제적 타당성이 높음	☐☐☐	×
7	내부수익률 IRR(Internal Rate of Return)은 예상수익률이므로 시중금리보다 높아야 투자할 가치가 있는 사업임 → 만약 시중금리보다 작다면 사업을 집행하지 말고 은행에 맡기는 것이 안전함	☐☐☐	×
8	투자한 비용에 대해 효과가 장기적으로 발생한다면(사업의 기간이 길어진다면), 할인율이 높을수록 현재가치가 낮게 평가되어 사업의 경제적 타당성이 낮아짐	☐☐☐	×
9	높은 할인율을 적용하면 현재가치가 작아지므로 단기간에 걸쳐 편익이 발생하는 단기투자에 유리함	☐☐☐	×
10	순현재가치(NPV)는 편익의 총현재가치에서 비용의 총현재가치를 뺀 것이며 0보다 클 경우 사업의 타당성을 인정할 수 있음	☐☐☐	×
11	비용편익분석은 직접적이고 유형적인 비용과 편익, 간접적이고 무형적인 비용과 편익을 모두 고려함	☐☐☐	×
12	파레토 최적상태란 어떤 사람이 이익을 보기 위해서는 반드시 다른 어떤 사람이 손해를 봐야 하는 최적의 자원배분 상태임; 따라서 이는 능률성 가치를 뒷받침하는 기준임	☐☐☐	×
13	비용효과분석은 비용편익분석에 비해 추상성이 강한 영역(행정의 영역)에 적용하기 쉬움	☐☐☐	O
14	비용편익분석에 대한 내용임 → 비용효과분석은 추상성이 높은 영역에 적용하는바 비용만 화폐가치로 측정함	☐☐☐	×
15	① 선지는 형평성에 대한 내용임 → 능률성은 투입 대비 산출의 비율을 의미함 ② 선지는 나카무라와 스몰우드의 정책대안의 소망성 기준(**두문자** 효능대형노) 중 능률성과 형평성을 묻고 있음	☐☐☐	×
16	칼도힉스기준(Kaldor−Hicks criterion)은 순현재가치를 의미하기 때문에 능률성을 중시함	☐☐☐	×
17	내부수익률은 예상수익률이므로 내부수익률은 클수록 좋음	☐☐☐	×
18	내부수익률의 경우 사업기간에 따라 복수의 내부수익률이 나올 수 있는바 정확도가 부족함	☐☐☐	O
19	$80=120/(1+r)^1$, 수식에서 r값은 0.5임 → 따라서 내부수익률은 50%	☐☐☐	×

DAY — 08

Section 04   정책대안의 결과 예측기법

구분	지문	시행	O·X
1	델파이 기법은 미국 랜드(RAND)연구소에서 개발된 것으로 전문가들을 대상으로 설문을 반복하여 특정 주제에 대한 합의를 도출하는 접근방식이다.	2016 지방9	
2	정책델파이(policy delphi) 기법에서 참여자들은 전문성 자체보다 다양한 이해관계와 식견을 가진 인물중심으로 구성된다.	2025 국가7	
3	델파이 기법은 문제해결의 아이디어를 제공하는 사람들 간에 서로 대면접촉을 하지 않는다.	2003 경기9	
4	델파이 기법은 집단사고(group think)를 방지할 수 있다.	2013 해경간부	
5	정책 델파이는 대비되는 정책대안이나 결과가 표면화되더라도 모든 단계에서 익명성이 보장되어야 한다.	2012 지방9	
6	브레인스토밍을 통하여 새로운 아이디어를 만들기 위해서는 초기 단계에서 타인의 아이디어를 비판하거나 평가하지 말아야 한다.	2016 사회복지9	
7	계층화분석법(AHP)은 두 대상의 상호비교가 불가능한 경우에도 사용할 수 있다는 장점을 지니고 있다.	2009 지방7	
8	델파이 기법은 그리스 현인들이 미래를 예견하던 아폴로 신전이 위치한 도시의 이름을 따서 붙여졌고, 1948년 미국 랜드연구소의 연구진에 의해 개발되어 공공부문이나 민간부문의 예측 활동에서 활용된다.	2020 국가7	
9	델파이 기법은 주관적 판단에 의해 정책대안의 결과를 예측하는 방법이다.	2021 군무원7	
10	정책델파이는 정책대안에 대한 주장들이 표면화된 후에는 참가자들로 하여금 비공개적으로 토론을 벌이게 한다.	2021 국가7	
11	델파이 기법은 구성원 간의 성격마찰, 감정대립, 지배적 성향을 가진 사람의 독주, 다수의견의 횡포 등을 피할 수 있다.	2009 국가7	
12	주관적·직관적 판단을 이용하는 방법으로 브레인스토밍과 델파이가 있으며 이들은 대안의 개발뿐만 아니라 대안의 결과예측에서도 활용된다.	2023 지방7	
13	추세연장의 주요 방법에는 이동평균법, 지수평활법(지수가중치법), 교차영향행렬분석이 있다.	2023 국가7	
14	추세연장 기법은 시계열분석에 기반해 미래의 사회상태를 예측하는 기법으로써 사회구성원의 노력에 따라 미래가 달라질 수 있다는 점을 강조한다.	2025 지방7	
15	추세연장 기법은 지속성(persistence), 규칙성(regularity), 자료의 신뢰성(reliability) 및 타당성(validity)의 가정이 충족되는 것을 전제로 한다.	2023 국가7	
16	교차영향분석은 관련 사건이 일어났느냐 일어나지 않았느냐에 기초하여 미래에 어떤 사건이 일어날 확률에 대해서 식견 있는 판단(informed judgments)을 끌어내는 방법이다.	2024 지방9	
17	델파이 기법은 불확실한 먼 미래보다는 가까운 미래를 예측하기 위하여 통계분석을 활용하는 객관적 미래 예측 방법이다.	2017 국가9	
18	브레인스토밍(brain storming) 기법의 경우, 참가자들이 될 수 있는대로 많은 독창적 의견을 내도록 노력해야 하므로 이미 제안된 여러 아이디어들을 종합하여 새로운 아이디어를 만들어내는 편승기법(piggy backing)의 사용을 지양한다.	2013 국가7	

Section 04   정책대안의 결과 예측기법

구분	해설	회독	정답
1	델파이 기법은 익명성이 보장된 상태에서 토론 없이 독자적으로 형성된 동일 영역의 일반 전문가들의 판단을 종합하여 정리하는 기법임	☐☐☐	O
2	정책델파이는 델파이 기법과 다르게 해당분야의 전문가들로만 구성되지 않고, 다양한 이해관계와 식견을 가진 인물 중심으로 구성됨	☐☐☐	X
3	델파이 기법은 전문가의 견해를 반영할 때 절대적 익명성을 전제로 함	☐☐☐	O
4	델파이 기법은 의사결정을 반영하는 모든 단계에서 익명성을 보장하는바 폐쇄적인 집단의 오판 현상(집단사고)을 방지할 수 있음	☐☐☐	O
5	모든 단계에서 익명성이 보장되는 기법은 전통적인 델파이에 해당하는 내용임 ※ 정책델파이는 초기에 전문가 혹은 이해관계자의 견해를 수렴 후 2차적으로 공개토론을 실시함 → 선택적 익명성	☐☐☐	X
6	브레인스토밍은 사람들의 견해를 수용할 때 양우선 원칙을 적용함	☐☐☐	O
7	계층화분석법(AHP)은 대상을 비교할 수 있는 기준이 없어서 두 대상의 상호비교가 불가능한 경우에는 사용할 수 없다는 단점을 지니고 있음	☐☐☐	X
8	델파이 기법, PPBS 등은 미국 랜드연구소에 의해 개발되었음	☐☐☐	O
9	델파이 기법은 각 전문가의 주관적 판단에 의해 정책대안의 결과를 예측하는 방법임	☐☐☐	O
10	정책델파이는 정책대안에 대한 주장들이 표면화된 후에 참가자들이 공개적으로 토론을 벌이게 하는 기법임	☐☐☐	X
11	델파이기법은 의견을 도출하는 과정에서 익명성을 유지하기 때문에 구성원 간의 성격마찰, 감정대립, 지배적 성향을 가진 사람의 독주, 다수의견의 횡포 등을 피할 수 있음	☐☐☐	O
12	브레인스토밍과 델파이는 정책결과의 예측 외에 정책대안의 개발 및 창출에도 활용될 수 있음	☐☐☐	O
13	교차영향행렬 분석은 주관적 기법임	☐☐☐	X
14	추세연장 기법은 과거의 통계적 경향이나 추세를 미래에 연장하는 기계적 예측임 → 구성원의 노력에 따라 미래가 달라질 수 있음×	☐☐☐	X
15	추세연장 기법은 단기적 미래예측을 위해 데이터의 지속성, 규칙성, 자료의 신뢰성(일관성) 및 타당성(정확성)의 가정이 충족되는 것을 전제로 함 → 예 인사혁신처가 발표한 공무원 경쟁률 변화	☐☐☐	O
16	교차영향분석은 전문가 견해에 기반한 방식으로 확률적 결과를 도출하는 분석임 → 즉, '다른 사건이 일어났느냐 일어나지 않았느냐'에 기초하여 미래의 어떤 사건이 일어날 확률에 대해서 식견 있는 판단을 이끌어 내는 방법임	☐☐☐	O
17	델파이 기법은 단기적인 예측보다는 중장기적인 문제에 대한 예측기법으로 통계분석(회귀분석 등)을 활용하는 객관적 예측기법이 아니라 전문가들의 주관적인 판단을 수렴하는 직관적·질적 예측기법임	☐☐☐	X
18	브레인스토밍(brain storming)은 참가자들이 될 수 있는대로 많은 독창적 의견을 내도록 노력해야 하므로, 이미 제안된 여러 아이디어들을 종합하여 새로운 아이디어를 만들어내는 편승기법(piggy backing)의 사용을 추구함	☐☐☐	X

CHAPTER **04** **정책결정**

Section 01 개인적 차원의 정책결정 모형

구분	지문	시행	O · X
1	합리모형에서 말하는 합리성은 정치적 합리성이다.	2017 행정사	
2	만족모형은 모든 대안을 탐색한 후 만족할 만한 결과를 도출하는 것이다.	2014 국가7	
3	점증모형은 급격한 사회변화기에 적용 가능한 방식이다.	2009 국회9	
4	점증주의에서 정책의 목표와 수단은 뚜렷이 구분되지 않으므로 목표와 수단 사이의 관계 분석은 한계가 있다.	2014 사복9	
5	점증주의는 대안의 탐색과 분석에 소요되는 비용을 줄일 수 있다.	2013 서울9	
6	점증모형은 정책결정자의 직관이나 판단력, 창의력 등 초합리적인 요소를 중시하는 규범적·처방적 모형이다.	2016 행정사	
7	점증모형은 정치적 다원주의 입장에서 이해관계자들의 타협과 조정을 통해 정책결정이 이루어지는 현상을 설명한다.	2016 행정사	
8	점증주의 모형은 현상유지를 옹호하므로 보수적이라는 비판을 받고 있다.	2020 지방9	
9	사이먼(H. A. Simon)의 정책결정만족모형에서 경제인은 합리적·분석적 결정을, 행정인은 직관, 영감에 기초한 결정을 한다.	2020 군무원9	
10	사이몬(Simon)은 결정자의 인지능력의 한계, 상황의 불확실성 및 시간의 제약 때문에 제한적 합리성 하에서 결정이 이루어진다고 주장한다.	2017 행정사	
11	점증모형은 기존 정책을 수정 보완해 약간 개선된 상태의 정책대안을 채택한다고 본다.	2021 소방간부	
12	만족모형은 미래에 발생할 현상을 예측하고 모든 대안을 검토한 후, 가장 만족스러운 대안을 채택한다.	2021 소방간부	
13	점증모형은 인간의 인지적 한계를 인정하므로 급격한 개혁과 새로운 환경을 반영하는 혁신적 정책결정을 설명하기가 용이하다.	2022 지방7	
14	점증모형은 정책을 이해관계자들 사이에 이루어지는 타협과 조정의 산물로 본다.	2022 군무원9	
15	합리모형은 기존 정책이나 사업의 매몰 비용으로 인해 현실 적합성이 떨어지는 한계가 있다.	2021 지방7	
16	합리모형은 만족할 만한 수준에서 의사결정이 이루어진다고 설명하는 모형이다.	2023 지방9	
17	만족모형에 따르면 만족에 대한 기대수준을 지나치게 명확히 규정하여 획일적인 의사결정 구조가 나타난다.	2023 국가7	
18	만족모형에 기초한 의사결정은 책임회피의식과 보수적 사고가 지배적인 상황에서 혁신을 이끄는 데 한계가 있다.	2023 국가7	
19	만족모형은 정책결정자나 정책분석가가 절대적 합리성을 가지고 있고, 주어진 상황에서 목표의 달성을 극대화할 수 있는 최선의 정책 대안을 찾아낼 수 있다고 본다.	2010 국가7	
20	점증모형은 환경변화를 고려한 계속적 결정을 추구한다.	2009 국회9	
21	만족모형에 따른 의사결정시 각 대안으로부터 나타나는 모든 비용과 편익이 계산되며, 추구하는 가치와 목적들은 중요도에 따라 분류되고 서열화된다.	2025 국가7	
22	합리모형은 정책결정상황을 연역적으로 설명하는 것이 아니라 귀납적으로 분석한다.	2002 국가7	

정답과 해설

※ 일반적으로 정답이 'ｘ'인 선지에 대한 해설만 있음

Section 01	개인적 차원의 정책결정 모형

구분	해설	회독	정답
1	합리모형에서 말하는 합리성은 경제적 합리성 혹은 완전한 합리성임; 정치적 합리성은 점증모형의 특징에 해당함	☐☐☐	×
2	만족모형은 무작위적·순차적으로 몇 개의 대안을 탐색 후 만족할 만한 대안을 결정함	☐☐☐	×
3	급격한 사회변화기에 적용 가능한 정책결정모형은 합리모형임	☐☐☐	×
4	점증모형은 결정을 실행하는 과정에서 대안이나 목표가 점진적으로 수정될 수 있음을 설명한 모델임	☐☐☐	O
5	점증모형은 제한된 합리성을 수용하는 모델임	☐☐☐	O
6	최적모형은 정책결정자의 직관이나 판단력, 창의력 등 초합리적인 요소를 중시하는 규범적·처방적 모형임	☐☐☐	×
7	점증모형은 다양한 사람 간 합의에 따라 결정하는 현상을 설명하고 있음 → 따라서 다원주의, 즉 민주주의 체제에 어울리는 정책결정모형임	☐☐☐	O
8	점증모형은 기존의 결정을 조금씩 수정함; 즉 점증모형은 기존의 결정을 완전히 버리는 것은 아니므로 보수적인 특징을 지님	☐☐☐	O
9	직관 및 영감에 기초한 결정을 하는 현상을 설명하는 모델은 드로어의 최적모형임; 사이먼의 만족모형은 의사결정자를 제한된 합리성 상태에 있는 행정인으로 간주하면서 만족할 만한 결정을 할 수밖에 없는 현상을 설명함; 행정인은 모든 대안을 탐색 및 비교하지 못하는 까닭에 실제 상황을 단순화시키고, 무작위적이고 순차적으로 일부의 대안을 탐색함	☐☐☐	×
10	사이먼(Simon)은 제한된 합리성, 즉 한정된 정보를 보유한 상태에서 의사결정이 이루어지는 것을 강조함	☐☐☐	O
11	점증모형은 사람들의 견해를 반영하여 기존의 결정을 조금씩 수정하는 현상을 설명한 정책결정모형임	☐☐☐	O
12	만족모형은 모든 대안을 탐색하지 않고 무작위적이고 순차적으로(직렬적으로) 몇 개의 대안을 탐색하며, 복잡한 상황을 단순화시켜 대안의 중요한 결과만을 예측함	☐☐☐	×
13	점증모형은 점진적 결정을 추구하므로 혁신적 결정을 설명할 수 없음	☐☐☐	×
14	점증모형은 정책이 이해관계자의 타협과 조정에 따라 가감하는 현상을 설명함	☐☐☐	O
15	합리모형은 기존의 정책, 즉 매몰비용을 인정하지 않고 모든 정보를 고려해 완벽한 대안을 발견하려고 노력하는바 현실 적합성이 떨어지는 한계가 있음	☐☐☐	O
16	선지는 만족모형에 대한 내용임 → 합리모형은 가장 능률적인 대안을 선택하는 현상을 설명함	☐☐☐	×
17	만족할만한 수준은 '주관적인 표현'임	☐☐☐	×
18	만족모형은 만족할만한 수준의 의사결정을 추구하므로 혁신적 결정을 저해할 수 있음	☐☐☐	O
19	만족모형은 정책결정자나 정책분석가가 '제한된 합리성'을 가지고 있기 때문에 제한된 정보 안에서 논리적인 사고를 통해 정책 대안을 찾아낼 수 있다고 봄	☐☐☐	×
20	점증모형은 기존 정책에 대한 추가와 삭제의 형태로 정책이 결정되는바 환경변화를 고려한 계속적 결정을 추구함	☐☐☐	O
21	선지는 합리모형에 대한 내용임 → 합리모형에서 의사결정자는 의사결정에 필요한 모든 정보를 바탕으로 경제적 합리성에 따라 대안과 목표의 우선순위를 판단함	☐☐☐	×
22	합리모형은 정책결정상황을 연역적으로 분석함	☐☐☐	×

DAY —

09

Section 02 　 집단적 차원의 의사결정 모형

구분	지문	시행	O · X
1	회사모형은 갈등의 준해결, 문제 중심의 탐색, 불확실성의 회피, 조직의 학습, 표준운영절차(SOP)의 활용 등을 특징으로 한다.	2018 국가7	
2	쓰레기통 모형은 의사결정의 네 가지 요소인 정책문제, 해결방안, 참여자, 선택기회가 초기부터 서로 강한 상호작용을 통하여 나타나는 의사결정을 설명한다.	2015 행정사	
3	쓰레기통 모형은 쿠바 미사일 위기에 따른 미국 정부의 정책결정 과정을 설명하기 위해서 고안되었다.	2014 행정사	
4	쓰레기통 모형은 정책문제, 문제의 해결책, 선택기회, 참여자 등의 요소가 개별적으로 떠다니다가 우연한 계기로 교차되면 정책결정이 된다고 본다.	2021 소방간부	
5	사이버네틱스 모형은 사전에 설정된 고차원 목표의 극대화를 추구한다.	2019 행정사	
6	사이버네틱스 모형은 비목적적 적응(non-purposive adaption)을 특징으로 한다.	2024 국가7	
7	사이버네틱스 모형에서 의사결정자는 처리할 수 없는 문제에 직면할 경우 표준운영절차(SOP)를 수정·변경·추가하면서 문제를 해결한다.	2019 행정사	
8	쓰레기통 모형에서 의사결정의 4가지 요소는 문제, 해결책, 선택기회, 참여자이다.	2020 지방9	
9	사이버네틱스 모형을 설명하는 예시로 자동온도조절장치를 들 수 있다.	2023 지방9	
10	쓰레기통 모형은 갈등의 준해결, 문제 중심의 탐색, 불확실성 회피, 표준운영절차의 활용을 설명하는 모형이다.	2023 지방9	
11	회사모형에서 조직은 환경에 대해 장기적으로 대응하면서 불확실성을 줄이거나 회피하는 경향을 보인다.	2015 국가9	
12	사이버네틱스모형은 문제를 해결하고 목표를 달성하기 위해 정보와 대안의 광범위한 탐색을 강조한다.	2018 국가9	

Section 03 　 기타 모형: 혼합주사모형 · 최적모형 · 엘리슨 모형

구분	지문	시행	O · X
1	엘리슨이 제시한 세 가지 모형 중 관료정치모형은 정책이 참여자들 간의 타협과 흥정에 의한 정치적 결과임을 강조한다.	2016 경찰간부	
2	엘리슨 모형은 1960년대 초 쿠바가 소련의 미사일을 도입하려고 했을 때 미국이 해상봉쇄 정책을 채택한 이유를 설명하였다.	2021 경정승진	
3	앨리슨(Allison)이 제시한 조직과정모형은 의사결정이 분산되어 있는 상황에서 합의된 정책결정을 위해 타협을 시도하는 상황을 설명하기 쉽다.	2024 국가7	
4	앨리슨 모형(Allison Model)의 '합리적 행위자모형(모형 I)'에 따르면 국가 또는 정부에 의해서 채택된 정책은 그 국가의 전략적 목표나 목적을 극대화하도록 의도된다.	2024 지방7	
5	엘리슨 모형 중 합리모형(Model I)은 표준운영절차(SOP)의 중요성을 강조하였다.	2021 경정승진	
6	에치오니(Etzioni)는 규범적이지만 비현실적인 합리모형과 현실적이지만 보수적인 점증모형을 절충한 모형을 제시하였다.	2017 행정사	

Section 02   집단적 차원의 의사결정 모형

구분	해설	회독	정답
1	회사모형에서 회사는 '인지적 존재'이며, 회사모형은 갈등의 준해결, 당면한 문제 중심의 탐색, 단기적 전략(불확실성의 회피), 조직의 학습, 표준운영절차(SOP)의 활용 등을 특징으로 함	☐☐☐	O
2	쓰레기통모형은 의사결정의 네 가지 요소인 정책문제, 해결방안, 참여자, 선택기회가 상호독립적인 상태로 존재하다가 우연한 사건에 의해 비합리적인 결정이 이루어지는 현상을 설명함	☐☐☐	×
3	엘리슨 모형은 쿠바 미사일 위기에 따른 미국 정부의 정책결정을 설명하기 위해서 고안되었음	☐☐☐	×
4	쓰레기통모형은 정책문제, 문제의 해결책, 선택기회, 참여자 등의 요소가 개별적으로 떠다니다가 우연한 계기로 교차되면 비합리적인 정책결정(진빼기 결정이나 날치기 통과)이 된다고 봄	☐☐☐	O
5	사이버네틱스 모형은 사전에 설정된 목표의 유지를 추구함	☐☐☐	×
6	인공지능 체계는 설정된 목표를 달성하기 위해 SOP를 활용한 적응적 의사결정을 하지만, 설정목표 외 다른 목표를 정하지 않음 → 비목적적 적응(non-purposive adaption)	☐☐☐	O
7	사이버네틱스 모형에서 의사결정자는 처리할 수 없는 문제, 즉 기존의 SOP로 해결할 수 없는 일에 직면할 때, 표준운영절차(SOP)를 수정·변경·추가하면서 문제를 해결함	☐☐☐	O
8	쓰레기통 모형에서 의사결정에 필요한 4가지 요소는 문제, 해결책, 의사결정 기회, 참여자임	☐☐☐	O
9	자동온도조절장치는 인공지능체계이므로 인공지능의 의사결정을 설명하는 사이버네틱스 모형의 예시로 볼 수 있음	☐☐☐	O
10	선지는 회사모형에 대한 내용임	☐☐☐	×
11	회사모형에서 조직은 환경에 대해 단기적으로 대응(불확실성 인정)하면서 불확실성을 줄이거나 회피하는 경향을 보임	☐☐☐	×
12	선지는 합리모형에 대한 내용임	☐☐☐	×

Section 03   기타 모형: 혼합주사모형 · 최적모형 · 엘리슨 모형

구분	해설	회독	정답
1	엘리슨이 제시한 세 가지 모형 중 관료정치모형은 소수 엘리트의 이해관계를 반영한 정책결정을 설명하고 있음	☐☐☐	O
2	앨리슨모형은 관료정치모형을 통해 1960년대 초 쿠바가 소련의 미사일을 도입하려고 했을 때 미국이 해상봉쇄 정책을 채택한 이유를 설명하였음	☐☐☐	O
3	선지는 앨리슨 모형 중 관료정치모형에 대한 내용임	☐☐☐	×
4	합리적 행위자 모형에서 조직은 하나의 유기체이며, 조직목표달성을 위해 모든 부서는 열심히 협력함	☐☐☐	O
5	표준운영절차(SOP)의 중요성을 강조한 것은 조직과정모형(모델 II)임	☐☐☐	×
6	에치오니(Etzioni)는 규범적이지만 비현실적인 합리모형과 현실적이지만 보수적인 점증모형을 절충한 혼합주사모형을 제시하였음	☐☐☐	O

DAY

09

7	지난 30년간 자료를 중심으로 전국의 자연재난 발생현황을 개략적으로 파악한 다음, 홍수와 지진 등 두 가지 이상의 재난이 한 해에 동시에 발생한 지역을 중심으로 다시 면밀하게 관찰하여 정책을 결정하는 것은 혼합탐사모형을 활용한 방법이다.	2020 국가9	
8	최적모형은 기존의 계량적 분석뿐만 아니라 직관적 판단에 의한 결정도 중요하다고 본다.	2021 소방간부	
9	혼합탐사모형에서 정책결정은 근본적인 결정과 세부적인 결정의 지속적인 상호작용에 의해 이루어진다.	2012 서울9	
10	토론을 바탕으로 한 집단지성의 활용, 침묵을 합의로 간주하는 만장일치의 환상, 집단적 합의에 대한 이의 제기에 대한 자기 검열, 집단에 대한 과대평가로 집단이 실패할 리 없다는 환상 등은 재니스(Janis)의 집단사고(groupthink) 특징에 해당한다.	2023 국가9	
11	최적모형은 합리모형의 한계를 극복하기 위해 만족모형과 점증모형의 강점을 취하고자 한다.	2022 군무원9	
12	엘리슨의 관료정치모형에서 정책결정에 참여하는 구성원들 간의 목표 공유 정도와 정책결정의 일관성은 모두 매우 낮다.	2023 국가9	
13	혼합주사모형은 1960년대 미국의 쿠바 미사일 위기사건을 설명하기 위해 연구된 모형이다.	2023 지방9	
14	혼합탐사모형은 정책결정을 근본적 결정과 세부적 결정으로 구분하고 지속적인 교호작용이 이루어진다고 본다.	2025 지방9	
15	앨리슨모형 중 조직과정모형(Model II)에 따르면 정부는 하위조직들의 집합체이며, 하위조직의 표준운영절차(SOP)에 의해 정책이 결정된다.	2025 지방9	
16	정책결정 모형 중 초합리성(extra-rationality)을 강조하는 모형은 최적모형이다.	2009 지방9	

Section 04　불확실성에 대처하기 위한 정책결정

구분	지문	시행	O · X
1	불확실성의 적극적 극복방안에 해당하는 것은 정책델파이, 정보의 충분한 획득 등이 있다.	2017 교행9	
2	협상이나 타협(negotiate)은 정책 환경의 불확실성을 극복하는 대처방안 중 소극적인 방법에 해당한다.	2019 지방9	
3	보수적 결정은 미래에 대한 불확실성을 주어진 조건으로 보고 그 안에서 결과를 예측하는 방법으로, 미래에 발생할 수 있는 최악의 상황을 전제하고 정책대안의 결과를 예측하는 방법이다.	2010 국가9	
4	일반적으로 불확실성이 높다고 생각하는 경우에는 정보와 지식의 수집활동에 소극적으로 대응하기 쉽다.	2014 지방7	
5	조직은 불확실성에 대처하기 위해 정책결정에 있어서 가외성(redundancy)을 감안할 수 있는 제도적 장치를 준비한다.	2014 지방7	

7	애치오니가 주장한 혼합탐사모형은 기본적인 방향의 설정을 목적으로 하는 근본적 결정을 내리는 데는 고도의 합리성을 추구하는 합리모형을 적용(나무보다는 숲을 개괄적으로 파악)하고, 기본방향이 설정된 후에 특정 문제에 대한 세부적이고 현실적인 결정을 함에 있어서는 점증모형을 적용(숲보다는 나무를 자세하게 파악)하여 양자를 절충한 모형임	□□□	O
8	최적모형은 기존의 계량적 분석뿐만 아니라 직관적 판단, 즉 초합리성도 중요하다고 봄	□□□	O
9	혼합탐사모형은 정책결정에 두 모형, 즉 합리모형(근본적인 결정에 사용)과 점증모형(세부적인 결정에 적용)을 모두 활용함 → 혼합주사모형에서 정책결정은 근본적인 결정과 세부적인 결정의 지속적인 상호작용에 의해 이루어짐	□□□	O
10	집단사고는 폐쇄적 집단의 오판현상이며, 토론을 바탕으로 한 집단지성의 활용은 집단적 의사결정에 대한 내용임	□□□	×
11	최적모형은 점증모형과 합리모형의 한계를 극복하기 위해 의사결정시 합리모형과 더불어 초합리성(의사결정자의 직관)을 활용함	□□□	×
12	관료정치모형은 고위 관료 간 사익추구를 반영한 결정을 설명하고 있음 → 따라서 구성원 간 목표 공유도 및 정책결정의 일관성이 낮음	□□□	O
13	선지는 엘리슨 모형에 대한 내용임	□□□	×
14	혼합탐사모형은 정책결정에 두 모형, 즉 합리모형(근본적인 결정에 사용)과 점증모형(세부적인 결정에 적용)을 모두 활용함 → 혼합주사모형에서 정책결정은 근본적인 결정과 세부적인 결정의 지속적인 상호작용에 의해 이루어짐	□□□	O
15	엘리슨 모형 II는 회사모형의 의사결정을 설명하는 면이 있음	□□□	O
16	의사결정자의 직관적 판단, 즉 초합리성(extra-rationality)을 강조하는 모형은 최적모형임	□□□	O

Section 04 불확실성에 대처하기 위한 정책결정

구분	해설	회독	정답
1	주관적 기법(정책델파이, 델파이 등), 정보의 충분한 획득은 불확실성을 극복하는 적극적 방안에 해당함	□□□	O
2	협상이나 타협(negotiate) 및 계약 등은 정책 환경의 불확실성을 극복하는 대처방안 중 적극적인 방법에 해당함	□□□	×
3	보수적 접근은 불확실성을 극복하는 소극적인 방법에 해당하며, 최악의 불확실성·상황을 가정하고 대안을 모색하는 접근임	□□□	O
4	일반적으로 불확실성이 높다고 생각하는 경우에는 관련된 정보와 지식을 충분히 수집하여 결정의 예측가능성을 높임	□□□	×
5	가외성은 불확실성에 대응하기 위한 소극적 장치에 해당함	□□□	O

CHAPTER **05** ‖ **정책집행**

Section 01	정책집행 연구의 접근법

구분	지문	시행	O · X
1	하향적 정책집행은 집행과정에서 현장을 강조하고 재량권을 부여한다.	2016 교행9	
2	정책집행과정의 의사결정점(decision point)이 많을수록 신속하게 집행된다.	2012 지방9	
3	하향적 접근방법은 명확한 정책목표와 그 실현을 위한 정책수단을 가지고 있다는 가정을 한다.	2011 지방7	
4	상향식 접근은 공식적인 정책목표가 중요한 변수로 취급되므로 집행실적의 객관적 평가가 용이하다.	2018 국회8	
5	상향식 접근방법은 정책결정의 결과물인 정책 목표를 달성해 가는 과정을 정책집행으로 이해한다.	2024 국가7	
6	상향식 접근은 정책문제를 둘러싸고 있는 행위자들의 동기, 전략, 행동, 상호작용 등에 주목하며 일선 공무원들의 전문지식과 문제해결 능력을 중시한다.	2015 국회8	
7	상향식 접근방법은 일선공무원들에게 권한과 재량이 주어지기 때문에 주인대리인 이론에서 발생하는 문제를 최소화시킬 수 있다.	2007 국회8	
8	정책집행 모형 중 상향식 접근은 선거직 공무원에 의한 정책결정과 책임이라는 민주주의의 기본가치를 충실하게 반영한다.	2015 행정사	
9	정책집행 모형 중 상향식 접근은 정책집행과정에 대해 정확하게 이해하기 위해서 일선집행관료와 대상 집단의 행태를 고찰한다.	2015 행정사	
10	버만(Berman)은 집행현장에서 집행조직과 정책사업 사이의 상호적응의 중요성을 강조하였다.	2015 서울9	
11	정책변동을 설명하는 모형 중에서 정책하위체제라는 분석단위에 초점을 두고 정책의 변화를 이해하며, 정책변화과정을 이해하기 위해서는 10년 이상이라는 장기간이 필요하다고 설명하는 모형은 정책지지연합모형(advocacy coalition model)이다.	2011 서울7	
12	사바티어의 정책지지연합모형은 정책 변화과정을 이해하기 위해 1년 이내 단기간에 초점을 둔다.	2024 지방7	
13	사바티어의 정책지지연합모형에 따르면 신념체계에서 규범적 핵심이나 정책 핵심의 변화가 쉽게 나타나지 않기 때문에 정책목표와 수단에 급격한 변화를 가져오는 근본적 정책변동은 용이하지 않다.	2019 행정사	
14	옹호연합모형에서 정책지향학습은 옹호연합 내부만 아니라 옹호연합 사이에서도 발생한다.	2024 지방9	
15	옹호연합모형에서 행정규칙, 예산배분, 규정의 해석에 대한 결정은 정책 핵심 신념과 관련된다.	2024 지방9	
16	옹호연합모형에 따르면 신념 체계 구조에서 규범적 핵심 신념은 관심 있는 특정 정책 규범에 적용되며, 이차적 측면(secondary aspects)보다 변화 가능성이 작다.	2024 지방9	

정답과 해설

※ 일반적으로 정답이 '×'인 선지에 대한 해설만 있음

Section 01 정책집행 연구의 접근법

구분	해설	회독	정답
1	상향식 정책집행은 집행과정에서 현장을 강조하고 재량권을 부여함	☐☐☐	×
2	정책집행과정의 의사결정점이 많으면(많은 참여자가 개입할수록) 정책집행이 느려짐	☐☐☐	×
3	하향적 접근방법은 결정자가 집행과정에 대한 정보를 바탕으로 명확한 정책목표와 그 실현을 위한 정책수단을 가지고 있다는 가정을 함	☐☐☐	O
4	하향식 접근은 공식적인 정책목표가 중요한 변수로 취급되므로 집행실적의 객관적 평가가 용이함	☐☐☐	×
5	선지는 하향식에 대한 내용임 → 상향식에서 정책목표와 수단은 현장의 상황에 따라 변화할 수 있음	☐☐☐	×
6	상향식 접근은 정책문제를 둘러싸고 있는 행위자들의 동기, 전략, 행동, 상호작용 등에 주목하며 재량권을 보유하고 있는 일선공무원들의 전문지식과 문제해결 능력을 중시함	☐☐☐	O
7	상향식 접근방법은 일선공무원들에게 권한과 재량이 주어지기 때문에 주인-대리인 이론에서 발생하는 문제를 촉진할 수 있음	☐☐☐	×
8	정책집행 모형 중 상향식 접근은 일선 공무원의 재량적 결정을 인정하는바 선거직 공무원에 의한 정책결정과 책임이라는 민주주의의 기본가치를 충실하게 반영할 수 없음	☐☐☐	×
9	정책집행 모형 중 상향식 접근은 정책집행과정을 정확하게 이해하기 위해서 집행현장에서 발생하는 현상을 고찰함	☐☐☐	O
10	버만(Berman)은 통합모형을 제시한 학자임; 아울러 통합모형은 상향식 관점에 무게중심을 두고 설명하기 때문에 집행현장에서 집행조직과 정책사업 사이의 상호적응의 중요성을 강조함	☐☐☐	O
11	선지는 사바티어의 정책지지연합모형에 대한 내용임	☐☐☐	O
12	사바티어에 따르면 정책변화과정을 이해하기 위해서는 10년 이상이라는 장기간이 필요함	☐☐☐	×
13	사바티어의 정책지지연합모형은 점진적인 정책변동을 설명할 수 있는 모델임	☐☐☐	O
14	정책을 둘러싼 정책하위체계는 복수로 존재할 수 있음 → 각 지지연합은 자신의 신념을 정책으로 관철하기 위해 경쟁하는바 학습은 옹호연합 사이에서도 발생함	☐☐☐	O
15	정책 핵심신념은 정책목표 혹은 정책대안에 대한 인과적 지식임 → 선지는 이차적 신념을 뜻함(이차적 신념은 가장 쉽게 변할 수 있음)	☐☐☐	×
16	규범적 핵심신념은 자유, 평등 등의 보편적 규범을 의미하므로 변화가능성이 낮고, 추상적·포괄적인 성격을 지님(특정 정책 규범에 적용×)	☐☐☐	×

17	립스키의 일선관료제론에서 일선관료는 일반시민을 분류하지 않고, 모든 계층을 공평하게 대우한다.	2023 국가7	
18	하위직보다는 고위직이 주도하며 정책결정자는 정책집행에 영향을 미치는 정치적·조직적·기술적 과정을 충분히 통제할 수 있다는 것은 정책집행의 하향식 접근(top-down approach)에 대한 설명이다.	2020 지방9	
19	하향식 접근은 정책이 정책집행 현장의 상황에 맞게 적응적으로 운영되어야 한다.	2021 소방간부	
20	정책옹호연합모형에 따르면 정책학습을 통해 행위자들의 기저 핵심 신념을 쉽게 변화시킬 수 있다.	2021 지방직9	
21	엘모어(Elmore)는 하향식 접근법을 후향식 접근(backward mapping)이라고 표현하였다.	2021 경찰간부	
22	립스키의 '일선관료제'에서 단순하고 정형화된 정책대상집단은 일선관료들이 처하는 업무환경의 특징이다.	2022 국가9	
23	립스키에 따르면 일선관료는 집행에 필요한 자원이 부족할 경우 대체로 부분적이고 간헐적으로 정책을 집행한다.	2018 국가9	
24	불충분한 자원, 권위에 대한 위협과 도전, 집행업무의 단순화 및 정형화, 모호하고 대립되는 기대는 립스키의 일선관료제론에서 일선관료들이 처하게 되는 문제성 있는 업무환경의 특징이다.	2016 사복9	
25	하향식 접근은 정부 및 민간 프로그램에서의 의도하지 않은 효과까지도 분석할 수 있다는 장점이 있다.	2023 국가7	
26	사바티어와 매즈매니언은 정책과 성과를 연결하는 모형에 정책 기준과 목표, 집행에 필요한 자원, 조직 간 의사소통과 집행 활동(enforcement activities), 집행기관의 특성, 경제·사회·정치적 조건, 정책집행자의 성향(disposition)이라는 변수를 제시하였다.	2024 지방9	
27	매틀랜드(Matland)는 정책목표의 모호성과 갈등 개념을 활용하여 특정 집행상황을 네 가지로 구조화하였다.	2024 국가7	
28	상향적 접근법은 정책결정과 집행의 엄격한 분리를 강조한다.	2025 지방9	
29	상향식 접근방법은 정책결정과 정책집행 간의 엄밀한 구분에 의문을 제기한다.	2015 국가7	
30	정책옹호연합모형은 신념체계별로 여러 개의 연합으로 구성된 정책행위자 집단이 자신들의 신념을 정책으로 관철하기 위하여 경쟁한다는 점을 강조한다.	2011 국가9	
31	정책옹호연합모형은 정책변화 또는 정책학습보다 정책집행과정에 초점을 맞춘 이론이다.	2011 국가9	
32	사바티어(P. Sabatier)의 정책지지 연합모형은 하향식 접근방법의 분석단위를 채택하고, 여기에 영향을 미치는 요인으로 상향식 접근방법의 여러 가지 변수를 결합한다.	2012 국가7	
33	버먼(P. Berman)의 상황론적 집행모형에 따르면 거시적 집행구조는 실질적인 집행이 가능하고 의도한 효과가 발생되도록 프로그램을 어느 정도 구체화하는 것을 의미한다.	2012 국가7	

17	일선 관료는 집행 현장에 대한 정보가 부족하므로 집행업무를 단순화·정형화함 → 즉, 복잡한 현장이나 정책대상을 선입견에 기초하여 몇 개의 케이스로 분류함	☐☐☐	×
18	하향식 접근은 정책결정자가 정한 내용대로 일선 공무원이 기계적으로 순응하는 현상을 설명하고 있음	☐☐☐	O
19	선지는 상향식 접근에 대한 내용임; 하향식 접근은 정책목표와 정책수단 간의 인과관계를 확보해야 하므로 집행현장에서 정책이 일관성있게 집행되어야 함	☐☐☐	×
20	사바티어에 따르면 정책학습을 통해 행위자들의 기저 핵심 신념을 변화시킬 수 있으나, 이는 오랜 시간을 요구함 → 따라서 정책참여자의 신념체계는 쉽게 변화시킬 수 없음	☐☐☐	×
21	엘모어(Elmore)는 하향식 접근법을 전방향적 접근(forward mapping)이라고 표현하였음	☐☐☐	×
22	정형화된 정책대상집단은 일선관료가 처한 업무환경이 아니라 업무환경에 대한 대응방식임	☐☐☐	×
23	일선관료는 대개 업무를 집행할 때 자원이 부족함 → 이에 따라 선택적으로 업무를 집행하는 경향이 있음	☐☐☐	O
24	집행업무의 단순화 및 정형화는 불확실한 업무환경에 대한 일선관료의 대응에 해당함 → 일선관료는 불확실한 업무환경으로 인해 모든 업무를 완벽하게 해결할 수는 없음	☐☐☐	×
25	선지는 상향식에 대한 내용임 → 하향식은 집행현장의 불확실성을 모두 통제한 상태에서 정책을 집행함	☐☐☐	×
26	선지는 반미터와 반호른의 하향식 모형에 대한 내용임 → 사바티어와 매즈매니언은 타당한 인과이론, 명확한 법령에 기초한 집행, 유능하고 헌신적인 관료, 이해관계자의 지속적인 지지, 안정적인 정책목표와 목표의 우선순위 등을 집행성공을 위한 변수로 제시함	☐☐☐	×

■ 매틀랜드의 정책집행모형

구분		갈등	
		낮음	높음
정책목표 모호성	낮음	**관리적 집행**: 하향식 – 자원확보 중요 –	**정치적 집행**: 하향식 – 권력관계 중시 –
	높음	**실험적 집행**: 상향식 – 집행은 학습의 과정 –	**상징적 집행**: 상향식 – 집행은 해석의 과정 –

(27번 정답: O)

28	선지는 하향식 접근에 대한 내용임	☐☐☐	×
29	상향식 접구에서 실제 정책은 집행과정에서 구체화되므로 정책결정과 정책집행 간의 엄밀한 구분에 의문을 제기함 → 정치행정일원론 관점	☐☐☐	O
30	정책을 둘러싼 정책하위체계, 즉 정책참여자 집단은 복수로 존재할 수 있음 → 정책옹호연합모형은 이들이 자신들의 신념을 정책으로 관철하기 위하여 경쟁한다는 점을 강조함	☐☐☐	O
31	정책옹호연합모형은 정책참여자의 학습이나 신념의 변화로 인해 집행과정에서 발생하는 정책변화를 설명하는 모형임 → 따라서 정책의 변화 혹은 학습을 강조하는 이론임	☐☐☐	×
32	사바티어(P. Sabatier)의 정책지지 연합모형은 상향식 접근방법의 분석단위를 채택하고, 여기에 영향을 미치는 요인으로 하향식 접근방법의 여러 가지 변수를 결합함	☐☐☐	×
33	① 버먼(P. Berman)의 상황론적 집행모형은 거시적 집행구조(하향식)와 미시적 집행구조(상향식)로 나누고 있음 → 거시적 집행구조는 실질적인 집행이 가능하고 의도한 효과가 발생되도록 프로그램을 어느 정도 구체화하는 것이며, 미시적 집행구조는 거시적 집행구조에서 구체화된 정책을 개별적인 집행환경에 부합하도록 적응적 집행을 하는 것임 ② 따라서 미시적인 집행구조에 따라 동일한 정책도 상이한 결과를 낳을 수 있음	☐☐☐	O

DAY —

10

Section 02   정책집행가 유형: Nakamura와 Smallwood를 중심으로

구분	지문	시행	O · X
1	나카무라와 스몰우드(Nakamura & Smallwood)의 정책집행자 유형 중 관료적 기업가형은 정책의 대략적인 방향을 정책결정자가 정하고 정책집행자들은 이 목표의 구체적인 집행에 필요한 폭넓은 재량권을 위임받아 정책을 집행하는 유형이다.	2015 서울9	
2	관료적 기업가형은 정책결정자가 정책목표를 구체적으로 설정하지만, 정책집행자도 정책목표 달성에 필요한 행정적 권한을 보유한다. 따라서 정책집행자도 상당한 재량을 행사할 수 있다.	2013 경간	
3	나카무라와 스몰우드의 정책모형 중 정책집행자의 권한이 가장 강한 유형은 관료적 기업가형이다.	2021 소방간부	
4	'지시적 위임형'은 정책결정자가 구체적인 목표와 수단을 설정하면, 정책집행자는 정책결정자의 지시와 위임을 받아 정책대상집단과 협상하는 역할을 담당한다고 본다.	2022 국가9	
5	'관료적 기업가형'은 정책집행자가 목표와 수단을 강구한 다음 정책결정자를 설득하고, 정책결정자는 정책집행자가 수립한 목표와 수단을 기술하는 역할을 담당한다고 본다.	2022 국가9	
6	고전적 기술자형은 정책결정자가 집행과정에 대해서 엄격하게 통제하며, 정책집행자는 약간의 정책적 재량만을 갖는 유형이다.	2023 군무원9	

Section 03   정책집행의 영향요인

구분	지문	시행	O · X
1	정책의 희생집단보다 수혜집단의 조직화가 강하면 정책집행이 곤란하다.	2013 서울9	
2	수혜집단과 희생집단의 규모에 관계없이 각 집단의 조직화 정도가 약할 경우 정책집행이 용이하다.	2008 선관위9	
3	정책결정자의 행태는 윈터(S. Winter)가 제시하는 정책집행성과를 좌우하는 주요 변수 중 하나이다.	2020 군무원9	
4	하울렛과 라메쉬(Howlett & Ramesh)의 내생적 학습은 정책문제의 정의 또는 정책목적 자체에 대한 의문 제기를 포함한다.	2017 국가7	
5	배분정책은 규제정책이나 재분배정책에 비하여 표준운영절차(SOP)에 따라 원만한 집행이 이루어질 가능성이 더 크다.	2017 지방9	

Section 02　　정책집행가 유형: Nakamura와 Smallwood를 중심으로

구분	해설	회독	정답
1	나카무라와 스몰우드(Nakamura & Smallwood)의 정책집행자 유형 중 재량적 실험가형은 정책의 대략적인 방향을 정책결정자가 정하고 정책집행자들은 이 목표의 구체적인 집행에 필요한 폭넓은 재량권을 위임받아 정책을 집행하는 유형임	□□□	×
2	지시적 위임가형은 정책결정자가 정책목표를 구체적으로 설정하지만, 정책집행자도 정책목표 달성에 필요한 행정적 권한을 보유한다. 따라서 정책집행자도 상당한 재량을 행사할 수 있음	□□□	×
3	나카무라와 스몰우드의 정책모형 중 관료적 기업가형은 집행자가 추상적·구체적 목표설정권한, 행정적 권한, 기술적 권한 등을 보유하고 있음	□□□	O
4	'지시적 위임형'에서 결정자는 수단을 설정하지 않음 → 즉, 지시적 위임형에서 정책결정자는 정책목표를 정하고, 집행자는 결정자가 수립한 목표달성에 사용할 수단을 결정함	□□□	×
5	집행자가 목표와 수단을 모두 정하고 결정자를 설득하는 것은 관료적 기업가형에 해당함	□□□	O
6	고전적 기술자형은 집행가의 권한이 가장 적은 유형임	□□□	O

Section 03　　정책집행의 영향요인

구분	해설	회독	정답
1	정책의 희생집단보다 수혜집단의 조직화가 강하면 정책집행이 용이함	□□□	×
2	정책대상집단의 조직화 정도가 약하면 집단행동의 딜레마가 발생하므로 정책집행이 용이함	□□□	O
3	정책결정자의 행태는 윈터가 제시한 집행성과를 좌우하는 요인에 해당하지 않음; 윈터는 통합모형을 제시한 학자로써 정책집행의 결과를 설명하기 위한 네 가지 중요한 변수를 설정하고, 그러한 변수들이 하나의 모형에서 융합될 수 있는 방법을 제기함으로써 새로운 통합을 시도하고자 하였음 ■ Winter가 제시한 정책집행 성과를 결정하는 주요 변수 ① 정책형성과정의 특성 ② 조직내 혹은 조직상호간의 집행행태 ③ 일선집행관료의 행태 ④ 정책대상집단의 행태 → 위의 변수 중에서 ①은 정책형성과정에 해당하며, 나머지는 집행과정에서 집행성과에 영향을 미치는 변수임	□□□	×
4	하울렛과 라메쉬(Howlett & Ramesh)의 외생적 학습에 대한 내용임 ※ 내생적 학습: 정책수단이나 기법에 대한 학습 → 정책개입이나 집행설계의 실행가능성을 높임	□□□	×
5	분배정책의 경우 비용부담자가 분산되어 있으므로 부담자와 수혜자의 갈등 없이 원만하게 정책이 집행될 수 있는바 표준운영절차에 따라 집행과정을 수립할 수 있음	□□□	O

CHAPTER 06 정책평가

Section 01 정책평가의 유형

구분	지문	시행	O·X
1	총괄평가는 주로 내부 평가자에 의해 수행되며, 평가결과를 환류하여 최종안을 개선하는 것이 목적이다.	2016 국가7	
2	총괄평가는 정책이 집행되고 난 후에 인과관계의 경로를 검증 및 확인하고 정책이 사회에 미친 영향을 추정하는 판단활동이다.	2009 국가9	
3	총괄평가는 정책집행이 이루어지는 과정을 평가하는 활동으로 형성평가라고도 한다.	2021 행정사	
4	평가성 사정(evaluability assessment)은 영향평가 또는 총괄평가를 실시한 후에 평가의 유용성, 평가의 성과증진 효과 등을 평가하는 활동이다.	2018 서울9	
5	메타분석은 경험적 연구뿐만 아니라 이론적 연구에도 다양하게 적용할 수 있는 장점이 있다.	2011 지방7	
6	형성평가는 집행이 종료된 후 정책이 의도했던 목적을 달성했는지에 초점을 맞춘다.	2023 국가7	
7	모니터링은 과정평가에 속하지만 집행의 능률성과 효과성을 확보하기 위한 평가이다.	2023 국가7	
8	모니터링은 집행의 능률성과 효과성을 확보하기 위한 목적으로 수행된다.	2025 국가7	
9	논리모형은 정책프로그램의 요소들과 해결하려는 문제들 사이의 논리적 인과관계를 투입(input) − 활동(activity) − 산출(output) −결과(outcome)로 도식화한다.	2024 국가9	
10	논리모형은 과정평가이기 때문에 정책프로그램의 목표달성 여부를 보여 주지는 못한다는 한계가 있다.	2024 국가9	
11	형성평가는 일종의 예비평가로 공식 영향평가의 실행 가능성과 유용성을 검토하기 위하여 실시된다.	2025 국가9	

Section 02 정책평가 기준 및 설계

구분	지문	시행	O·X
1	준실험이 진실험보다 내적 타당성과 외적 타당성이 더 높다.	2018 행정사	
2	준실험설계는 실험집단과 통제집단의 동질성을 확보하여야 한다.	2019 행정사	
3	회귀불연속 설계나 단절적 시계열 설계는 과거지향적인 성격을 갖는 진실험설계에 해당된다.	2020 국가7	

정답과 해설

※ 일반적으로 정답이 'x'인 선지에 대한 해설만 있음

Section 01 정책평가의 유형

구분	해설	회독	정답
1	총괄평가는 주로 외부 평가자에 의해 수행되며, 평가결과를 환류하여 최종안을 개선하는 것이 목적임	☐☐☐	×
2	총괄평가는 정책이 집행되고 난 후에 정책이 사회에 미친 영향을 추정하는 판단활동임 ※ 선지에서 인과관계의 경로 검증을 빼야 함	☐☐☐	×
3	과정평가는 정책집행이 이루어지는 과정을 평가하는 활동으로 형성평가라고도 함 ※ 총괄평가는 정책집행이 종료된 후에 정책이 의도한 목적, 정책의 성과나 효과를 평가하는 것임	☐☐☐	×
4	평가성 사정은 평가의 범주를 확인하는 것으로서 평가 가능성 등을 진단하는 일종의 예비적 평가임 → 평가성 사정은 과정평가의 범주에 있기 때문에 영향평가 등을 실시하기 전에 수행함	☐☐☐	×
5	메타분석은 평가결과를 다양한 관점으로 다시 평가하는 방법임 → 즉, 통계적인 연구결과를 다시 통계적으로 검증하는 것으로써 이론개발에 대한 것과는 무관함	☐☐☐	×
6	선지는 총괄평가에 대한 내용임 → 형성평가는 집행 중 이루어지는 평가임	☐☐☐	×
7	모니터링(사업감시), 즉 광의의 과정평가는 과정평가에 속하며, 집행의 능률성과 효과성(계획의 준수 여부)을 확보하기 위한 평가임	☐☐☐	O
8	위의 문제해설 참고	☐☐☐	O
9	예를 들어, 논리모형은 경찰관 채용(투입) → 순찰(활동) → 범인검거(산출) → 범죄율 감소(결과)로 이어지는 인과관계를 검증함	☐☐☐	O
10	논리모형은 과정평가이며, 정책프로그램의 목표달성 여부를 보여줄 수 있음 → 다만, 정책집행 후 집행과정상의 인과관계 경로를 검토에 초점을 둠	☐☐☐	×
11	선지는 평가성 사성에 내한 내용임 , 형성평가는 집행두중에 이루어지는 평가임	☐☐☐	×

Section 02 정책평가 기준 및 설계

구분	해설	회독	정답
1	준실험이 진실험보다 외적타당성은 높지만, 내적타당성은 낮음	☐☐☐	×
2	진실험설계는 완벽한 실험설계이므로 무작위배정을 통해 실험집단과 통제집단의 동질성을 확보하여야 함	☐☐☐	×
3	회귀불연속 설계나 단절적 시계열 설계는 대표적인 준실험설계에 해당함	☐☐☐	×

4	통제집단 사전사후측정설계는 정책평가를 위한 조사설계의 유형 중 진실험설계에 해당한다.	2020 지방7	
5	진실험과 준실험의 차이는 실험집단과 통제집단의 무작위배정에 의한 동질성 확보여부이다.	2020 국가7	
6	자연실험(natural experiment)은 자연스럽게 일어나는 어떤 현상을 연구자가 인과관계 추정에 활용하는 것으로서 진실험 설계에 해당한다.	2021 경정승진	
7	준실험은 무작위배정에 의해 실험집단과 통제집단의 동등화를 꾀할 수 없을 때 사용하는 설계이다.	2021 경정승진	
8	동일 정책대상집단에 대해 정책집행을 기준으로 사전, 사후측정을 하여 정책효과를 추정하는 '단절적 시계열설계'는 준실험설계 유형 중 하나이다.	2022 국가7	
9	통제집단 사전 · 사후 설계는 검사효과를 통제할 수 있다.	2023 국가9	
10	솔로몬 4집단 설계는 통제집단 사전 · 사후 설계와 통제집단 사후 설계의 장점을 갖는다.	2023 국가9	
11	비동질적 통제집단설계는 진실험과 같은 수준의 내적 타당성을 확보할 수 있다.	2023 지방7	
12	회귀불연속 설계는 구분점(구간)에서 회귀직선의 불연속적인 단절을 이용한다.	2023 국가9	

Section 03 정책평가 설계 시 고려할 변수: 제3의 변수를 중심으로

구분	지문	시행	O · X
1	허위변수는 두 변수 간에 전혀 관계가 없는데도 인과관계가 있는 것처럼 보이게 하는 제3의 변수이다.	2019 행정사	
2	정책변수 중 억제변수는 독립변수와 종속변수 간에 상관관계가 없는데도 있는 것으로 나타나게 하는 제3의 변수이다.	2020 국가9	
3	시간적 선행성, 공동변화, 제3의 변수 배제 등은 인과관계의 조건에 해당한다.	2020 지방9 변형	
4	허위변수는 독립변수인 정책수단과 함께 종속변수인 정책효과를 가져오는 요인으로 정책수단과 정책효과 사이의 인과관계를 과대 또는 과소평가한다.	2016 지방9	

구분	해설	회독	정답
4	진실험설계는 무작위 배정을 통한 표본의 동질성 확보, 실험집단과 통제집단의 존재, 내적타당성 저해요인 통제 등을 구현한 완벽한 실험임 → 진실험 설계는 동질적 통제집단 설계 혹은 (동질적)통제집단 사전사후측정설계로 불리기도 함	□□□	O
5	진실험은 완벽한 실험이므로 무작위배정을 통해 표본의 동질성을 확보한 실험임	□□□	O
6	자연실험(natural experiment)은 자연스럽게 일어나는 어떤 현상을 연구자가 인과관계 추정에 활용하는 것으로서 준실험 혹은 비실험 설계에 해당함	□□□	X
7	준실험은 무작위배정에 의해 표본의 동질성을 온전하게 확보할 수 없을 때 사용하는 실험임	□□□	O
8	단절적 시계열 설계는 별도의 통제집단 없이 실험집단에 대하여 정책실시 전의 일정 기간 나타났던 산출의 변화와 정책을 집행한 후 일정 기간 발생한 산출의 변화를 비교하는 방법임 → 단절적 시계열 설계는 연구자의 관찰 기간이 '단절'된다는 점에서 준실험의 종류에 해당함	□□□	O
9	진실험의 사전측정과정에서 실험 대상자들이 사전측정의 내용에 대해 친숙(유사실험의 반복)하게 되면 사후 측정값이 달라질 수 있음	□□□	X
10	솔로몬의 4집단실험설계는 피실험자를 제1실험집단과 제1통제집단, 제2실험집단과 제2통제집단으로 나누고 제2실험집단과 제2통제집단의 경우 사전측정의 부정적 효과를 배제하기 위하여 사전측정을 하지 않음 → 따라서 솔로몬 4집단 설계는 통제집단 사전·사후 설계와 통제집단 사후 설계의 장점을 지님	□□□	O
11	비동질적 통제집단설계는 준실험이므로 진실험과 같은 수준의 내적 타당성을 확보할 수 없음	□□□	X
12	회귀불연속 설계는 분명하게 알려진 자격기준(eligibility criterion)에 따라 두 집단을 다르게 구성하여 집단 간 회귀분석의 결과를 비교하는 방식임 → 예를 들어, 재학 중 장학금을 받은 집단과 그렇지 않은 집단에 대해 졸업 후 취업률을 비교할 때, 전자가 취업률이 높았다면 연구자가 관찰하지 못한 기간(불연속적 단절 구간)에 장학금의 효과가 있었음을 알 수 있음	□□□	O

Section 03 | 정책평가 설계 시 고려할 변수: 제3의 변수를 중심으로

구분	해설	회독	정답
1	허위변수는 변수 간 허위관계, 즉 가짜 관계를 형성하는 변수임	□□□	O
2	선지는 허위변수에 대한 내용임 ※ 억제변수: 독립변수와 종속변수 간에 상관관계가 있는데도 없는 것으로 나타나게 하는 제3의 변수	□□□	X
3	**인과관계의 성립 조건** ① **시간적 선행성**(Time order): 독립변수는 종속변수보다 시간적으로 선행해야 함 ② **공동변화**(Association): 독립변수가 변하면 종속변수도 일정한 패턴으로 변화해야 함 ③ **제3의 변수 통제**: 인과관계를 규명하는 데 방해되는 변수를 찾은 후에 통제해야 함	□□□	O
4	선지는 혼란변수에 대한 내용임	□□□	X

Section 04   인과관계에 대한 검토: 타당도와 신뢰도를 중심으로

구분	지문	시행	O · X
1	구성적 타당성은 연구설계를 정밀하게 구성하여 평가과정에서 제1종 및 제2종 오류가 발생하지 않는 정도를 나타낸다.	2008 국가9	
2	성숙요인은 내적 타당성을 저해할 수 있다.	2018 행정사	
3	내적 타당성은 정책변수의 효과에 대한 결론을 일반화시킬 수 있는 범위를 의미한다.	2018 행정사	
4	신뢰성은 측정도구의 타당성을 담보할 수 있는 충분조건이다.	2020 국가9	
5	정책평가의 외적 타당성은 정책평가 결과의 일반화 가능성을 의미한다.	2021 행정사	
6	검사요인은 사전측정을 경험한 실험 대상자들이 측정 내용에 대해 친숙해지거나 학습 효과를 얻음으로써 사후측정 때 실험집단의 측정값에 영향을 주는 효과이다.	2021 지방9	
7	정책평가에서 신뢰성이 없는 측정은 항상 타당성이 없다.	2020 군무원7	
8	정책평가와 관련하여 실험결과의 외적 타당성을 저해하는 요인으로 연구자의 측정기준이나 측정도구가 변화되는 경우가 있다.	2021 국가9	
9	정책평가와 관련하여 실험결과의 외적 타당성을 저해하는 요인으로 실험의 효과가 크게 나타날 것으로 예상되는 집단만을 의도적으로 실험집단에 배정하는 경우가 있다.	2021 국가9	
10	정책평가와 관련하여 실험결과의 외적 타당성을 저해하는 요인으로 실험집단 구성원 자신이 실험대상임을 인지하고 평소와 다른 특별한 반응을 보일 경우가 있다.	2021 국가9	
11	크리밍효과(creaming effect)는 어떤 요인이 내적 타당성과 외적 타당성을 모두 저해할 수 있다는 것을 보여준다.	2011 지방7	
12	성숙효과는 실험 대상자들이 사전측정의 내용에 대해 친숙하게 되어 사후 측정값이 달라지는 것이다.	2019 국가7	
13	외적타당성은 집행된 정책내용과 발생한 정책효과 간의 관계에 대한 인과적 추론의 정확성 정도를 의미한다.	2023 국가9	
14	내적 타당성(internal validity)에 대한 논의는 우선 외적 타당성의 확보가 전제되어야 한다.	2025 지방9	
15	외적 타당성(external validity)은 추정된 인과관계를 다른 상황에서도 일반화시킬 수 있는가를 의미한다.	2025 지방9	
16	정책평가를 위하여 고찰된 통계적 · 실험적 방법들은 외적타당성을 제고하는 것을 제1차적 목적으로 한다.	2009 국가9	
17	내적타당성 위협요인 중 회귀효과란 극단적인 점수를 얻은 실험대상들이 시간이 흐름에 따라 보다 덜 극단적인 상태로 표류하게 되는 경향을 뜻한다.	2016 국가7	

| Section 04 | 인과관계에 대한 검토: 타당도와 신뢰도를 중심으로 |

구분	해설	회독	정답
1	통계적 결론의 타당성은 연구설계를 정밀하게 구성하여 평가과정에서 제1종 및 제2종 오류가 발생하지 않는 정도를 나타냄 ※ 구성타당도: 추상적인 개념을 정확하게 측정하는 것	☐☐☐	×
2	성숙요인은 시간의 흐름에 따라 표본의 특성이 변화하여 실험결과에 악영향을 주는 요인이며, 이는 내적타당성을 저해하는 내재적 요인에 해당함	☐☐☐	O
3	외적 타당성은 정책변수의 효과에 대한 결론을 일반화시킬 수 있는 범위를 의미함	☐☐☐	×
4	① 신뢰성은 타당성의 필요조건에 해당함 ② 신뢰성(측정의 일관성)이 확보된다고 해서 타당성(측정의 정확성)을 확보할 수 있는 건 아님; 즉, 일관되게 틀릴 수도 있다는 것	☐☐☐	×
5	외적타당성은 실험결과의 일반화 가능성(예 다른 지역에서도 해당 결론이 적용 가능한지 등)을 의미함	☐☐☐	O
6	검사요인은 실험 대상자들이 사전측정의 내용에 대해 친숙(유사실험의 반복)하게 되어 사후 측정값이 달라지는 현상임	☐☐☐	O
7	측정의 타당성을 확보하려면 신뢰성의 필요함	☐☐☐	O
8	연구자의 측정기준이나 측정도구가 변화되는 경우는 도구요인으로서 내적타당성 저해요인임	☐☐☐	×
9	크리밍효과에 대한 내용임	☐☐☐	O
10	호손효과에 대한 내용임	☐☐☐	O
11	크리밍효과는 효과가 크게 나타날 사람만 의도적으로 실험집단에 배정한 경우 나타나는 오류로서 외적인 타당성을 저해할 수 있는 요인임 → 단, 대표성이 부족한 표본을 실험집단에 배정한다는 점에서 크리밍효과를 내적 타당성을 저해할 수 있는 외재적 요인으로 보는 견해도 있음	☐☐☐	O
12	선지는 검사요인에 대한 내용임	☐☐☐	×
13	신지는 내적디당성에 대한 내용임 → 외적타당성은 일반화 가능성을 의미함	☐☐☐	×
14	내적타당도가 연구에서 우선적으로 확보해야 하는 타당도임	☐☐☐	×
15	외적타당도는 특정 상황시기 및 집단에서 얻은 연구결과의 일반화 가능성을 뜻함	☐☐☐	O
16	① 정책평가의 주된 관심은 정책 이외의 다른 요인들을 통제함으로써 정책의 순효과를 추정하는 것임 → 그러므로 정책평가를 위한 모든 통계적 실험적 방법들은 내적타당성을 제고하는 것을 제1차적 목적으로 함 ② 참고로 외적타당성은 어떤 특정한 상황에서 내적타당성을 확보한 정책평가(조사연구의 결론)가 다른 상황에서 어느 정도까지 일반화시킬 수 있는지의 정도를 나타냄	☐☐☐	×
17	회귀요인: 연구대상에 대한 측정과정에서 극단치가 나왔을 때 결국 평균값으로 회귀하는 현상	☐☐☐	O

Section 05 정책변동

구분	지문	시행	O · X
1	실질적인 정책내용이 변하더라도 정책목표가 변하지 않는다면 이를 정책유지라 한다.	2020 국가9	
2	정책목표를 달성하기 위한 전반적인 정책수단을 소멸시키고 이를 대체할 다른 정책을 마련하지 않는 것을 정책종결이라 한다.	2020 국가9	
3	무치아로니(Mucciaroni)의 이익집단 위상변동모형에서 이슈맥락은 환경적 요인과 같이 정책의 유지 혹은 변동에 영향을 미치는 정책요인을 말한다.	2020 국가9	
4	정책목표는 유지하면서 정책수단을 새로운 수단으로 대체하는 것은 정책승계이다.	2014 사복9	
5	과속차량 단속이라는 목표를 변경하지 않고 기존에 경찰관이 현장에서 직접 단속하는 수단을 무인 감시카메라 설치를 통한 단속으로 대체하는 것은 정책승계 중 선형적(linear) 승계에 해당한다.	2018 국가7	
6	정책승계란 동일한 정책문제와 관련되는 영역에서 기존 정책목표는 유지되지만, 이전의 프로그램과 조직이 새로운 것으로 대체되는 것을 의미한다. 세부적으로는 정책통합, 정책분할 등이 있다.	2025 국가9	
7	정책패러다임변동모형은 홀(Hall)에 의해 제시된 정책변동모형으로 정책목표, 정책수단, 정책환경의 세 가지 변수 중 정책의 목표와 정책수단에 급격한 변화가 발생하는 현상을 설명한 모델이다.	2016 지방9	
8	정책유지는 현재의 정책을 기본적으로 유지하면서 정책수단의 부분적인 변화만 이루어지는 경우를 말한다.	2018 국가7	
9	정책혁신은 기존의 조직이나 예산을 기반으로 새로운 형태의 개입을 결정하는 것이다.	2022 지방9	

Section 05	정책변동

구분	해설	회독	정답
1	정책유지는 정책의 목표가 변하지 않으면서 정책의 범위 등을 조정하는 것이지(완만한 변화), 실질적인 정책을 바꾸는 게 아님; 실질적인 정책을 바꾸는 것은 정책승계에 해당함	☐☐☐	×
2	**정책종결** : 정책목표를 달성하기 위한 전반적인 정책수단을 소멸(기존의 정책 소멸)시키고 이를 대체할 다른 정책을 마련하지 않는 것	☐☐☐	O
3	무치아로니(Mucciaroni)의 이익집단 위상변동모형에서 이슈맥락(사회에서 논쟁이 되고 있는 문제)은 제도적 맥락(의회 혹은 법원의 판결 등)과 더불어 정책의 유지 혹은 변동에 영향을 미치는 정책요인을 의미함	☐☐☐	O
4	정책승계는 정책목표는 유지하면서 정책의 기본적인 골자를 변화시키는 것임(실제 정책과정에서 가장 많이 나타나는 유형); 기존의 정책 → 새로운 정책	☐☐☐	O
5	**선형적 승계** : 정책목표를 변경시키지 않는 범위 내에서 정책내용을 완전히 새로운 것으로 바꾸는 것(대체) → 일반적인 정책승계의 개념으로 사용됨	☐☐☐	O
6	정책승계는 정책목표는 유지하면서 정책수단을 새로운 수단으로 대체하는 현상임	☐☐☐	O
7	정책패러다임변동 모형은 정책목표와 수단에 급격한 변화가 나타나는 현상을 설명한 모델임	☐☐☐	O
8	정책유지란 본래의 정책목표를 달성하기 위해 기본적인 골자는 유지하지만 실질적인 정책내용은 변하지 않는 현상임	☐☐☐	O
9	① 정책혁신은 기존에 없던 새로운 정책을 결정하는 현상임 → 정책혁신은 기존에 없던 정책을 새롭게 형성하는 것이므로 기존의 조직과 예산을 활용하지 않음 ② 예 사이버수사대 창설	☐☐☐	×

최욱진 행정학 천지문 OX ✧

CHAPTER **01** ≡ # 조직구조론

Section 01   조직구조의 변수

구분	지문	시행	O · X
1	조직의 구조적 특성에서 복잡성은 조직의 분화 정도를 의미하며, 단위 부서 간에 업무를 세분화하는 것을 수직적 분화라고 한다.	2015 지방7	
2	복잡성은 분화 정도를 말하며, 수평적 · 수직적 · 공간적 분화 등으로 세분화할 수 있다.	2014 국가7	
3	수평적 분화가 심할수록 전문성을 가진 부서 간 커뮤니케이션과 업무 협조가 용이하다.	2016 국가7	
4	공식화의 수준이 높을수록 조직구성원들의 재량이 증가한다.	2013 지방9	
5	표준운영절차는 업무 처리의 공평성을 확보하는 데 기여한다.	2018 지방9	
6	조직의 규모가 커짐에 따라 복잡성이 감소할 것이다.	2015 국회8	
7	조직의 규모가 커질수록, 분권화 정도가 높은 조직구조가 적합하다.	2016 교행9	
8	비일상적 기술의 경우 의사결정이 분권화되며 과제를 해결하기 위한 방법을 탐색하는 절차가 매우 복잡하다.	2009 서울9	
9	페로의 기술유형 중 과업의 다양성과 문제의 분석가능성이 모두 높은 경우에 해당하는 기술은 장인기술이다.	2019 국가7	
10	기술과 조직구조의 관계에 대한 페로의 설명 중 비정형화된 기술은 부하들에 대한 상사의 통솔범위를 넓힐 수밖에 없을 것이다.	2020 지방9	
11	톰슨의 이론에 따르면, 집합적 상호의존성의 경우 단위 부서들 사이의 과업은 관련성이 거의 없으며 각 부서는 조직의 공동목표에 독립적으로 공헌하게 된다.	2021 국회8	

※ 일반적으로 정답이 'x'인 선지에 대한 해설만 있음

Section 01   조직구조의 변수

구분	해설	회독	정답
1	조직의 구조적 특성에서 복잡성은 조직의 분화 정도를 의미하며, 단위 부서 간에 업무를 세분화하는 것을 수평적 분화라고 함	☐☐☐	×
2	복잡성은 분화의 정도이며, 업무의 수(수평적 분화), 계층의 수(수직적 분화), 사람과 시설이 분산된 정도(공간적 분화) 등으로 세분할 수 있음	☐☐☐	○
3	수평적 분화가 심할수록, 즉 부서의 수나 업무의 수가 증가할수록 업무를 수행하는 사람 간의 커뮤니케이션과 업무 협조가 어려워짐	☐☐☐	×
4	공식화(표준화의 정도)의 수준이 높을수록 조직구성원들의 재량은 감소함	☐☐☐	×
5	표준운영절차(SOP; Standard Operation Process)란 업무처리 과정을 표준화하는 것으로써 표준화가 이루어지면 업무처리의 예측가능성 혹은 객관성과 공정성을 확보할 수 있음	☐☐☐	○
6	조직의 규모가 커짐에 따라 복잡성은 증가함	☐☐☐	×
7	조직의 규모가 커질수록, 모든 일을 한 사람이 해결하기 힘든 까닭에 분권화 정도가 높은 조직구조가 적합함	☐☐☐	○
8	비일상적 기술은 유기적 구조에 적합하므로 의사결정이 분권화되며 과제를 해결하기 위한 방법(분석가능성)을 탐색하는 절차가 매우 복잡함	☐☐☐	○

9

▪ 페로우(C. Perrow)의 조직기술 분류와 조직구조

구분		분석의 가능성 : 대안탐색의 가능성	
		높음	낮음
과업의 다양성 : 예외의 수	다수	공학적인 기술 ① **다소 기계적 조직** : 다소 높은 공식화 · 집권화 ② 중간의 통솔범위	비일상적인(비정형화된) 기술 ① **유기적 조직** : 낮은 공식화 · 집권화 ② 좁은 통솔범위
	소수	일상적인(정형화된) 기술 ① **기계적 조직** : 높은 공식화 · 집권화 ② 넓은 통솔범위	장인(기예적) 기술 ① **다소 유기적 조직** : 다소 낮은 공식화 · 집권화 ② 중간의 통솔범위

(정답: ×)

구분	해설	회독	정답
10	비일상적인 기술은 유기적인 구조에 적합한 기술임; 만약 한 명의 상관이 많은 부하를 통솔해야 한다면 통제의 어려움으로 인해 빠르게 변화하는 환경변화에 적절하게 대응하기가 어려움; 따라서 조직이 불확실한 환경에 대응을 적절하게 하기 위해서는 한 명의 상관이 통제하는 부하의 수가 많은 것보다는 적은 것이 유리함	☐☐☐	×
11	집합적 상호의존성은 상호의존성이 가장 낮은 상태이므로 단위 부서들 사이의 과업은 관련성이 거의 없으며 각 부서는 조직의 공동목표에 독립적으로 공헌함	☐☐☐	○

| 12 | 톰슨의 기술유형에 따르면, 집약형 기술(intensive technology)은 연속적 상호의존성(sequential interdependence) − 정기적 회의, 수직적 의사전달의 특징을 지닌다. | 2021 지방7 | |
| 13 | 분권화는 행정기능의 중복과 혼란을 회피할 수 있고 분열을 억제할 수 있다. | 2023 국가7 | |

Section 02 조직구조 형성의 고전적 원리

구분	지문	시행	O · X
1	전문화(분업)의 원리는 업무를 종류와 성질별로 구분하여 구성원에게 가급적 한 가지의 주된 업무를 분담시켜 조직의 능률을 향상시키려는 것이나 업무수행에 대한 흥미 상실과 비인간화라는 역기능을 가지고 있다.	2009 지방9	
2	부성화의 원리는 한 조직 내에서 유사한 업무를 묶어 여러 개의 하위기구를 만들 때 활용되는 것으로 기능부서화, 사업부서화, 지역부서화, 혼합부서화 등의 방식이 있다.	2017 지방9	
3	통솔범위가 넓은 조직은 일반적으로 고층구조를 갖는다.	2017 국가7	
4	조직구성 원리에 대한 설명 중 명령통일의 원리는 여러 상관이 지시한 명령이 서로 다를 경우 내용이 통일될 때까지 명령을 따르지 않아야 한다는 것이다.	2020 지방9	
5	조직구성 원리 중 조정의 원리는 권한 배분의 구조를 통해 분화된 활동들을 통합해야 한다는 것이다.	2020 지방9	
6	민츠버그(Mintzberg)에 의하면 연락역할담당자는 상당한 공식적 권한을 부여받아 조직 내 부문 간 의사전달 문제를 처리한다.	2016 국가9	
7	엄격한 명령계통에 따라 상명하복의 관계유지를 위해서는 통솔범위를 넓게 설정한다.	2016 지방9	
8	업무조정을 위한 수직적 연결방법으로는 임시적으로 조직 내의 인적·물적 자원을 결합하는 프로젝트 팀(project team)의 설치 등이 있다.	2018 국가9	
9	부서편성의 원리는 조직편성의 기준을 제시하며, 그 기준은 목적, 성과, 자원 및 환경의 네 가지이다.	2016 국가7	

12	▌ **톰슨의 기술유형**						

▌ 톰슨의 기술유형

	상호의존성	의사전달의 빈도 (상호의존성 정도)	기술	예시	조정 형태		
12	집합적 상호의존성	낮음	중개형 기술	보험회사, 부동산 중개소, 은행 등	규칙, 표준화	☐☐☐	×
	연속적 상호의존성	중간	연속적 기술	대량생산 조립라인 등	정기적 회의, 수직적 의사전달, 계획		
	교호적 상호의존성	높음	집약형 기술	종합병원, 건축사업	부정기적 회의, 상호조정, 수평적 의 사전달, 예정표		
13	분권화되면 업무 조정이 곤란해지고 업무의 중복을 초래할 수 있음 → 선지는 집권화의 장점에 해당함					☐☐☐	×

DAY — **12**

Section 02 조직구조 형성의 고전적 원리

구분	해설	회독	정답
1	전문화(분업)의 원리는 한 명의 구성원에게 가급적 한 가지의 주된 업무를 분담시켜 조직의 능률을 향상시키려는 것임 → 이는 인간의 부품화 현상을 야기할 수 있음	☐☐☐	○
2	부성화의 원리는 특정한 기준에 따라 부서 단위로 유사한 업무로 묶는 것으로써 기능부서화, 사업부서화, 지역부서화, 혼합부서화(두 개의 부서화 기준을 혼합하는 방식) 등의 방식이 있음	☐☐☐	○
3	통솔범위가 넓은 조직은 일반적으로 저층구조를 가짐	☐☐☐	×
4	명령통일의 원리는 한 명의 상관에게 명령을 받고 보고를 해야 한다는 원리로서 귤릭과 어윅이 능률적인 행정을 위해 제시한 내용에 해당함	☐☐☐	×
5	조직구성 원리 중 조정의 원리는 조직력을 확보해서 분화된 활동들을 통합해야 한다는 것임	☐☐☐	○
6	민츠버그에 의하면 연락역할담당자는 비공식적인 권한을 지니지만, 전문성을 바탕으로 조직 내 부문 간 의사전달의 문제를 해결함	☐☐☐	×
7	**통솔범위의 원리**: 적절한 부하의 수	☐☐☐	×
8	프로젝트팀 혹은 테스크포스와 같은 임시조직은 조직 내 여러 부서에서 필요한 인원을 지원받아서 구성하기 때문에 조직관리에 있어서 수평적인 연결기제에 해당함	☐☐☐	×
9	① 부서편성의 원리란 목적, 과정, 업무대상, 장소 등 4가지 요소에 따라 부서의 업무를 분화시키는 것을 뜻함 ② 이에 따라 조직 단위를 구성하는 빙법에는 기능부서화, 사업부서화, 지역부서화, 혼합부서화 등의 방식이 있음	☐☐☐	×

CHAPTER 02 ≣ 조직유형론

Section 01 조직의 유형

구분	지문	시행	O·X
1	조직구조모형을 유기적인 성격이 약한 것에서부터 강한 것의 순서로 배열하면, 기능구조 < 사업구조 < 수평구조 < 매트릭스구조 < 네트워크 구조의 순으로 배열할 수 있다.	2012 국가7	
2	애드호크라시는 낮은 수준의 수평적 분화와 높은 수준의 수직적 분화가 특징이다.	2007 대전7	
3	사업구조는 기능구조에 비해 성과책임의 소재가 분명해 성과관리체제에 유리하다.	2010 서울9	
4	사업구조는 특정 산출물별로 운영되므로 고객만족도 제고 및 성과관리에 유리하다.	2017 행정사	
5	매트릭스 조직은 단일한 명령 및 보고체제를 갖고 있다.	2017 행정사	
6	매트릭스 조직은 불안정한 환경에 적절하게 대응하지 못한다.	2017 행정사	
7	매트릭스 조직은 명령계통의 다원화로 유연한 인적자원 활용이 어렵다.	2024 국가9	
8	매트릭스 조직은 조직 내부의 갈등 가능성이 커질 우려가 있다.	2024 국가9	
9	매트릭스 구조는 기능부서의 신속한 대응성과 사업부서의 전문성에 대한 필요에 의해 결합된 조직이다.	2012 지방7	
10	네트워크 조직은 외부기관과의 협력이 강화되기 때문에 대리인 문제의 발생가능성이 낮다.	2009 국가7	
11	네트워크 구조의 협력적 연계는 조직 간에서 뿐만 아니라 조직 내에서도 형성될 수 있다.	2025 행정사	
12	팀제는 수행하는 과업이 복잡한 경우보다 단순반복적인 경우에 도입하기가 적절하다.	2007 경북9	
13	팀제는 조직의 인력을 신축적으로 운영하고, 실무 차원에서 팀장 및 팀원의 권한을 향상시킨다.	2014 행정사	
14	팀제는 조직구성원들의 신속한 의사결정을 저해시킨다.	2014 행정사	
15	팀제는 역동적 환경변화에 유연하게 적응하고 신속한 문제해결이 가능하다.	2024 지방9	
16	수평(팀제)구조는 핵심업무 과정 중심의 구조화 방식으로 부서 사이의 경계를 제거하여 의사소통을 원활하게 한다.	2023 국가9	
17	민츠버그의 조직성장 경로모형에서 조직은 핵심 운영 부문, 전략 부문, 중간 라인 부문, 기술 구조 부문, 지원 스태프 부분으로 구성된다.	2019 서울7 추가	
18	민츠버그의 조직성장 경로모형에서 지원 스태프 부문은 기본적인 과업흐름 내에서 발생하는 조직의 문제에 대해 지원하는 모든 전문가로 구성되어 있다.	2019 서울7 추가	

정답과 해설

CHAPTER 02 조직유형론

※ 일반적으로 정답이 '×'인 선지에 대한 해설만 있음

Section 01 조직의 유형

구분	해설	회독	정답
1	조직구조모형을 유기적인 성격이 약한 것에서부터 강한 것의 순서로 배열하면, 기능구조 < 사업구조 < 매트릭스구조 < 수평구조 < 네트워크 구조의 순으로 배열할 수 있음 → 대기업이 매수했네유	☐☐☐	×
2	애드호크라시는 낮거나 높은 수준의 수평적 분화와 낮은 수준의 수직적 분화가 특징임	☐☐☐	×
3	사업구조는 특정 사업을 중심으로 조직을 편성하는바 기능구조에 비해 성과관리체제에 유리함	☐☐☐	○
4	사업구조는 특정 사업을 중심으로 운영되는 까닭에 고객만족도 제고 및 성과관리에 유리함	☐☐☐	○
5	매트릭스 조직은 이중의 명령 및 보고체제를 갖고 있음	☐☐☐	×
6	매트릭스 조직은 유기적인 구조이므로 불안정한 환경에 적절하게 대응할 수 있음	☐☐☐	×
7	매트릭스 조직은 인적자원활용의 유연성 및 효율성을 제고할 수 있음	☐☐☐	×
8	매트릭스 조직은 이원적 권한체계를 지니는 까닭에 조직 내부의 갈등가능성이 커질 우려가 있음	☐☐☐	○
9	매트릭스 구조는 기능부서의 기술적 전문성과 사업부서의 신속한 대응성에 대한 필요에 의해 결합된 조직임	☐☐☐	×
10	네트워크 조직은 외부기관과의 협력이 강화되기 때문에 대리인 문제의 발생가능성이 높음	☐☐☐	×
11	네트워크 구조의 협력적 연계는 민간위탁이나 책임운영기관처럼 운영될 수 있음	☐☐☐	○
12	팀제는 유기적인 구조이므로 수행하는 과업이 복잡할 때 도입하기가 적절함	☐☐☐	×
13	팀제는 유기적인 구조이므로 조직의 인력을 신축적으로 운영하고, 실무 차원에서 팀장 및 팀원의 권한을 향상시킴	☐☐☐	○
14	팀제는 분권적인 의사결정구조를 활용하여 일선 조직구성원들의 신속한 의사결정을 촉진할 수 있음	☐☐☐	×
15	팀제는 분권적인 의사결정구조를 활용하여 일선 조직구성원들의 신속한 문제해결을 도모함	☐☐☐	○
16	수평구조는 팀별 핵심업무를 연결한 조직이며, 유기적 구조에 해당함	☐☐☐	○
17	선지는 각 조직을 주도하는 핵심인력의 유형을 나열하고 있음	☐☐☐	○
18	애드호크라시는 높은 불확실성에서 적합한 조직구조이므로 지원 스태프 부문은 기본적인 과업흐름 외에서 발생하는 모든 조직의 문제에 대해 지원하는 모든 전문가로 구성되어 있음	☐☐☐	×

19	Blau & Scott은 조직유형을 호혜적 조직, 기업조직, 봉사조직, 공익조직으로 구분하였다.	2010 지방7	
20	콕스(Cox, Jr)는 조직유형을 강제적 조직, 공리적 조직, 규범적 조직으로 구분하였다.	2010 지방7	
21	보좌기관이 보조기관보다는 더 현실적이고 보수적인 속성을 가질 가능성이 높다.	2014 지방7	
22	계선기관은 권한과 책임의 한계가 명확하여 그 결과에 직접적인 책임이 수반된다.	2012 경정승진	
23	위원회는 독단적인 결정이 방지되어 창의적 행정과 민주화에 기여할 수 있다.	2004 국회8	
24	매트릭스 조직은 기능 중심의 수직적 계층구조에 수평적 조직구조를 결합한 조직으로 명령통일의 원리에 부합한다.	2020 지방7	
25	매트릭스 조직은 기능(functional) 구조와 사업(project) 구조의 통합을 시도한다.	2020 지방9	
26	사회적 목표는 에치오니(A. Etzioni)의 조직목표 유형 중 하나이다.	2020 군무원9	
27	매트릭스 조직은 조직구성원 간 원만한 인간관계 형성에 기여한다.	2020 군무원9	
28	파슨스(T. Parsons)의 조직유형 중 조직체제의 목표달성기능과 관련된 유형은 정치조직이다.	2020 군무원9	
29	매트릭스 구조의 장점으로 신속한 의사결정이 있다.	2021 경찰간부	
30	민츠버그 조직구조의 중간부문(middle line)은 업무의 표준화를 추구한다.	2021 경찰간부	
31	가상조직은 영구적이라기보다는 잠정적이고 임시적 조직으로 볼 수 있다.	2021 군무원9	
32	매트릭스 조직에서 기능부서 통제 권한의 계층은 수평적으로 흐르고, 사업부서 간 조정 권한의 계층은 수직적으로 흐르게 된다.	2022 군무원7	
33	매트릭스 조직은 구성원 간의 역할갈등, 역할모호성, 과업조정의 어려움 등을 야기할 우려가 있다.	2022 군무원7	
34	기능구조는 부서 간의 조정과 협력이 요구되는 환경변화에 민감하다.	2020 국회9	
35	민츠버그 조직구조의 핵심운영부문(operating core)은 조직을 가장 포괄적인 관점에서 관리한다.	2020 국회9	

19	Blau & Scott은 조직의 수혜자를 중심으로 호혜적 조직, 기업조직, 봉사조직, 공익조직으로 조직유형을 구분하였음	☐☐☐	O
20	에치오니(Etzioni)는 권한 및 복종의 형태를 기준으로 조직유형을 강제적 조직, 공리적 조직, 규범적 조직으로 구분함 ※ 콕스는 조직 내에 존재하는 문화의 수를 기준으로 획일적 조직, 다원적 조직, 다문화적 조직으로 조직유형을 구분함	☐☐☐	X
21	보조기관이 보좌기관보다는 더 현실적이고 보수적인 속성을 가질 가능성이 높음	☐☐☐	X
22	계선기관은 보조기관을 의미하므로 보좌기관에 비해 권한과 책임의 한계가 명확함	☐☐☐	O
23	위원회는 합의제 기관이므로 독단적인 결정이 방지되어 창의적 행정과 민주화에 기여할 수 있음	☐☐☐	O
24	매트릭스 조직은 기능 중심의 수직적 계층구조(기능구조)에 수평적 조직구조(사업구조)를 결합한 조직임; 이는 구성원에 대한 이원적 권한체계를 지닌 조직이므로 명령통일의 원칙에 위배됨	☐☐☐	X
25	매트릭스 조직은 기능(functional) 구조와 사업(project) 구조를 절충했기 때문에 이원적 권한체계를 지님	☐☐☐	O

26	에치오니의 조직목표 유형 중에서 사회적 목표를 지향하는 조직은 없음; 에치오니는 권한 및 복종의 형태를 중심으로 조직유형을 구분했는데, 각 조직이 추구하는 목표는 아래와 같음	☐☐☐	X

■ 에치오니 조직유형

권한 및 복종의 형태	조직의 유형 및 예시	추구하는 목표
• 권한: 강제적 권한 • 복종: 굴복적인 복종	• 조직의 유형: 강압적 조직 • 예 교도소	질서유지 목표
• 권한: 공리적(보수적) 권한 • 복종: 타산적 복종	• 조직의 유형: 공리적 조직 • 예 대부분의 사기업	경제적 목표
• 권한: 규범적 권한 • 복종: 도덕적 복종	• 조직의 유형: 규범적 조직 • 예 종교단체	문화적 목표

27	매트릭스 조직은 기능부서와 사업구조의 화학적 결합을 시도한 조직유형으로서 이원적 권한체계를 지니는바 기능부서의 장과 사업부서의 장 간에 조직의 성과를 저해하는 권력투쟁이 발생할 수 있음; 이에 따라 조직구성원 간(기능구조의 장과 사업구조의 장) 원만한 인간관계 형성을 저해할 수 있음	☐☐☐	X
28	파슨스는 조직의 기능에 따라 조직유형을 분류했으며, 목표달성 기능을 수행하는 조직은 정치조직(의회 및 행성무 등)임	☐☐☐	O
29	매트릭스 구조는 이원적 권한체계로 인해 신속한 의사결정이 어려움	☐☐☐	X
30	기술구조부문(technostructure)은 업무의 표준화를 추구함 ※ 중간부문은 산출물의 표준화를 추구함	☐☐☐	X
31	가상조직은 네트워크 조직이므로 임시조직의 유형에 해당함	☐☐☐	O
32	기능부서는 기계적 구조이므로 통제 권한의 계층은 수직적임; 또한, 사업부서는 상호 독립적이므로 사업부서 간 조정 권한의 계층은 수평적임	☐☐☐	X
33	매트릭스 조직은 이원적 권한체계임; 따라서 구성원 간의 역할갈등, 역할모호성, 과업조정의 어려움 등이 발생할 우려가 있음	☐☐☐	O
34	기능구조는 지나치게 조직을 세분화하는 까닭에 부서 간의 조정과 협력이 요구되는 환경변화에 둔감하다는 단점이 있음	☐☐☐	X
35	전략부분(strategic apex)은 최고관리층을 의미하는 바 조직을 가장 포괄적인 관점에서 관리함	☐☐☐	X

36	단순구조는 데프트(Daft)가 제시한 조직구조 유형에 해당한다.	2019 사복9	
37	사업(부)구조는 조직의 산출물에 기반을 둔 구조화 방식으로 사업(부) 간 기능 조정이 용이하다.	2023 국가9	
38	매트릭스 구조는 수직적 기능구조에 수평적 사업구조를 결합시켜 조직운영상의 신축성을 확보한다.	2023 국가9	
39	홀라크래시는 민츠버그가 분류한 조직유형 중 하나이다.	2023 지방9	
40	매트릭스 조직은 기능적 조직의 역할과 프로젝트팀의 구조적 역할을 동시에 수행하는 이중구조의 성격을 갖는다.	2025 지방9	
41	블라우(Blau)와 스콧(Scott)의 조직유형 중 호혜적 조직(mutual-benefit associations)은 고객이 주요 수익자가 되는 조직이다.	2025 국가9	

36	단순구조는 민츠버그가 제시한 조직유형 중 하나임	☐☐☐	×
37	조직 내 각 사업구조는 독립적인 조직이므로 사업구조 간 기능 조정은 필요 없음	☐☐☐	×
38	매트릭스 구조는 기능구조와 사업구조를 결합한 조직이며, 유기적 구조에 해당함	☐☐☐	O
39	단순구조, 기계적 관료제, 전문적 관료제, 사업구조, 애드호크라시는 민츠버그가 분류한 조직유형임 → 홀라크래시×	☐☐☐	×
40	매트릭스 조직은 조직활동을 기능 부문으로 전문화하는 동시에 전문화된 부문들을 프로젝트로 통합하기 위한 장치임	☐☐☐	O

※ 블로우 & 스콧의 조직유형

41	조직유형	예시	수혜자	중점	☐☐☐	×
	호혜조직	종교단체, 정당, 근로조합 등	구성원	구성원의 참여와 통제를 위한 민주적 절차 수립 → 이를 위해 과두제 현상이 나타나지 않게 해야 함		
	기업조직 (사업조직)	기업체, 제조회사, 은행, 보험회사 등	소유주	능률의 극대화		
	봉사조직 (서비스조직)	병원, 학교, 법률상담소, 사회사업기관 등	고객	고객에 대한 봉사와 절차 사이의 갈등해결		
	공익조직	정부기관, 군대·소방·경찰조직 등	일반 국민	국민의 외부통제를 위한 민주적 장치		

CHAPTER **03** ≡ **조직관리기법**

Section 01	조직관리기법: 관료제에 대한 보정

구분	지문	시행	O · X
1	목표관리제는 업무환경이 가변적이고 불확실성이 큰 환경에서 성공하기 쉽다.	2010 지방9	
2	목표관리제(MBO)는 가시적·단기적 목표보다 거시적·장기적 목표에 대한 조직구성원들의 관심을 유도하는 데 도움을 준다.	2004 행시	
3	하버드 대학교의 Kaplan & Norton 교수는 그동안의 성과평가가 재무적 관점에만 치우쳐져 있다는 점을 지적하면서, 여기에 비재무적 관점을 포함할 것을 주장하였다.	2017 경찰간부	
4	조직발전(Organization Development)은 행태과학의 지식과 기술을 응용한다.	2016 국가7	
5	조직발전은 조직구성원의 행태 변화를 통하여 조직의 생산성과 환경에의 적응 능력을 향상시키는 것을 목표로 한다.	2008 국가7	
6	총체적 품질관리(TQM)는 고객의 요구를 존중하고 팀워크 중심의 조직관리이다.	2010 국회9	
7	일반적으로 TQM이 팀 단위의 활동을 바탕으로 한다면, MBO는 개별 구성원의 활동을 바탕으로 한다.	2017 서울9	
8	총체적 품질관리는 고객의 요구를 존중하고, 무결점을 향한 지속적 개선을 중시한다.	2020 국가9	
9	균형성과표(BSC)는 재무적 정보 외에 고객, 내부절차, 학습과 성장 등 조직 운영에 필요한 관점을 추가한 것이다.	2021 지방직9	
10	BSC는 상향식 접근방법에 기초해 공무원의 개인별 실적평가를 중시한다.	2018 지방7	
11	전통적 관리체제는 낮은 성과의 원인을 관리자의 책임으로 간주하는 데 비해 TQM은 낮은 성과를 근로자 개인의 책임으로 간주한다.	2018 서울9	
12	SWOT분석 중 WO전략은 '방향전환' 전략이다.	2022 군무원7	
13	SWOT분석은 정치 및 경제 등이 불안정한 환경 속에서 유용성이 높다.	2022 군무원9	
14	리엔지니어링(BPR)은 조직의 점진적 변화가 필요할 때 사용되며, 조직문화는 개혁의 대상이 아니다.	2017 지방7	
15	TQM의 관심은 내향적이어서 고객의 필요에 따라 목표를 설정하는 것을 강조한다.	2014 지방7	
16	TQM은 단기적 전략과 교정적·사후적 통제에 치중한다.	2016 사복9	

정답과 해설

※ 일반적으로 정답이 '×'인 선지에 대한 해설만 있음

Section 01	조직관리기법: 관료제에 대한 보정

구분	해설	회독	정답
1	목표관리제는 구체적인 목표를 설정한 후 이를 달성하고자 하므로 업무환경이 가변적이고 불확실성이 큰 환경에서는 성공하기 어려움	☐☐☐	×
2	목표관리제(MBO)는 거시적·장기적 목표(추상적인 목표)보다 가시적·단기적 목표(측정가능하고 단기적인 목표)에 대한 조직구성원들의 관심을 유도하는 데 도움을 줌	☐☐☐	×
3	하버드 대학교의 Kaplan & Norton 교수는 그동안의 성과평가가 재무적 관점에만 치우쳐져 있다는 점을 지적하면서, 비재무적 관점을 조직관리에 포함시킨 BSC를 제안하였음	☐☐☐	O
4	조직발전(Organization Development)은 구성원의 행동변화를 유도하기 위해 행태과학의 지식과 기술을 활용함	☐☐☐	O
5	조직발전은 환경적응 등을 위해 조직구성원의 행태 변화를 유도함 → 조직문화의 변화 포함	☐☐☐	O
6	총체적 품질관리(TQM)는 고객주의를 추구하며, 품질제고를 위해 모든 구성원의 참여를 강조(팀워크 중심)하는 조직관리 기법임	☐☐☐	O
7	MBO는 개인의 능동적인 목표설정을 중시하므로 TQM에 비해 개별 구성원의 활동을 강조함	☐☐☐	O
8	총체적 품질관리는 고객주의를 지향하는바 고객의 요구를 존중하고, 서비스 품질개선을 위해 무결점을 향한 지속적 개선을 강조함	☐☐☐	O
9	균형성과표(BSC)는 균형있는 성과관리를 위해 재무적 정보 외에 고객, 내부절차, 학습과 성장 등 비재무적 관점을 조직 운영에 추가한 것임	☐☐☐	O
10	선지는 MBO에 대한 내용임 → BSC는 재무적 관점, 고객 관점, 프로세스 관점, 학습과 성장 관점 등을 균형있게 평가하는 조직관리기법으로써 기관의 임무, 비전 및 전략 목표를 토대로 성과목표를 설정하는 하향적 성과관리 방식임	☐☐☐	×
11	전통적 관리에서는 낮은 성과의 원인을 관리자의 책임으로 간주하는 데 비해 TQM은 집단적 노력(모든 구성원이 서비스의 품질제고에 참여)을 강조하므로 낮은 성과를 조직의 언대적 책임으로 간주함	☐☐☐	×
12	■ SWOT 분석	☐☐☐	O

SWOT 분석 (구분 12)

구분		환경	
		위협	기회
역량	약점	WT전략(방어적 전략): 사업축소·폐지	WO전략(방향전환 전략): 군무원 시험
	강점	ST전략(다양화 전략): 주력 사업 투자	SO전략(공격적 전략): 공무원 시험

구분	해설	회독	정답
13	전략기획과 전략적 관리(SWOT 분석)는 같은 개념임 → 전략적 관리의 목적은 조직과 그 조직이 처한 환경 사이에 가장 적합한 상태를 형성하는 것인데, 조직을 둘러싼 환경이 동태적이면 기회 및 위협을 파악하기 곤란하므로 전략기획의 유용성이 떨어짐	☐☐☐	×
14	BPR은 조직성과의 점증적인 개선이 아니라 이전과 비교하여 단절적이라 할 정도의 과감한 변화를 목표로 함 → 이에 따라 업무, 조직, 조직문화까지 개혁의 대상으로 함	☐☐☐	×
15	TQM은 고객만족을 중시하는바 개방체제적인 관점을 취함 → 따라서 TQM의 관심은 외향적임	☐☐☐	×
16	TQM은 장기적 전략과 사전적 통제에 치중함 → 절차 중심 관리	☐☐☐	×

CHAPTER 04 ≣ 조직구조 안정화 메커니즘

Section 01 조직문화

구분	지문	시행	O · X
1	조직문화는 구성원의 사고와 행동에 유연성 및 창의성을 촉진한다.	2004 충남9	
2	조직문화는 구성원들로 하여금 조직철학과 가치에 대한 합의를 도모한다.	2004 충남9	
3	시민들의 가치관과 태도의 다양화에도 불구하고 행정기관들은 아직도 행정조직 고유의 가치관과 행동양식을 강조하고 있다고 볼 수 있다.	2013 서울9	
4	새폴드의 조직문화 접근 중 상황론적 접근방법은 구성원들이 가치를 강하게 공유하고 있는 조직의 효과성이 높다고 전제한다.	2004 서울7	
5	홉스테드 문화 차원에서 집단주의가 강한 문화는 개인주의가 강한 문화보다 상대적으로 느슨한 개인 간 관계를 더 중요시한다.	2021 국가7	
6	장기성향과 단기성향은 호프스테드가 제시한 문화변수이다.	2022 군무원7	
7	홉스테드는 '권력거리'의 크기가 큰 문화에서는 평등한 관계를 중시하기 때문에 조직 내 의사소통이 활발하고 분권화된 경우가 많다고 본다.	2023 지방7	

Section 02 리더십

구분	지문	시행	O · X
1	상황론적 리더십연구에 기초한 이론의 예로 피들러(Fiedler)의 상황적합적 리더십이론, 하우스(House)의 경로-목표모형 등을 들 수 있다.	2015 서울9	
2	커와 저미어(Kerr & Jermier)가 주장한 리더십 대체물 접근법에서 구조화되고, 일상적이며, 애매하지 않은 과업은 리더십의 중화물이다.	2014 지방7	
3	허시(Hersey)와 블랜차드(Blanchard)의 3차원 리더십 이론에 의하면 참여형, 지원형, 지시형, 성취형 네 가지가 있다.	2004 선관위9	
4	카리스마적 리더십, 영감적 리더십, 개별적 배려, 합리적 과정은 베스(Bass) 등이 제시한 변혁적 리더십의 주된 요소이다.	2010 국가9	
5	리더십의 유형 중 변혁적(transformational) 리더십의 특성에는 영감적 동기부여, 자유방임, 지적 자극, 개별적 배려 등이 있다.	2020 국가7	

📋 정답과 해설

※ 일반적으로 정답이 '×'인 선지에 대한 해설만 있음

Section 01 조직문화

구분	해설	회독	정답
1	조직문화는 구성원을 통합하는 특징이 있기 때문에 구성원의 사고와 행동에 유연성 및 창의성을 저해할 수 있음	☐☐☐	×
2	조직문화는 오랜 기간 구성원들이 공유하는 행동양식임 → 따라서 조직문화는 구성원들로 하여금 조직철학과 가치에 대한 합의를 도모할 수 있음	☐☐☐	O
3	시민들의 가치관과 태도의 다양화에도 불구하고 행정기관들은 조직 내 문화를 바탕으로 행정조직 고유의 가치관과 행동양식을 강조하고 있다고 볼 수 있음	☐☐☐	O
4	구성원들이 가치를 강하게 공유하고 있는 조직의 효과성이 높다고 전제하는 것은 새폴드의 조직문화 접근법 중 문화강도적 접근에 해당함 ※ 상황론적 접근은 조직의 문화적 특성과 상황요인 간의 적합성에 따라 조직의 효과성이 달라진다는 접근임	☐☐☐	×
5	집단주의가 강한 문화는 개인주의가 강한 문화보다 상대적으로 긴밀하고 협력적인 개인 간 관계를 더 중시함	☐☐☐	×
6	호프스테드는 불확실성에 대한 회피성을 문화변수로 제시함 ※ 불확실성의 회피가 강한 사회(장기성향): 초조, 불안 등이 뚜렷하게 나타나며 이에 따라 각종 법적, 규범적 제도장치를 통해 위험성을 줄이고 안정을 가하기 위해 온갖 노력을 기울이는 현상이 발생함	☐☐☐	O
7	선지는 권력간격이 작은 문화에 대한 내용임	☐☐☐	×

Section 02 리더십

구분	해설	회독	정답
1	피들러와 하우스 및 에반스는 상황론적 리더십을 주장한 대표적인 학자임	☐☐☐	O
2	커와 저미어(Kerr & Jermier)가 주장한 리더십 대체물 접근법에서 구조화되고, 일상적이며, 애매하지 않은 과업은 리더십의 대체물임; 조직이 제공하는 보상에 대한 무관심이 중화물에 해당함	☐☐☐	×
3	허시(Hersey)와 블랜차드(Blanchard)의 3차원 리더십 이론에 의하면 지시형, 설득형, 참여형, 위임형 네 가지가 있음; 한편, 참여형, 지원형, 지시형, 성취형으로 리더십을 구분한 학자는 하우스와 에반스임	☐☐☐	×
4	카리스마적 리더십, 영감적 리더십, 개별적 배려, 지적 자극은 베스(Bass) 등이 제시한 변혁적 리더십의 주된 요소임; 합리적 과정은 거래적 리더십의 특징에 해당함	☐☐☐	×
5	자유방임은 변혁적 리더십의 특징이 아님 → 변혁적(transformational) 리더십의 특성에는 영감적 동기부여(비전제시 및 공유), 카리스마적 리더십, 지적 자극(촉매적 리더십), 개별적 배려 등이 있음	☐☐☐	×

DAY — 13

6	피들러(Fiedler)의 상황론이 제시하는 상황변수에는 리더와 부하와의 관계, 리더의 공식적 권한, 과업 구조의 특성이 있다.	2021 경찰간부	
7	블레이크와 모튼(Blake and Mouton)의 관리망(managerial grid)연구에서는 과업형이 가장 효과적인 리더십 행태로 나타났다.	2021 경찰간부	
8	민주형 리더십은 권위와 최종책임을 위임하며 부하가 의사결정에 참여하도록 하는 쌍방향 의사전달의 특징을 지닌다.	2021 군무원9	
9	변혁적 리더십은 적응보다 조직의 안정을 강조한다.	2021 지방직9	
10	변혁적 리더십에서 리더는 부하의 직무수행에 필요한 자원을 정확히 파악하여 지원하고, 제시된 과업 목표를 부하가 달성한 정도를 평가해서 연봉보너스 승진에 반영하고, 저성과자에 대해 예외관리를 한다.	2021 경정승진	
11	그린리프에 따르면 서번트 리더십은 존중, 봉사, 정의, 정직, 공동체 윤리를 특징으로 한다.	2022 지방9	
12	블레이크(Blake)와 모턴(Mouton)은 사람중심과 생산중심의 2가지 행태 모두 중간 수준인 유형을 가장 성공적인 리더로 본다.	2022 소방간부	
13	화이트(White)와 리피트(Lippitt)는 권위형, 민주형, 자유방임형으로 리더유형을 구분하였다.	2022 소방간부	
14	리더십 대체물 접근법에서 조직이 제공하는 보상에 대한 무관심은 리더십의 중화물이다.	2014 지방7	
15	변혁적 리더십(transformational leadership)에서 리더는 성과계약과 같이 교환과 거래에 기반한 관리방식을 활용한다.	2015 지방7	
16	변혁적 리더십은 상황적 보상과 예외관리를 특징으로 한다.	2023 지방9	
17	오하이오 주립대 리더십 연구자들은 리더의 행동을 구조주도(initiating structure)와 배려로 설명하며 가장 훌륭한 리더유형을 중간 수준의 구조주도와 배려를 갖춘 균형잡힌 리더형태로 보았다.	2023 국가7	
18	블레이크와 머튼은 생산에 대한 관심과 사람에 대한 관심이 모두 높은 단합형 리더십 유형을 최선의 관리방식으로 제안하였다.	2023 국가7	
19	하우스(House)의 경로–목표모형에서 부하들의 욕구를 배려하고 그들의 복지에 관심을 가지며 구성원들의 인간관계를 강조하는 리더십은 지시적 리더십이다.	2025 지방9	
20	하우스(House)가 제시한 경로–목표이론의 바탕이 된 동기부여 이론은 기대이론이다.	2025 지방7	

6	피들러(Fiedler)는 리더와 부하와의 관계(부하의 충성도), 리더의 공식적 권한(리더가 보유한 권한), 과업구조(과업구조의 체계)를 상황변수로 제시함	☐☐☐	O
7	블레이크와 모튼(Blake and Mouton)의 관리망(managerial grid) 연구에서는 단합형(team)이 가장 이상적인 리더십 행태로 나타났음	☐☐☐	×
8	민주형 리더십은 부하가 의사결정에 참여하도록 하는 쌍방향 의사전달의 특징을 지님; 다만 모든 권위와 최종책임을 위임하지는 않음	☐☐☐	×
9	선지는 거래적 리더십에 대한 내용임	☐☐☐	×
10	목표의 달성여부를 기준으로 예외에 의한 관리(목표기준 미달성시 보상지급×)를 추구하는 것은 거래적 리더십임	☐☐☐	×
11	**서번트 리더십**: 미국의 학자 로버트 그린리프(Greenleaf)가 1970년대 처음 주장하고 스피어스(Spears)가 특징을 상술함	☐☐☐	O
12	블레이크(Blake)와 모턴(Mouton)은 사람중심과 생산중심의 2가지 행태가 모두 높은 단합형을 가장 성공적인 리더로 간주함	☐☐☐	×
13	르윈, 리피트, 화이트는 권위형, 민주형, 자유방임형으로 리더유형을 구분하였음 → 아이오와 대학 연구	☐☐☐	O
14	리더십 대체물 접근법에서 조직이 제공하는 보상에 대한 무관심은 리더십의 행동을 약화시키는 중화물에 해당함	☐☐☐	O
15	선지는 거래적 리더십에 대한 내용임	☐☐☐	×
16	선지는 거래적 리더십에 대한 내용임	☐☐☐	×
17	오하이오 주립대 리더십 연구자들은 리더의 행동을 구조주도(initiating structure)와 배려로 설명하며 가장 훌륭한 리더유형을 높은 수준의 구조주도와 배려를 갖춘 균형잡힌 리더형태로 보았음	☐☐☐	×
18	블레이크와 머튼은 생산에 대한 관심과 사람에 대한 관심이 모두 높은 단합형 리더십 유형을 가장 이상적인 리더로 규정함	☐☐☐	O
19	선지는 지원적(후원적)리더십에 대한 내용임 → 지시적 리더십은 리더가 원하는 바를 부하에게 알려준 뒤, 부하가 수행할 작업의 일정을 계획하고 과업 수행 방법을 지도함	☐☐☐	×
20	경로목표이론은 1970년대에 하우스와 에반스가 브룸의 기대이론에 접목시켜 개발함 → 리더는 부하가 기대하는 보상(목표)을 받을 수 있게 만드는 행동(경로·통로)이 무엇인지 명확하게 규정함으로써 부하의 성과를 높일 수 있다는 주장	☐☐☐	O

Section 03 　조직 내 권력, 갈등 관리, 의사소통(의사전달)

구분	지문	시행	O·X
1	프렌치와 레이븐(French & Raven)이 주장하는 권력의 원천 중 강압적 권력은 카리스마 개념과 유사하며 인간의 공포에 기반한다.	2020 국가9	
2	조직 내 갈등을 진행단계별로 분류할 때 지각된 갈등은 갈등이 야기될 수 있는 상황 또는 조건을 의미한다.	2020 국가9	
3	공공정책갈등에서 특징부여 프레임은 갈등이슈와 관련된 위험 수준과 유형에 대한 당사자의 평가를 의미한다.	2020 군무원7	
4	프렌치와 레이븐(French & Raven)이 주장하는 권력의 원천 중 합법적 권력은 권한과 유사하며 상사가 보유한 직위에 기반한다.	2020 국가9	
5	조직에서 과업의 상호의존성이 높은 경우 잠재적 갈등이 야기될 수 있다.	2020 국가9	
6	공식적 의사전달은 의사소통이 객관적이고 책임소재가 명확하다는 장점이 있다.	2016 지방9	
7	행태주의 관점의 갈등관리 이론에서는 갈등이 조직발전의 원동력이 된다고 주장하였다.	2015 사복9	
8	토마스의 갈등관리 유형에 따르면, 타협(compromising)은 갈등당사자 간 서로 존중하고 자신과 상대방 모두의 이익을 극대화하려는 유형으로 'win-win' 전략을 취한다.	2024 국가9	
9	상징(symbol), 강제력(coercion), 전문성(expertness), 준거(reference) 등은 프렌치(J. French)와 라벤(B. Raven)가 제시한 권력유형에 해당한다.	2018 국가9	
10	Thomas의 갈등해소 전략 중 타협형 갈등관리는 갈등 당사자 간의 관계를 좋은 상태로 유지하면서 상호 간의 이익을 추구하는 상생(win-win) 전략이다.	2017 경찰간부	
11	의사전달 장애요인 중 환류의 차단은 의사전달의 정확성을 제고할지 모르나 신속성이 우선되는 상황에서는 장애가 될 수 있다.	2010 국가7	

Section 03	조직 내 권력, 갈등 관리, 의사소통(의사전달)

구분	해설	회독	정답
1	강압적 권력은 인간의 공포에 기반하여 상대방의 순응을 확보하는 권력의 유형이지, 비범한 능력을 바탕으로 순응을 만들어내는 카리스마와 다른 개념임 → 카리스마 개념과 유사한 것은 준거적 권력임	☐☐☐	X
2	진행단계별로 분류할 때 지각된 갈등(perceived conflict)은 갈등이 야기될 수 있는 상황 또는 조건을 여러 사람이 인지하는 것을 의미함 → 즉, A가 자신과 B 사이에 심각한 의견 차이가 존재한다는 것을 인식하는 것에 해당함	☐☐☐	X
3	선지는 위험프레임에 대한 내용임 ※ 특징부여 프레임: 갈등 상대방이 속한 집단과 구성원을 어떻게 정의(규정)하는가(Who are they?)의 문제 → 상대방에 대한 자신들의 행동을 정당화하고 자신들의 정체성을 강화하는데 사용	☐☐☐	X
4	합법적 권력은 조직 내 직위권력, 즉 권한과 유사함	☐☐☐	O
5	조직에서 과업의 상호의존성이 높은 경우, 즉 일을 수행하기 위한 협력을 많이 요구하는 경우 잠재적 갈등이 야기될 수 있음	☐☐☐	O
6	공식적 의사전달은 공문서에 의한 전달이므로 의사소통이 객관적이고 책임소재가 명확하다는 장점이 있음	☐☐☐	O
7	로빈스(Robbins)는 갈등관리를 전통적, 행태주의적, 상호작용론적 관점으로 구분하여 접근했음; 이 중에서 행태론적 견해는 갈등을 인정하고 수용하면서 조직의 생산성 제고 방안을 강구하는 입장임	☐☐☐	X
8	선지는 협동에 대한 내용임 → 협동은 모두가 이익이 되는 방향으로 갈등을 관리함	☐☐☐	X

■ 프렌치(J. French)와 라벤(B. Raven)의 권력유형

권력의 유형	내용
합법적 권력	① 권한과 유사한 의미 → 상사가 보유한 권한에 기초한 권력으로써 일반적으로 직위가 가진 권한이 많을수록 합법적인 권력이 커짐 ② 일반적으로 합법적 권력의 합법성 한계는 직위의 공식적인 속성과 비공식적인 규범 및 전통에 의해 결정됨
보상적 권력	타자에게 보상을 제공할 수 있는 능력에 기초한 권력; 승진, 급여 등
강압적 권력	① 다른 사람을 처벌할 수 있는 능력을 가지거나, 육체적 또는 심리적으로 다른 사람에게 위해를 가할 수 있는 권력 ② 사회에서 발생하는 '왕따 현상'은 대개 강압적 권력에 기초함
준거적 권력	① 자신보다 뛰어나다고 생각하는 사람을 닮고자 할 때 발생하는 권력 ② 공식적인 지위와 관련이 없을 수 있으며, 카리스마와 유사한 개념임
전문적 권력	① 다른 사람이 필요로 하는 전문적인 기술이나 지식에 기초한 권력 ② 지식이 부족한 무능한 상관도 있는바 조직의 공식적 지위와 일치하지 않을 수 있음

(구분 9, 회독 ☐☐☐, 정답 X)

구분	해설	회독	정답
10	타협형 갈등관리는 양보와 획득을 통하여 자신과 상대방 이익의 중간 정도를 만족시키려는 전략(절충)임 → 한편, 당사자 모두의 만족을 극대화하려는 전략(win-win전략)은 협동전략임	☐☐☐	X
11	환류(수신자가 발신자가 보낸 정보에 응답하는 것)의 차단은 의사전달의 정확성을 손상시키지만, 신속성은 제고할 수 있음	☐☐☐	X

DAY — 14

Section 04 조직시민행동

구분	지문	시행	O · X
1	이타적 행동(altruism)은 윌리엄스와 앤더슨(Williams & Anderson)에 의해 주장되는 조직에 대한 조직시민행동(OCB-O)이다.	2020 군무원7	
2	조직시민행동 모델에 의하면 구성원들의 역할모호성 지각은 조직시민행동에 긍정적 영향을 미친다.	2016 국가9	
3	조직시민행동은 공식적인 보상시스템에 의하여 직접적으로 또는 명시적으로 인식되지 않는 직무역할 외 행동이다.	2016 국가9	
4	조직시민행동 중 양심성(conscientiousness)은 타인과의 관계에서 문제나 갈등을 사전에 예방하는 행동이다.	2024 인사조직7	
5	조직시민행동 중 스포츠맨십(sportsmanship)은 불평불만을 하거나 사소한 문제에 대해 번거로운 고충처리를 하지 않는 것을 말한다.	2021 인사조직7	

Section 04 　조직시민행동

구분	해설	회독	정답
1	이타적 행동은 개인적 차원의 조직시민행동(OCB-I)임	☐☐☐	×
2	조직시민행동은 누가 시키지 않아도 자발적으로 일하는 구성원의 헌신적인 행동으로서 직무역할 외 행동을 뜻함 → 즉, 조직 내에서 본인이 맡은 직무역할이 명료한 상태에서 그 외적인 행동을 하는 것임	☐☐☐	×
3	조직시민행동은 조직에서 본인이 맡은 직무 외 행동을 뜻함	☐☐☐	○
4	■ 조직시민행동의 유형 조직시민행동의 유형 표 (아래 참조)	☐☐☐	×
5	위의 해설 참고	☐☐☐	○

■ 조직시민행동의 유형

구분	내용	분석단위
이타주의 (이타적 행동)	자신의 이익 외에도 타인을 고려하는 마음 → 타인을 돕는 행동	개인적 차원의 조직시민행동 (OCB-I) (organizational citizenship behavior for individual, OCBI)
예의	① 다른 사람의 권리를 염두에 두고 존중하는 것 ② 타인과의 관계에서 문제나 갈등을 사전에 예방하는 행동	
양심적 행동 (성실행동)	① 시간을 정확하게 지키고, 규정 등을 잘 따르는 것 ② 조직에서 요구되는 최소 수준 이상의 업무를 수행하는 것 ③ 작업장의 청결을 유지하는 것은 양심 행동에 속함	조직적 차원의 조직시민행동 (OCB-O) (organizational citizenship behavior for organization, OCBO)
시민정신 (시민의식 행동)	본인이 속한 공동체를 위해 대가 없이 자발적인 봉사를 하는 것	
스포츠맨십 (신사적 행동)	① 공정하고 정당하게 업무를 하는 것 ② 조직에 불평불만을 하거나 타인을 험담하지 않는 행동 ③ 사소한 문제에 대해 사소한 고충처리를 하지 않는 것	

DAY — **14**

CHAPTER **05** **사람, 그리고 일에 대하여**

Section 01	**사람, 동기 부여 및 학습을 중심으로**

구분	지문	시행	O · X
1	매슬로우의 욕구 5단계이론에 의하면 먼저 충족되어야 할 욕구는 존경의 욕구나 자기실현의 욕구이다.	2011 서울7	
2	매슬로우(A. Maslow)에 따르면 근로자는 하위욕구가 100% 충족되어야 상위욕구를 추구하기 시작한다고 본다.	2004 부산9	
3	앨더퍼의 ERG이론에서 성장욕구에는 매슬로우의 애정(love)욕구가 포함된다.	2008 지방9	
4	앨더퍼(C. Alderfer)의 ERG 이론은 머슬로의 욕구 5단계이론과 달리, 욕구 추구는 분절적으로 일어날 수도 있지만, 두 가지 이상의 욕구를 동시에 추구하기도 한다고 주장하였다.	2019 서울7 추가	
5	허즈버그(Herzberg)에 의하면, 만족의 반대는 불만족이 아니고 만족이 없는 상태이며, 불만족의 반대는 만족이 아니라 불만족이 없는 상태라고 한다.	2011 경찰간부	
6	허즈버그(Herzberg)의 욕구충족요인 이원론에서 불만요인은 개인의 불만족을 방지하는 효과를 가져오는 요인으로서 충족되면 만족감을 갖게 되어 동기가 유발된다.	2016 서울7	
7	허즈버그의 욕구충족요인이원론에서 원만한 대인관계를 유지하는 것은 동기요인과 관계가 깊다.	2010 국가9	
8	Herzberg의 욕구충족요인이원론에 따르면 보수는 매우 중요한 동기요인이다.	2013 서울7	
9	맥그리거(D. McGregor)의 이론에서 X이론은 하위욕구를, Y이론은 상위욕구를 중시한다.	2015 국회8	
10	샤인(Schein)은 인간이란 다양한 욕구와 잠재력을 가진 복잡한 존재로서 개인별로 복잡성의 유형도 다르다고 보았다.	2010 국회8	
11	켈리(Kelly)의 귀인이론에서 개인이 다른 사건에서 미래에 동일하게 반응하는 정도가 높다면, 그 행동의 원인을 내적 요소에 귀인하려는 경향이 나타난다.	2020 군무원7	
12	아담스(Adams)의 공정성 이론에 따르면 공정하다고 인식할 때 동기가 유발된다.	2021 국가9	
13	애덤스의 공정성 이론에 따르면, 준거인과 비교하여 과소보상자는 불공정하다고 생각하고, 과대보상자는 공정하다고 생각한다.	2024 국가9	
14	브룸의 기대이론은 동기부여이론 중 과정이론에 해당된다.	2021 경정승진	
15	브룸의 기대이론에서 '유의성'은 개인의 행동이 일정 수준 이상의 성과를 가져올 것이라는 믿음이다.	2021 경정승진	
16	브룸(Vroom)의 기대이론에서 기대감은 특정 결과는 특정한 노력으로 인해 나타날 수 있다는 가능성에 대한 개인의 신념으로 통상 주관적 확률로 표시된다.	2021 국가9	
17	로크(Locke)의 목표설정이론에서는 목표의 도전성(난이도)과 명확성(구체성)을 강조했다.	2023 지방9	
18	매슬로우(Maslow)의 욕구 5단계설에서는 욕구의 좌절과 퇴행을 강조했다.	2023 지방9	
19	브룸의 기대이론은 노력, 성과, 보상, 만족, 환류로 이어지는 동기부여 과정을 제시하면서 노력-성과 간 관계에 있어 개인의 능력과 자질, 그리고 역할 인지를 강조했다.	2023 지방7	
20	해크만(Hackman)과 올드햄(Oldham)의 직무특성이론은 핵심적인 직무특성을 기술 다양성, 과업 정체성, 과업 중요성, 자율성, 피드백으로 구분한다.	2024 지방7	

정답과 해설

※ 일반적으로 정답이 '×'인 선지에 대한 해설만 있음

Section 01 사람, 동기 부여 및 학습을 중심으로

구분	해설	회독	정답
1	매슬로우의 욕구 5단계이론에 의하면 먼저 충족되어야 할 욕구는 생리적 욕구나 안전의 욕구임	☐☐☐	×
2	매슬로우에 따르면 근로자는 하위욕구가 어느 정도 충족되어야 상위욕구를 추구하기 시작한다고 봄	☐☐☐	×
3	앨더퍼의 ERG이론에서 성장욕구에는 매슬로우의 존경욕구, 자아실현욕구가 포함됨 ※ 애정욕구는 사회적 욕구로써 앨더퍼의 관계욕구에 포함됨	☐☐☐	×
4	앨더퍼(C. Alderfer)에 따르면 욕구 추구는 하위욕구부터 순차적으로 일어날 수도 있지만, 인간은 두 가지 이상의 욕구를 동시에 추구하기도 함	☐☐☐	O
5	허즈버그는 불만족과 만족을 다른 차원의 개념으로 간주함	☐☐☐	O
6	허즈버그의 욕구충족요인 이원론에서 불만요인은 개인의 불만족을 방지하는 효과를 가져오는 요인이며, 동기요인이 충족되면 만족감을 갖게 되어 동기가 유발됨	☐☐☐	×
7	허즈버그의 욕구충족요인이원론에서 원만한 대인관계를 유지하는 것은 위생요인에 해당함	☐☐☐	×
8	Herzberg의 욕구충족요인이원론에 따르면 보수는 위생요인에 해당함	☐☐☐	×
9	맥그리거의 이론에서 X이론은 하위욕구를, Y이론은 인간을 능동적인 존재로 간주하는바 자아실현 욕구 등 상위욕구를 중시함	☐☐☐	O
10	샤인(Schein)은 복잡인 모형을 제시한 학자임	☐☐☐	O
11	선지는 켈리가 언급한 합의성·특이성·일관성(미래가 아닌 과거와 비교)과 관련없는 내용임	☐☐☐	×
12	아담스(Adams)의 공정성 이론에 따르면 불공정하다고 인식할 때 특정 행동을 하려는 동기가 유발됨	☐☐☐	×
13	애덤스의 공정성이론에서 과소보상과 과다보상은 모두 보상의 불공정에 해당함	☐☐☐	×
14	브룸은 인간의 동기부여 과정을 구조화했음(노력 → 성과 → 보상)	☐☐☐	O
15	선지는 기대감에 대한 내용임 → 유인가는 성과 혹은 보상에 대한 선호를 의미함	☐☐☐	×
16	브룸(Vroom)에 따르면 기대감은 특정한 노력으로 성과를 달성할 수 있다는 주관적인 믿음임	☐☐☐	O
17	로크에 따르면 인간은 목표가 구체적이고, 난이도가 적당히 높을 때 목표의 성취의도가 증가하여 강한 동기부여를 만들 수 있음	☐☐☐	O
18	욕구의 좌절과 퇴행을 강조한 건 앨더퍼의 ERG론임	☐☐☐	×
19	선지는 포터와 롤러의 성과만족이론에 대한 내용임	☐☐☐	×
20	해크먼과 올드햄의 직무특성론은 복잡인 혹은 과정이론에 해당하며, 직무특성과 성장욕구 수준의 관계를 설명하고 있음 → 선지는 해크먼과 올드햄이 제시한 다섯 가지 직무특성에 대한 내용임	☐☐☐	O

DAY — 14

21	포터(Porter)와 롤러(Lawler)의 업적 · 만족 이론은 직무성취 수준이 직무 만족의 요인이 될 수 있다고 주장한다.	2022 지방7	
22	포터와 롤러(Porter&Lawler)의 업적·만족 이론은 성과보다는 구성원의 만족이 직무성취를 가져온다고 지적한다.	2019 지방7	

Section 02   조직에서 사람이 하는 일

구분	지문	시행	O · X
1	우드워드(J. Woodward)는 제조업체의 생산기술에 따라 조직이 사용하는 기술의 유형을 구분하고, 대량생산 기술에는 관료제와 같은 기계적 구조가 효과적이지 않다고 주장하였다.	2016 서울7	
2	C. Perrow에 따르면 가장 높은 수준의 유기적 조직구조에 적합한 기술은 일상적 기술이다.	2010 서울7	
3	우드워드(J. Woodward)는 대량 생산기술에는 관료제와 같은 기계적 구조가 효과적이라고 주장했다.	2022 군무원9	
4	단위소량생산기술에서 연속공정생산기술로 기술의 복잡성이 증가함에 따라 전체 구성원 중에서 관리자가 차지하는 비율이 감소한다.	2024 국가7	

| 21 | 포터(Porter)와 롤러(Lawler)의 업적·만족이론에 따르면 만족은 성과에 따른 내재적·외재적 보상과 연관성이 있으므로 직무성취 수준(성과 = 업적)은 직무 만족의 요인이 될 수 있음 | ☐☐☐ | O |
| 22 | 직무성취 수준(성과 = 업적)이 직무 만족의 요인이 될 수 있음 | ☐☐☐ | X |

Section 02 조직에서 사람이 하는 일

구분	해설	회독	정답
1	▋Woodward의 기술분류와 조직구조 표 아래	☐☐☐	X
2	C. Perrow에 따르면 가장 높은 수준의 유기적 조직구조에 적합한 기술은 비일상적 기술임 ※ 일상적 기술은 기계적 구조에 적합함	☐☐☐	X
3	1번 해설 참고	☐☐☐	O
4	단위소량생산기술에서 연속공정생산기술로 기술의 복잡성이 증가함에 따라 전체 구성원 중에서 관리자가 차지하는 비율이 증가함	☐☐☐	X

Woodward의 기술분류와 조직구조

구분	소량 생산기술	대량 생산기술	연속공정 생산기술
기술적 복잡성	낮음	중간	높음
생산과정	숙련된 기술자	표준화된 공정	표준화된 공정 + 숙련된 기술자
조직구조	유기적 구조	기계적 구조	유기적 구조

DAY

14

CHAPTER 06 환경과 조직: 환경을 고려한 조직이론을 중심으로

Section 01 개방체제이론(거시조직이론)

구분	지문	시행	O · X
1	조직군 생태학은 조직을 외부환경의 선택에 영향을 받을 뿐만 아니라 적극적으로 영향을 끼치는 능동적인 존재로 이해한다.	2020 국가7	
2	조직군 생태론은 생태적 환경 변화에 적응하기 위한 조직의 전략적 선택을 주요 분석 대상으로 본다.	2024 지방7	
3	조직군 생태론에서 조직의 분석 수준은 하나의 조직보다 일정한 경계 내의 조직군이다.	2024 지방7	
4	상황론적 조직이론은 독립변수나 상황적 조건들을 한정하거나 유형화하지 않는 유연한 분석을 통해 문제에 대한 처방을 추구한다.	2020 군무원7	
5	전략적 선택론은 조직설계의 문제를 단순히 상황적응의 차원이 아니라 설계자의 자유재량에 의한 의사결정 산물로 파악한다.	2020 국가7	
6	상황론적 조직이론은 경험적 조직이론으로서 관료제이론과 행정원리론에서 추구한 보편적인 조직원리를 비판하면서 등장했다.	2020 군무원7	
7	자원의존이론은 조직을 환경에 의존하는 피동적 존재로 본다.	2021 소방간부	
8	상황론적 조직이론은 독립변수를 한정하고 상황적 조건들을 유형화해 중범위라는 제한된 수준 내의 일반성과 규칙성을 발견하려고 한다.	2022 지방7	
9	조직군생태론은 단일조직을 기본 분석단위로 하며, 환경에 대한 조직 적합도에 초점을 둔다.	2022 지방7	
10	조직군 생태학이론은 조직의 주도적 선택을 강조한다.	2022 군무원7	
11	조직군 생태학이론에서 조직군의 변화를 이끄는 변이는 우연적 변화(돌연변이)로 한정되며, 계획적이고 의도적인 변화는 배제된다.	2023 국가9	
12	거래비용이론에 따르면 시장에서의 거래비용이 조직의 내부 거래비용보다 클 경우 내부 조직화를 선택한다.	2023 국가9	
13	상황론적 조직이론은 기술, 규모, 환경 등의 다양한 상황요인에 대한 조직적합성을 발견함으로써, 모든 상황에 적합하고 유일한 최선의 조직설계와 관리방법을 찾을 수 있다고 본다.	2023 지방7	
14	자원의존이론은 조직을 환경적 결정에 피동적인 존재로 보지 않고 스스로의 이익을 위해 주도적 · 능동적으로 환경에 대처하며, 환경을 조직에 유리하도록 관리하려는 존재로 본다.	2023 지방7	

Section 02 불확실한 환경에 대한 조직의 전략

구분	지문	시행	O · X
1	외부의 중요 조직을 수용하여 합병하는 것은 완충전략에 해당한다.	2004 울산9	
2	필요한 자원이나 생산물을 비축하는 것은 완충전략에 포함된다.	2004 울산9	

정답과 해설

※ 일반적으로 정답이 'x'인 선지에 대한 해설만 있음

Section 01 | 개방체제이론(거시조직이론)

구분	해설	회독	정답
1	조직군 생태학은 조직을 외부환경의 선택에 좌우되는 피동적인 존재로 이해함	☐☐☐	×
2	조직군생태론에서 조직은 외부환경의 선택에 좌우되는 존재임 → 환경결정론적 관점	☐☐☐	×
3	조직군 생태론의 기본 분석단위는 조직군임	☐☐☐	○
4	상황이론은 상황적 조건들을 유형화하고 상황에 따라 적합한 조직구조나 관리방식을 처방함	☐☐☐	×
5	전략적 선택론은 임의론적 관점의 이론에 해당함	☐☐☐	○
6	상황론적 조직이론은 상황변수와 조직구조변수의 관계를 경험적으로 연구하여 어떠한 상황에 어떠한 조직구조가 효과적인지를 밝힌 이론임 → 따라서 관료제론이나 행정원리론처럼 보편적 조직원리를 주장한 이론을 비판한 면이 있음	☐☐☐	○
7	자원의존이론은 임의론적 관점이므로 자원의존론에서 조직은 환경을 통제할 수 있는 능동적 존재임	☐☐☐	×
8	구조적 상황론, 즉 상황론적 조직이론은 모든 변수를 고려하지 않고 중범위 수준의 법칙을 발견하려는 이론임 → 예컨대, 불확실성이 큰 상황에서는 유기적 구조, 반대의 상황에서는 기계적 구조가 적합하다는 것	☐☐☐	○
9	조직군생태론은 단일 조직이 아닌 조직군을 분석단위로 채택하고 있음 → 아울러 환경적소를 기초로 조직의 도태와 생존을 설명함	☐☐☐	×
10	조직군 생태학이론은 '결정론'이므로 틀린 선지임 ※ 결정론: 조직의 행동은 환경의 구조적 제약에 의해 결정되고 이에 수동적으로 반응한다는 관점	☐☐☐	×
11	조직군 생태학이론은 조직의 우연적·의도적 변화를 인정함 → 단, 이러한 변화에도 불구하고 조직의 운명을 결정하는 건 환경적합도임	☐☐☐	×
12	거래비용이론에 따르면 외부 조직과의 거래비용이 조정비용보다 크면 조직은 자체적으로 조직을 생성하는 전략을 선택함	☐☐☐	○
13	상황론적 조직이론은 중범위 수준의 이론임	☐☐☐	×
14	사원의존이론은 임의론에 해당힘 ※ 임의론: 자율적으로 환경에 대해 행동을 취함으로써 적극적으로 환경을 형성(shape)한다고 보는 관점	☐☐☐	○

Section 02 | 불확실한 환경에 대한 조직의 전략

구분	해설	회독	정답
1	합병은 외부의 중요 조직을 수용하여 조직을 확장하는 방법이고, 이는 외부와의 협력을 강조하는 연결전략에 해당함 ※ 완충전략: 환경의 영향을 최소화시키는 대내적이고 소극적인 전략	☐☐☐	×
2	선지는 완충전략 중 비축전략에 해당함	☐☐☐	○

CHAPTER **07** **조직이론: 조직이론의 전개를 중심으로**

Section 01	**조직이론의 변천과 발달**

구분	지문	시행	O · X
1	신고전적 조직이론은 호손실험연구 등을 포함한 인간관계학파가 대표적이다.	2021 국회9	
2	고전적 조직이론은 과학적 관리론과 관료제 등이 대표적이다.	2021 국회9	
3	신고전적 조직이론은 인간의 조직 내 사회적 관계와 더불어 조직과 환경의 관계를 중점적으로 다루었다.	2014 국가9	
4	신고전적 조직이론은 조직 내 사회적 능률을 강조하고, 조직의 비공식적 구조나 요인에 초점을 둔다.	2022 국가7	
5	신고전적 조직이론인 인간관계론은 인간의 사회심리적 요인, 기계적 능률성, 공식적 조직구조, 합리적 · 경제적 인간관을 특징으로 한다.	2024 국가9	
6	현대적 조직이론은 환경과 상호작용하는 개방적 · 동태적 · 유기적 조직을 강조한다.	2022 국가7	

📋 정답과 해설

※ 일반적으로 정답이 '×'인 선지에 대한 해설만 있음

Section 01   **조직이론의 변천과 발달**

구분	해설	회독	정답
1	신고전적 조직이론은 관리주의를 비판하면서 등장한 인간주의를 뜻함	☐☐☐	O
2	과학적 관리론과 관료제 등은 관리주의를 상징하는바 고전적 조직이론에 해당함	☐☐☐	O
3	신고전적 조직이론은 행정이론에서 인간관계론을 의미함; 인간관계론은 조직의 생산성 제고를 위해 사회심리적 요인의 중요성을 강조했으나, 조직 외부의 환경적 요인은 고려하지 못했다는 점에서 관리주의와 공통점을 지니고 있음	☐☐☐	×
4	신고전적 조직이론은 '인간관계론'이므로 올바른 선지임	☐☐☐	O
5	기계적 능률성, 공식적 조직구조, 합리적·경제적 인간관은 고전적 조직이론, 즉 관리주의에 대한 내용임	☐☐☐	×
6	왈도에 따르면 현대적 조직이론은 개방체제 관점이므로 선지는 올바른 내용임	☐☐☐	O

DAY

15

최욱진 행정학 천지문 OX

PART

04

인사행정

CHAPTER 01 ⋮ 인사행정의 기초

Section 01 ⋮ 인사행정제도

구분	지문	시행	O · X
1	엽관주의는 정당에의 충성도와 공헌도를 관직 임용의 기준으로 삼는 제도이다.	2014 지방9	
2	엽관주의는 실적 이외의 요인을 고려하여 임용하는 방식으로 정치적 요인, 혈연, 지연 등이 포함된다.	2014 국가7	
3	우리나라는 엽관주의적 성격의 공직임용을 허용하지 않고 있다.	2018 행정사	
4	잭슨 대통령은 공직의 일은 건전한 상식과 인품을 가진 일반 대중 누구나 수행할 수 있는 것이라고 주장하였다.	2024 국가9	
5	엽관주의는 당파성이나 정치적 요인을 기준으로 공직임용이 이루어진다.	2018 행정사	
6	펜들턴법과 4년 임기법으로 미국의 엽관주의가 더욱 강화되었다.	2009 국회9	
7	엽관주의는 공직 경질을 통하여 관료의 특권화와 침체화를 방지할 수 있다.	2005 경북9	
8	엽관주의는 관료기구와 국민의 동질성을 확보하기 위한 수단으로 발전했다.	2011 서울9	
9	실적주의의 등장은 미국은 펜들턴법(Pendleton Act), 영국은 해치법(Hatch Act)이 계기가 되었다.	2011 경찰간부	
10	실적주의는 각 개인의 능력에는 차이가 있음을 인정하는 인간의 상대적 평등주의를 신봉한다.	2007 국가7	
11	펜들턴법에서는 공무원의 정치적 중립을 최초로 규정하였다.	2006 대구9	
12	실적주의는 공직임용의 기회를 균등하게 보장함으로써 민주주의적 평등이념의 실현에 기여한다.	2007 국가7	
13	실적주의는 직업공무원들의 강력한 신분보장을 통해 공무원 스스로의 정치적인 소신을 행정에 반영하도록 했다는 점에서 긍정적인 평가를 받고 있다.	2007 국회8	
14	실적주의는 국민에 대한 관료의 대응성을 높일 수 있다는 장점이 있다.	2014 국가9	
15	실적주의는 개인의 능력이나 실적을 기준으로 임용한다.	2019 행정사	
16	실적주의 공무원제도는 공개경쟁시험, 신분보장, 정치적 중립이 핵심적인 요소이다.	2024 국가9	
17	공직 취임에 대한 기회의 균등 보장, 행정의 능률성 제고, 행정의 공정성과 안정성 확보, 행정에 대한 민주적 통제 강화는 실적주의 정당화 근거에 해당한다.	2024 국가7	
18	직업공무원제는 젊고 우수한 인재가 공직을 직업으로 선택해 일생을 바쳐 성실히 근무하도록 운영하는 인사제도이다.	2019 지방9	
19	직업공무원제는 폐쇄적 임용을 통해 공무원집단의 보수화를 예방하고 전문행정가 양성을 촉진한다.	2019 지방9	

※ 일반적으로 정답이 'x'인 선지에 대한 해설만 있음

Section 01	인사행정제도

구분	해설	회독	정답
1	엽관주의는 정당충성도를 기준으로 공무원을 채용하는 인사행정제도임	☐☐☐	O
2	엽관주의는 실적 이외의 요인을 고려하여 임용하는 방식으로 정치적 요인(정당에 대한 충성도)을 임용의 기준으로 적용함 ※ 혈연, 지연 등을 고려하는 것은 정실주의에 해당함	☐☐☐	X
3	우리나라는 장·차관급 등 주요 고위직에 엽관주의적 인사가 이루어지고 있음	☐☐☐	X
4	엽관주의가 도입된 시기는 1829년이며, 산업사회로 접어들기 이전임 → 따라서 잭슨 대통령은 전문적 지식보다 정당에 대한 충성도가 중요하다고 생각함	☐☐☐	O
5	엽관주의는 정당충성도, 즉 당파성이나 정치적 요인을 기준으로 공무원을 채용함	☐☐☐	O
6	펜들턴법은 실적주의에 해당하는 내용임	☐☐☐	X
7	엽관주의는 공무원의 신분보장을 하지 않으므로 공직 경질을 통하여 관료의 특권화와 침체화를 방지할 수 있음	☐☐☐	O
8	엽관주의는 공무원의 신분보장을 하지 않으므로 관료기구와 국민의 동질성을 확보할 수 있음	☐☐☐	O
9	실적주의의 등장에 있어서 미국은 1883년 펜들턴법(Pendleton Act), 영국은 1870년 2차 추밀원령이 계기가 되었음	☐☐☐	X
10	실적주의는 시험의 성적에 따라 공무원을 채용하므로 각 개인의 능력에는 차이가 있음을 인정하는 인간의 상대적 평등주의(예 시험점수에 따른 차등 대우)를 신봉함	☐☐☐	O
11	1차 해치법(1939)에서도 공무원의 정치적인 중립을 강조하였으나, 펜들턴법이 1883년에 제정되었으므로 공무원의 정치적 중립을 최초로 규정했다고 볼 수 있음	☐☐☐	O
12	실적주의는 모든 사람에게 공무원 시험을 볼 수 있는 기회를 제공하므로 기회의 평등을 실현할 수 있음	☐☐☐	O
13	공무원 스스로의 정치적인 소신을 행정에 반영하는 제도는 엽관주의에 해당함	☐☐☐	X
14	일반적으로 관료의 대응성을 높일 수 있는 장점을 지닌 인사행정제도는 엽관주의 혹은 대표관료제임	☐☐☐	X
15	실적주의는 개인의 능력이나 자격을 기준으로 공무원을 채용하는 인사행정제도임	☐☐☐	O
16	실적주의는 시험성적을 통해 공무원을 충원하는 제도이며, 엽관주의의 단점을 보완한 까닭에 공개경쟁채용시험, 신분보장, 정치적 중립성 등을 특징으로 함	☐☐☐	O
17	실적주의는 정치적 중립성을 강조하는 과정에서 행정에 대한 민주통제를 약화시킬 수 있음	☐☐☐	X
18	직업공무원제는 어리고 잠재성있는 인재가 공직을 직업으로 선택해 일생을 바쳐 성실히 근무하도록 운영하는 인사행정제도임	☐☐☐	O
19	직업공무원제는 폐쇄적 임용으로 인해 공무원집단이 보수화되고, 전문행정가의 양성을 저해할 수 있음 → 직업공무원제도는 일반행정가 양성에 기여함	☐☐☐	X

DAY

16

20	직업공무원제는 대체로 실적주의를 전제로 하며, 전문가주의를 지향하고 있다.	2009 지방9	
21	직업공무원제는 외부환경에 대한 적극적 대응과 새로운 지식 및 기술 도입이 활성화되어 행정의 전문성을 강화한다.	2024 국가7	
22	대표관료제는 소극적 대표가 적극적 대표를 촉진한다는 가정하에 인사행정제도를 운영한다.	2019 지방9	
23	대표관료제(Representative Bureaucracy)의 기본 전제인 적극적 대표성은 그 나라의 사회, 경제적 인구구성의 특징이 관료제의 구성에 그대로 반영되는 것을 의미한다.	2016 국회9	
24	대표관료제는 사회적 강자인 지배집단의 이익을 보장해 주고자 한다.	2011 군무원	
25	대표관료제는 킹슬리(Kingsley)가 처음 사용한 용어로서 엽관주의 인사제도의 폐단을 극복하기 위해 등장하였다.	2015 국가7	
26	대표관료제는 소외집단에 대한 정부정책의 대응성을 높임으로써 정책의 집행을 용이하게 해준다.	2013 국회9	
27	대표관료제는 공직사회 내부 구성원 상호 간 견제를 통하여 내적 통제를 강화한다.	2017 행정사	
28	대표관료제는 최근 우리나라 공공부문에 도입된 제도로서 다양한 계층의 공직진출을 확대하기 위한 방안으로 양성평등채용목표제, 장애인의무고용제, 지역인재추천채용제 등을 실시하고 있다.	2014 행정사	
29	적극적인 인사행정에는 정치적인 임용허용, 재직자의 능력발전, 인사권의 분권화 등이 포함된다.	2004 국회8	
30	정년보장식 신분보장은 적극적 인사행정의 대표적 방안이다.	2009 서울9	
31	대표관료제는 킹슬리(Kingsley)가 처음 사용한 용어로, 그 사회의 주요 인적 구성에 기반하여 정부관료제를 구성함으로써, 정부관료제 내에 민주적 가치를 주입하려는 의도에서 발달되었다.	2020 국가7	
32	크랜츠(Kranz)는 대표관료제의 개념을 비례대표(proportional representation)로까지 확대하는 것에 반대한다.	2020 국가7	
33	정치적 중립을 강화하여 직업공무원제의 단점을 보완할 수 있다.	2020 지방9	
34	대표관료제는 실적주의와 조화되어 행정능률 향상에 기여한다.	2020 군무원7	
35	국민의 요구에 대한 관료적 대응성 향상은 엽관주의 인사제도의 필요성 중 하나이다.	2020 군무원9	
36	직업공무원제도는 주로 계급제, 폐쇄형 공무원제를 기반으로 하며 일반행정가의 양성을 추구한다.	2021 소방간부	
37	공직충원의 개방성을 확대하면 직업공무원제 확립에 보다 더 기여할 수 있다.	2021 군무원9	
38	대표관료제는 출신집단의 가치와 이익을 정책과정에 반영시킬 수 있다는 전제에서 출발한다.	2021 군무원9	
39	직업공무원제도는 직무급 중심의 보수체계를 특징으로 한다.	2022 국가9	
40	엽관제는 전문성을 통한 행정의 효율성 제고와 정부관료의 역량 강화에 기여한 것으로 평가된다.	2022 국가7	
41	실적주의는 공직 임용에 대한 기회의 균등을 보장한다.	2021 지방9	
42	엽관주의는 행정의 안정성과 지속성을 확보할 수 있다.	2021 국가7	

20	직업공무원제는 대체로 실적주의를 전제로 하며, 일반행정가주의를 지향하고 있음	☐☐☐	×
21	직업공무원제는 폐쇄형으로 운영되며, 일반행정가를 지향함 → 행정의 전문성 약화	☐☐☐	×
22	대표관료제는 사회 내 다양한 계층을 정부관료제로 유입할 경우 그들이 출신집단의 입장을 대변할 거라는 가정하에 인사행정제도를 운영함	☐☐☐	O
23	대표관료제(Representative Bureaucracy)의 기본 전제인 소극적 대표성은 그 나라의 사회, 경제적 인구구성의 특징이 관료제의 구성에 그대로 반영되는 것을 의미함	☐☐☐	×
24	대표관료제는 사회 전체 계층을 고르게 충원함으로써 사회적인 약자를 배려하는 인사행정제도임	☐☐☐	×
25	대표관료제는 킹슬리(Kingsley)가 처음 사용한 용어로서 실적주의 인사제도의 폐단을 극복하기 위해 등장하였음	☐☐☐	×
26	대표관료제는 다양한 사회계층의 충원을 강제하는바 소외집단에 대한 정부정책의 대응성을 높임으로써 정책의 집행을 용이하게 함	☐☐☐	O
27	대표관료제는 정부 내 다양한 계층 간 견제와 균형을 유도하므로 내적 통제를 강화함	☐☐☐	O
28	**우리나라에서의 대표관료제 실천 노력**: 국공립대 여성 교수 채용목표제, 여성관리자 임용 확대 5개년 계획, 장애인 고용촉진 및 직업재활법, 인재지역할당제(지방인재 채용), 저소득층 채용, 이공계전공자, 양성평등채용목표제 등	☐☐☐	O
29	적극적인 인사행정은 변화하는 환경에 대응하기 위해 다양한 인사행정제도의 활용, 재직자의 능력발전, 인사권의 분권화 등을 추구함	☐☐☐	O
30	적극적 인사행정은 환경변화에 대한 적응을 위해 개방형 임용과 같은 다양한 충원방식을 허용함; 따라서 정년보장식 신분보장은 적극적 인사행정의 대표적 방안이라고 할 수 없음 ※ 참고로 엽관주의는 정당에 대한 충성도만 높으면 조직의 중간계층으로 충원을 허용하는 개방형 임용을 인정하며, 적극적 인사행정은 엽관주의와 같은 제도를 활용하자는 입장임	☐☐☐	×
31	대표관료제는 킹슬리가 처음으로 고안한 인사행정제도임	☐☐☐	O
32	대표관료제의 관련 학자 중 한 명인 크랜츠(Kranz)는 대표관료제의 개념을 비례대표(proportional representation)로까지 확대하는 것에 찬성하였음	☐☐☐	×
33	정치적인 중립성은 적당한 선에서 유지되어야 하는데 지나치게 강화되면 민의를 충족하지 못하고 합법성 혹은 능률성에 치우친 행정을 할 우려가 있음	☐☐☐	×
34	대표관료제는 할당제를 통해 공무원을 임용하는바 낮은 시험성적을 받은 사람이 임용되는 경우가 있음 → 이로 인해 대표관료제는 실적주의를 훼손한다는 비판을 받음	☐☐☐	×
35	엽관주의는 정당에 대한 충성도를 기준으로 공무원을 임용하는 제도로써 1829년에 잭슨 대통령이 공식적인 제도로 도입하였음; 이는 국민의 요구에 따라 기민하게 반응하지 못하면 집권정당이 바뀌고, 이에 따라 행정부를 구성하는 공무원도 경질되는바 행정의 대응성 및 민주성을 제고할 수 있는 인사행정제도임	☐☐☐	O
36	직업공무원제도는 계급제, 폐쇄형, 일반행정가, 정년보장 등을 특징으로 함	☐☐☐	O
37	직업공무원제도는 폐쇄형 충원을 전제로 하는바 공직충원의 개방성을 확대하면 직업공무원제 확립을 저해할 수 있음	☐☐☐	×
38	대표관료제는 사회 내 다양한 계층을 골고루 충원하는 인사행정제도임 → 즉, 대표관료제는 공무원이 출신집단의 가치와 이익을 정책과정에 반영시킬 수 있다는 전제에서 출발함	☐☐☐	O
39	직업공무원제도는 연공급 중심의 보수체계를 지님 ※ 직무급: 일의 난이도를 기준으로 급여를 책정하는 체계	☐☐☐	×
40	엽관주의는 정당 충성도를 기준으로 공무원을 채용하는 까닭에 행정의 능률성을 저해할 수 있음 → 선지는 실적주의에 대한 내용임	☐☐☐	×
41	실적주의는 모든 사람이 공개경쟁시험을 치를 수 있는 균등한 기회를 보장함	☐☐☐	O
42	엽관주의는 정권이 교체될 때 공무원도 경질되는바 행정의 안정성과 지속성을 저해함	☐☐☐	×

DAY — **16**

43	직업공무원제도는 공무원의 일체감과 단결심 및 공직에 헌신하려는 정신을 강화하는 데 불리한 제도이다.	2021 국가7	
44	실적주의는 공무원의 인적 구성이 사회의 인구학적 특성과 비례가 되도록 해야 한다는 대표관료제를 비판하면서 등장하였다.	2021 지방7	
45	연공주의는 개인의 성과에 따른 적절한 보상을 통해 사기를 높인다.	2023 국가9	
46	연공주의는 장기근속으로 조직에 대한 공헌도를 높인다.	2023 국가9	
47	대표관료제는 다양한 집단의 이익을 반영하는 실적주의 이념에 부합하는 인사제도이다.	2023 지방9	

Section 02   공무원 관리의 방향

구분	지문	시행	O·X
1	전략적 인적자원관리는 개인의 욕구가 조직의 전략적 목표달성을 위해 희생해야 한다는 입장이다.	2017 국가9	
2	전략적 인적자원관리는 장기적인 목표·성과 중심적으로 인적자원을 관리한다.	2017 국가9	
3	전략적 인적자원관리는 직무만족, 동기부여, 조직시민행동 등 개인의 심리적 측면을 강조한다.	2025 국가7	

Section 03   우리나라의 중앙인사기관: 인사혁신처

구분	지문	시행	O·X
1	비독립단독형 중앙인사기관은 인사정책의 결정이 지나치게 지연되는 경우가 많다.	2012 국회8	
2	비독립단독형은 인사행정의 책임소재가 분명하다.	2012 국회8	
3	감사원 사무총장은 「국가공무원법」상 중앙인사관장기관이다.	2020 서울속기9	
4	한 명의 인사기관의 장이 조직을 관장하고 행정수반의 지휘 아래 놓이게 되는 것은 비독립단독형의 특징에 해당한다.	2021 지방7	
5	1999년 독립형 합의제 기관으로서 중앙인사위원회가 설치되어 행정자치부와 업무를 분담하였다.	2022 군무원9	

43	직업공무원제도는 폐쇄형 체제이므로 공무원의 일체감과 단결심 및 공직에 헌신하려는 정신을 강화하는 데 유리함	□□□	×
44	대표관료제는 실적주의 인사행정제도가 만들어낸 특정 계층의 공직 독점을 비판하면서 등장했음	□□□	×
45	연공주의는 근속 연수를 중시하므로 '경쟁이나 성과' 등을 경시함	□□□	×
46	연공주의는 '근무연한'을 승진이나 급여의 기준으로 간주함 → 따라서 문제를 풀 때 계급제 혹은 직업공무원제 개념을 적용할 것	□□□	O
47	대표관료제는 형평성을 중시하는 까닭에 역차별 문제를 야기하거나 실적주의를 저해할 수 있음	□□□	×

Section 02　공무원 관리의 방향

구분	해설			회독	정답
1		구분	인적자원관리(HRM)	전략적 인적자원관리(SHRM)	□□□	×
	분석초점	개인의 **심리적 측면**: 직무만족, 동기부여, 조직시민행동 증진 등	조직의 전략 및 성과와 인적자원관리 활동과의 연계		
	관점	**미시적 관점**: 인적자원관리 기능의 부분 최적화 추구 → 분업강조	**거시적 관점**: 인적자원관리 기능 간의 연계 및 수직적·수평적 통합을 통한 전체 최적화 추구 → 조정 및 통합 강조		
	범위	**단기적**: 인사관리상의 단기적 문제해결	**장기적**: 조직의 전략수립에의 관여 및 인적자원의 육성		
	기능	조직의 목표달성과 무관하거나 부수적·기능적·도구적 수단적 역할	• 조직전략 수립에 적극적 관여 • 조직의 목표달성에 있어 적극적·핵심적 역할 수행		
	역할	통제 메커니즘 마련	• 권한부여 및 자율성 확대를 통해 개인의 욕구충족 유도 • 인적자본의 체계적 육성 및 개발		
2	1번 해설 참고			□□□	O
3	1번 해설 참고			□□□	×

Section 03　우리나라의 중앙인사기관: 인사혁신처

구분	해설	회독	정답
1	선지는 독립합의형(위원회형)의 단점에 해당함 → 위원회형은 다수의 합의를 지향하기 때문에 인사정책의 결정이 지나치게 지연되는 경우가 많음	□□□	×
2	비독립단독형은 집권화된 체계이므로 인사행정의 책임소재가 분명함	□□□	O
3	감사원은 행정부 내 설치되어 있으므로 인사혁신처장이 중앙인사관장기관임 **국가공무원법 제6조【중앙인사관장기관】** ① 인사행정에 관한 기본 정책의 수립과 이 법의 시행·운영에 관한 사무는 다음 각 호의 구분에 따라 관장(管掌)한다. 1. 국회는 국회사무총장 2. 법원은 법원행정처장 3. 헌법재판소는 헌법재판소사무처장 4. 선거관리위원회는 중앙선거관리위원회사무총장 5. 행정부는 인사혁신처장	□□□	×
4	비독립단독형은 한 명의 기관장이 행정수반(대통령이나 총리 등)의 지휘하에 인사조직을 관장하는 형태임	□□□	O
5	1999년 김대중 정부에서 신설한 중앙인사위원회는 대통령 소속이었음 → 따라서 독립형 합의제 기관이 아니라 비독립형 합의제 기관임	□□□	×

DAY

16

CHAPTER 02 : 공직구조의 형성

Section 01 공직구조의 유형: 공무원을 일정한 기준에 따라 분류

구분	지문	시행	O · X
1	계급제는 공무원 간의 협력이 원활하게 이루어지기 어렵다.	2014 서울7	
2	계급제는 사람의 특성에 따라, 직위분류제는 직무의 특성에 따라 공직을 분류한다.	2016 행정사	
3	계급제는 공무원의 신분보장과 직업공무원제 확립에 유리하며, 직위분류제는 인력활용의 융통성을 높여 준다.	2016 행정사	
4	우리나라 「국가공무원법」에는 직위분류제 주요 구성 개념인 '직위, 직군, 직렬, 직류, 직급' 등이 제시되어 있다.	2019 서울9	
5	직군은 동일 직렬 내에서 담당 직책이 유사한 직무의 군이다.	2016 국가9	
6	직무의 종류는 유사하나 곤란성과 책임도의 정도가 상이한 직급의 군은 직렬이다.	2014 경찰간부	
7	개방형 직위는 고위공무원단 또는 과장급 직위 총수의 20% 범위에서 지정한다.	2016 교행9	
8	고위공무원단의 경우, 민간과 경쟁하는 공모직위를 통해 일정 비율을 충원하게 함으로써 공직의 개방성을 제고한다.	2025 지방7	
9	개방형은 승진 기회의 제약으로, 직무의 폐지는 대개 퇴직으로 이어진다.	2014 서울9	
10	개방형 인사제도는 폭넓은 지식을 갖춘 일반행정가를 육성하는 데에 효과적이다.	2015 지방9	
11	개방형 직위는 업무수행상 고도의 전문성이 요구된다고 판단되는 직위에 한정하고 있다.	2009 지방7	
12	개방형 직위제도는 단기적으로는 직업공무원제도의 확립에 반하는 제도이나, 장기적으로는 직업공무원제도의 확립에 긍정적인 영향을 미친다.	2008 지방7	
13	개방형 직위는 해당 기관 내·외부의 공무원 중에서 직무수행 적격자를 선발·임용하는 제도이다.	2018 행정사	
14	국가공무원의 인사관계법령에 따르면, 임용권자나 임용제청권자는 해당 기관의 직위 중 전문성이 요구되거나 효율적인 정책 수립 또는 관리를 위하여 적격자를 임용할 필요가 있는 직위에 대하여 공모직위로 지정하여 운영할 수 있다.	2008 국가7	
15	계급제 하에서 인적자원의 이동은 수평적·탄력적으로 이루어지지만, 직위분류제 하에서는 수평적 이동이 곤란하다.	2021 경정승진	

정답과 해설

※ 일반적으로 정답이 '×'인 선지에 대한 해설만 있음

Section 01 공직구조의 유형: 공무원을 일정한 기준에 따라 분류

구분	해설	회독	정답
1	계급제는 일반행정가를 지향하는바 공무원 간의 협력이 원활하게 이루어지기 용이함	☐☐☐	×
2	계급제는 사람의 일반적인 특성에 따라, 직위분류제는 직무의 특성에 따라 공직을 분류함	☐☐☐	O
3	계급제는 공무원의 신분보장과 직업공무원제 확립에 유리하며, 인력활용의 융통성을 높여줌 ※ 직위분류제는 전문행정가를 지향하므로 조직 내 인력활용의 융통성이 계급제에 비해 부족함	☐☐☐	×
4	직위분류제를 구성하는 개념은 우리나라 국가공무원법 5조에 명시되어 있음	☐☐☐	O
5	직류는 동일 직렬 내에서 담당 직책이 유사한 직무의 군임	☐☐☐	×
6	국가공무원법 제5조【정의】 이 법에서 사용하는 용어의 뜻은 다음과 같다. 8. "직렬(職列)"이란 직무의 종류가 유사하고 그 책임과 곤란성의 정도가 서로 다른 직급의 군을 말한다.	☐☐☐	O
7	개방형 직위 및 공모 직위의 운영 등에 관한 규정 제3조【개방형 직위의 지정】 ① 「국가공무원법」 제28조의4 제1항에 따라 「공무원임용령」 제2조 제3호에 따른 소속장관(이하 "소속 장관"이라 한다)은 소속 장관별로 법 제2조의2 제2항 각 호의 고위공무원단 직위(이하 "고위공무원단직위"라 한다) 총수의 100분의 20의 범위에서 개방형 직위를 지정하되, 중앙행정기관과 소속 기관 간 균형을 유지하도록 하여야 한다. ② 소속 장관은 중앙행정기관의 실장・국장 밑에 두는 보조기관 또는 이에 상응하는 직위(이하 "과장급직위"라 한다) 총수의 100분의 20의 범위에서 개방형 직위를 지정하되, 그 실시 성과가 크다고 판단되는 기관, 공무원의 종류 또는 직무 분야 등을 고려하여야 한다.	☐☐☐	O
8	• 민간과의 경쟁적 충원을 목표로 하는 제도는 개방형직위제도임 • 공모직위제도는 공직내부에서 경쟁을 통하여 선발하는 제도임	☐☐☐	×
9	개방형 직위에 의해 충원된 보직은 임시 보직일 수 있으므로, 직무가 폐지되면 퇴직으로 이어질 수 있음	☐☐☐	O
10	개빙형 인시제도는 전문행정가를 육성하는 데에 효과적임	☐☐☐	×
11	국가공무원법 제28조의4【개방형 직위】 ① 임용권자나 임용제청권자는 해당 기관의 직위 중 전문성이 특히 요구되거나 효율적인 정책수립을 위하여 필요하다고 판단되어 공직 내부나 외부에서 적격자를 임용할 필요가 있는 직위에 대하여는 개방형 직위로 지정하여 운영할 수 있다.	☐☐☐	×
12	개방형 직위제도는 폐쇄형・강력한 신분보장 등을 특징으로 하는 직업공무원제도의 확립에 부정적인 영향을 미침	☐☐☐	×
13	공모직위는 해당 기관 내・외부의 공무원 중에서 직무수행 적격자를 선발・임용하는 제도임 ※ 개방형 직위: 공무원과 민간 경력자 중에서 직무수행 적격자를 선발・임용하는 제도	☐☐☐	×
14	국가공무원법 제28조의5【공모 직위】 ① 임용권자나 임용제청권자는 해당 기관의 직위 중 효율적인 정책 수립 또는 관리를 위하여 해당 기관 내부 또는 외부의 공무원 중에서 적격자를 임용할 필요가 있는 직위에 대하여는 공모 직위(公募 職位)로 지정하여 운영할 수 있다.	☐☐☐	×
15	계급제는 일반행정가를 지향하므로 인적자원의 이동이 수평적・탄력적으로 이루어지지만, 직위분류제는 전문행정가를 추구하는바 인적자원의 수평적 이동이 곤란함	☐☐☐	O

DAY ─ 17

16	직무평가는 직무의 곤란성과 책임성을 기준으로 상대적인 가치를 결정하는 것으로 서열법, 분류법, 점수법 등을 활용하며 개인에게 공정한 보수를 제공하는 데 필요한 작업이다.	2020 국가9	
17	조직 내 인력 배치의 신축성이 부족하다는 것은 직위분류제의 단점이다.	2020 지방9	
18	직무평가 방법으로 서열법, 요소비교법 등 비계량적 방법과 점수법, 분류법 등 계량적 방법을 사용한다.	2020 국가7	
19	'동일업무에 대한 동일보수'라는 보수의 형평성 요구가 직위분류제의 출발을 촉진시켰다고 할 수 있다.	2021 군무원9	
20	계급제는 직무를 기준으로 직무의 난이도와 책임도에 따라 직위를 분류하는 제도이다.	2021 행정사	
21	계급제는 직위분류제에 비해 인적자원의 탄력적 활용이 용이하다.	2021 군무원9	
22	계급제는 보직 관리 범위를 제한하여 공무원의 시야를 좁게 만드는 측면이 있다.	2022 지방7	
23	'직급'은 직무의 종류가 유사하고 곤란도·책임도가 서로 다른 군(群)을 의미한다.	2022 국가9	
24	요소비교법은 기준직무(key job)와 평가할 직무를 상호 비교해 가며 평가하는 비계량적 방법이다.	2023 국가9	
25	요소비교법은 조직 내 기준직무(key job)를 선정하여 평가하려는 직무와 기준직무의 평가요소를 상호비교하여 상대적 가치를 판단하는 방법이다.	2024 지방9	
26	점수법은 직무와 관련된 평가요소를 선정하고 각 요소별로 중요도를 부여하는 과정에서 계량화를 통해 명확하고 객관적인 이론적 증명이 가능하다.	2024 지방9	
27	계급제는 직무의 속성을 중심으로 공직을 분류하는 제도이다.	2023 지방9	
28	직위분류제는 개방형 인사제도를 기반으로 운영되며, 공직 내부에서 수평적 이동 시 인사배치의 유연함과 신축성이 있다.	2023 지방7	
29	직위분류제는 공무원의 신분이 강하게 보장되어 직업공무원제 확립에 유리하며, 인사의 탄력성과 유통성이 높다.	2025 지방9	

16	직무평가는 직무의 난이도를 가늠하는 것임 → 직무평가시 서열법, 분류법, 점수법 등을 활용할 수 있으며, 직무평가를 통해 보수의 공정성을 제고할 수 있음	□□□	O
17	직위분류제는 고도로 분업화된 체계를 지향하므로 조직 내 인력 배치의 신축성이 부족함	□□□	O
18	직무평가 방법으로 서열법, 분류법 등 비계량적 방법과 점수법, 요소비교법 등 계량적 방법을 사용함	□□□	X
19	업무의 난이도에 따른 보수지급은 보수의 형평성을 제고할 수 있으므로 직위분류제의 출발을 촉진했음	□□□	O
20	직위분류제는 직무를 기준으로 직무의 난이도와 책임도에 따라 직위를 분류하는 제도임; 계급제는 사람의 일반적인 특성을 토대로 계급을 부여하여 직위를 분류함	□□□	X
21	계급제는 일반행정가를 지향하므로 직위분류제에 비해 인적자원의 탄력적 활용이 용이함	□□□	O
22	계급제는 일반행정가(조직 내 여러 직무 경험)를 지향하므로 공무원의 시야를 넓게 만드는 측면이 있음	□□□	X
23	선지는 직렬에 대한 내용임 → 직급은 직무의 종류와 난이도가 모두 유사한 직위의 군임	□□□	X
24	요소비교법은 기준직무(key job)와 평가할 직무를 상호 비교해 가며 평가하는 계량적 방법임	□□□	X
25	요소비교법은 기준직무(key job)와 평가할 직무의 속성을 상호 비교해 가며 평가하는 계량적 방법임	□□□	O
26	예를 들어, 민원업무 비중과 당직 유무를 점수로 환산할 때 어디에 더 많은 점수를 부여해야 할지 명확하고 객관적인 이론적 검증을 하는 것은 어려운 일임	□□□	X
27	선지는 직위분류제에 대한 내용임 → 계급제는 사람의 속성을 중심으로 공직을 분류함	□□□	X
28	직위분류제는 개방형 인사제도를 기반으로 운영되며, 공직 내부에서 수평적 이동 시 인사배치의 유연함과 신축성이 떨어짐	□□□	X
29	선지는 계급제에 대한 내용임	□□□	X

Section 02   우리나라 공무원의 종류

구분	지문	시행	O · X
1	국가공무원과 지방공무원의 보수 재원은 모두 국비로 충당한다.	2013 서울7	
2	특수경력직 공무원은 특정직 공무원과 정무직 공무원으로 구성된다.	2016 국회9	
3	특수경력직 공무원은 경력직 공무원과는 달리 실적주의와 직업공무원제의 획일적 적용을 받지 않는다.	2018 국회8	
4	국회사무총장, 감사원장 등은 정무직 공무원이고, 법관과 검사는 특수경력직 공무원에 해당한다.	2016 국회9	
5	감사원 사무차장은 특수경력직 공무원에 포함된다.	2020 행정사	
6	역량평가제는 일종의 사전적 검증장치로 단순한 근무실적 수준을 넘어 공무원에게 요구되는 해당업무 수행을 위한 충분한 능력을 보유하고 있는지에 대한 평가를 목적으로 한다.	2014 사복9	
7	고위공무원단에 소속된 공무원은 계급이 없는 대신 담당직무의 등급에 따라 그 지위가 결정된다.	2016 행정사	
8	별정직 공무원의 근무상한연령은 65세이며, 일반임기제 공무원으로 채용할 수 있다.	2020 국가9	
9	역량평가제도는 성취된 업적을 기반으로 하기 때문에 피평정자의 역량을 객관적으로 평가할 수 있다.	2021 소방간부	
10	역량평가(competency assessment)제도는 과거의 근무성과와 근무태도에 대한 근무평정 점수를 반영한다.	2025 국가7	
11	역량평가제도는 추측이나 유추가 아닌 직접적 관찰을 통해 역량을 평가한다.	2021 국회8	
12	고위공무원단제도는 계급 중심의 인사관리를 특징으로 한다.	2021 지방9	
13	액션러닝은 교육 참가자들을 소그룹 규모의 팀으로 구성해 개인, 그룹 또는 조직에 중요한 의미가 있는 실제 현안 문제를 해결하면서 동시에 문제 해결 과정에 대한 성찰을 통해 학습하도록 지원하는 교육방식이다. 우리나라 정부 부문에는 2005년부터 고위공직자에 대한 교육훈련 방법으로 도입되었다.	2024 국가9	
14	경력직 공무원은 실적과 자격에 의해 임용되고 신분이 보장된다.	2021 지방9	
15	정무직공무원은 대통령, 국무총리 등 선거로 취임하거나 임명할 때 국회의 동의가 필요한 경력직공무원이다.	2025 지방9	
16	임용주체와 경비부담을 기준으로 국가공무원과 지방공무원으로, 지방공무원의 임용권자에는 지방의회의 의장도 포함된다.	2025 지방9	
17	현재 시행하고 있는 고위공무원단 제도는 일반직 공무원만을 대상으로 하고 있다.	2011 국가9	
18	일반직공무원뿐만 아니라 별정직공무원, 특정직공무원도 고위 공무원단이 될 수 있다.	2025 지방7	
19	국가공무원으로 보하는 부시장, 부지사, 부교육감 등은 고위공무원단에 해당되지 않는다.	2011 지방9	
20	고위공무원단은 원칙적으로 직무성과급적 연봉제를 적용한다.	2011 지방9	

Section 02   우리나라 공무원의 종류

구분	해설	회독	정답
1	지방직 공무원의 월급은 '지방비(지방세)'로 충당함	☐☐☐	✕
2	특수경력직 공무원은 별정직 공무원과 정무직 공무원으로 구성됨	☐☐☐	✕
3	**국가공무원법 제2조【공무원의 구분】** ① 국가공무원(이하 "공무원"이라 한다)은 경력직공무원과 특수경력직공무원으로 구분한다. ② "경력직공무원"이란 실적과 자격에 따라 임용되고 그 신분이 보장되며 평생 동안(근무기간을 정하여 임용하는 공무원의 경우에는 그 기간 동안을 말한다) 공무원으로 근무할 것이 예정되는 공무원을 말하며, 그 종류는 다음 각 호와 같다.	☐☐☐	○
4	국회사무총장, 감사원장 등은 정무직 공무원이고, 법관과 검사는 경력직 공무원(경력직 공무원 중 특정직)에 해당함	☐☐☐	✕
5	감사원 사무차장은 경력직 공무원에 포함됨(경력직 공무원 중 일반직 공무원)	☐☐☐	✕
6	역량평가제는 고위공무원으로 임용되기 전에 시행하는 사전적 검증장치 혹은 사전평가제도임	☐☐☐	○
7	고위공무원단은 직위분류제를 도입하면서 적용한 제도이므로 담당직무의 등급에 따라 그 지위가 결정됨	☐☐☐	○
8	별정직 공무원의 근무상한연령은 60세이며, 일반임기제 공무원으로 채용할 수 없음	☐☐☐	✕
9	역량평가제도는 기존에 성취된 업적을 평가하는 게 아니라 미래 행동에 대한 잠재성을 측정하는 평가임	☐☐☐	✕
10	역량평가제도는 미래 행동에 대한 잠재성을 측정하는 평가임 → 미래역량을 사전에 검증		✕
11	**국가공무원법 제11조【역량평가방법】** 역량평가는 4명 이상의 역량평가위원이 참여하여 제시된 직무 상황에서 나타나는 평가 대상자의 행동을 관찰하여 그 역량을 평가하는 방법으로 한다.	☐☐☐	○
12	우리나라의 고위공무원단제도는 계급을 폐지하고 직무를 중심으로 인사관리하는 제도임	☐☐☐	✕
13	선지는 액션러닝에 대한 내용임 → 이론과 지식 위주의 전통적인 주입식·집합식 강의의 한계를 극복하고 훈련자들의 참여를 통해 실제 문제해결능력 향상을 추구하는 교육훈련(고위공무원단 후보자 교육은 액션러닝에 기초함(2005년 도입))	☐☐☐	○
14	경력직 공무원은 일반적으로 공개경쟁시험을 통해 임용되고, 정년이 보장됨	☐☐☐	○
15	정무직 공무원은 별정직 공무원과 더불어 특수경력직 공무원에 해당함	☐☐☐	✕
16	임용주체와 경비부담을 기준으로 국가공무원(대통령 혹은 중앙행정기관장, 국비)과 지방공무원(지자체장 혹은 지방의회 의장, 지방비)으로 구분할 수 있음	☐☐☐	○
17	고위공무원단 제도는 정무직을 제외하고, 일반직, 특정직(외교), 별정직에 적용하고 있음	☐☐☐	✕
18	고위공무원단 제도는 정무직을 제외하고, 일반직, 특정직(외교), 별정직에 적용하고 있음	☐☐☐	○
19	고위공무원단에는 국가공무원으로 보하는 부시장, 부지사, 부교육감 등이 포함됨	☐☐☐	✕
20	**공무원 보수규정 제63조【고위공무원의 보수】** ① 고위공무원에 대해서는 별표 31에 따라 직무성과급적 연봉제를 적용한다. 다만, 대통령경호처 직원 중 고위공무원단에 속하는 별정직공무원에 대해서는 호봉제를 적용한다.	☐☐☐	○

CHAPTER 03 ≡ 공무원 임용 및 능력 발전

Section 01	임용의 종류

구분	지문	시행	O · X
1	시보공무원은 일종의 교육훈련과정으로 교육에만 전념할 수 있도록 정규공무원과 동일하게 공무원 신분을 보장한다.	2013 행정사	
2	5급 이상 모든 공무원은 1년의 시보임용 기간을 거치며, 6급 이하 임기제 공무원의 시보임용 기간은 6개월이다.	2025 국가7	
3	국가공무원법에 의하면 6급 이하 공무원의 시보기간은 3개월이다.	2020 행정사	
4	시보임용 기간 중에 있는 공무원은 훈련을 받는 기간 동안 봉급이 지급되지 않는다.	2025 국가7	
5	실무 수습 중인 채용후보자는 형법에 따른 벌칙을 적용할 때 공무원으로 보지 않는다.	2018 행정사	
6	부서 간 업무 협조를 유도하고 구성원 간 갈등을 해소하는 것은 배치전환의 본질적 목적 중 하나이다.	2014 사회복지9	
7	배치전환은 행정의 전문성과 능률성을 증진시킬 수 있다.	2019 서울9	
8	전보는 동일한 직급 내에서 보직을 변경하는 것을 말한다.	2011 국가9	
9	공무원을 수직적으로 이동시키는 내부임용의 방법으로는 전직과 전보가 있다.	2015 국가9	
10	전직이란 직렬을 달리하는 임명을 말한다.	2018 행정사	
11	임용권자는 직제 혹은 정원이 변경되거나 예산의 감소 등으로 직위가 폐직되었을 경우 또는 본인이 동의한 경우에는 소속 공무원을 강임할 수 있다.	2014 국가7	
12	강임은 징계처분에 의한 수직적 인사이동이다.	2018 행정사	
13	강임의 경우, 같은 직렬의 하위 직급이 없는 경우 다른 직렬의 하위 직급으로는 이동할 수 없다.	2024 지방9	
14	공무원의 인사이동 중 같은 직급 내에서 직위 등을 변경하는 전보는 수평적 인사이동에 해당하며, 전보의 오용과 남용을 방지하기 위해 전보가 제한되는 기간이나 범위를 두고 있다.	2020 국가9	
15	시보 공무원은 공무원법상 공무원에 해당하기 때문에 시보기간 동안에도 직위를 맡을 수 있다.	2020 군무원7	
16	국가직은 고위공무원단을 포함한 1급~2급에 해당하는 직위 모두를 개방형 직위로 간주한다.	2020 군무원9	
17	공무원을 신규 채용하는 경우에는 일정기간 시보로 임용할 수 있으며, 시보기간 동안 정규공무원과 같은 수준으로 지위와 신분이 보장된다.	2021 국회9	
18	임용권자는 시보임용 기간 중에 공무원으로서 품위를 크게 손상하는 행위를 함으로써 공무원으로서의 자질이 부족하다고 판단되는 경우 시보 공무원을 면직시킬 수 있다.	2025 국가7	
19	국회, 법원, 헌법재판소, 선거관리위원회 및 행정부 상호 간에 다른 기관 소속 공무원을 전입하려는 때에는 시험을 거쳐 임용하여야 한다.	2021 국회9	
20	지방자치단체의 장 또는 지방의회의 의장은 공무원을 전입시키려고 할 때에는 해당 공무원이 소속된 지방자치단체의 장 또는 지방의회의 의장의 동의를 받아야 한다.	2024 지방9	

정답과 해설

※ 일반적으로 정답이 'ⅹ'인 선지에 대한 해설만 있음

Section 01 임용의 종류

구분	해설	회독	정답
1	시보공무원은 정규공무원과 동일하게 공무원 신분을 보장받지 못함 → 예를 들어, 국가공무원법에서 명시하고 있는 정년을 적용받지 못함	☐☐☐	✕
2	• 5급 공무원은 1년의 시보임용 기간을 거치지만, 고위공무원단은 시보제도가 없음 • 임기제 공무원은 시보제도가 적용되지 않음	☐☐☐	✕
3	국가공무원법에 따르면 5급은 1년, 6급 이하는 6개월임	☐☐☐	✕
4	시보공무원은 공무원연금 대상임 → 따라서 봉급이 지급됨	☐☐☐	✕
5	실무 수습 중인 채용후보자는 형법에 따른 벌칙을 적용할 때 공무원으로 간주함	☐☐☐	✕
6	배치전환은 수평적인 인사이동이므로 부서 간 업무 협조를 유도하고 구성원 간 갈등을 해소할 수 있음	☐☐☐	○
7	조직 내 빈번한 자리 이동은 자칫 행정의 전문성과 능률성을 저해시킬 수 있음	☐☐☐	✕
8	전보는 일의 종류를 바꾸지 않고 보직을 변경하는 것임	☐☐☐	○
9	공무원을 수평적으로 이동시키는 내부임용의 방법으로는 전직과 전보가 있음	☐☐☐	✕
10	전직이란 일의 종류를 바꾸는 수평적 인사이동임	☐☐☐	○
11	**국가공무원법 제73조의4【강임】** ① 임용권자는 직제 또는 정원의 변경이나 예산의 감소 등으로 직위가 폐직되거나 하위의 직위로 변경되어 과원이 된 경우 또는 본인이 동의한 경우에는 소속 공무원을 강임할 수 있다.	☐☐☐	○
12	강등은 징계처분에 의한 수직적 인사이동임	☐☐☐	✕
13	**지방공무원법 제5조【정의】** 이 법에서 사용하는 용어의 뜻은 다음과 같다. 4. "강임(降任)"이란 같은 직렬 내에서 하위 직급에 임명하거나 하위 직급이 없어 다른 직렬의 하위 직급에 임명하는 것을 말한다.	☐☐☐	✕
14	전보의 오용과 남용을 방지하기 위해 전보가 제한되는 기간이나 범위를 두고 있음 → 일반적으로 3년	☐☐☐	○
15	시보 공무원은 적격성을 검증받기 위해서 시보기간에 직위를 맡을 수 있음	☐☐☐	○
16	개방형 직위(20%)를 포함하여 공모 직위(30%), 부처자율 직위(50%) 등을 활용할 수 있음	☐☐☐	✕
17	공무원을 신규 채용하는 경우에는 일정기간 시보로 임용할 수 있으며(5급은 1년, 6급 이하는 6개월), 시보기간 동안 정규공무원과 같은 수준으로 지위와 신분이 보장되지 않음 → 예를 들어, 국가공무원법에서 명시하고 있는 정년을 적용받지 못함	☐☐☐	✕
18	**국가공무원법 제29조【시보 임용】** ③ 시보 임용 기간 중에 있는 공무원이 근무성적·교육훈련성적이 나쁘거나 이 법 또는 이 법에 따른 명령을 위반하여 공무원으로서의 자질이 부족하다고 판단되는 경우에는 제68조와 제70조에도 불구하고 면직시키거나 면직을 제청할 수 있다.	☐☐☐	○
19	**국가공무원법 제28조의2【전입】** 국회, 법원, 헌법재판소, 선거관리위원회 및 행정부 상호 간에 다른 기관 소속 공무원을 전입하려는 때에는 시험을 거쳐 임용하여야 한다. 이 경우 임용 자격 요건 또는 승진소요최저연수ㆍ시험과목이 같을 때에는 대통령령등으로 정하는 바에 따라 그 시험의 일부나 전부를 면제할 수 있다.	☐☐☐	○
20	**지방공무원법 제29조의3【전입】** 지방자치단체의 장 또는 지방의회의 의장은 공무원을 전입시키려고 할 때에는 해당 공무원이 소속된 지방자치단체의 장 또는 지방의회의 의장의 동의를 받아야 한다.	☐☐☐	○

DAY — 18

21	국가기관의 장은 국가안보 및 보안·기밀에 관계되는 분야를 제외하고 대통령령 등으로 정하는 바에 따라 외국인을 공무원으로 임용할 수 있다.	2023 지방7	
22	신규 채용되는 공무원의 경우 시보 임용을 면제하거나 그 기간을 단축할 수 없다.	2023 지방7	
23	'전직'은 같은 직급 내에서의 보직 변경 또는 고위공무원단 직위 간의 보직 변경을 말한다.	2025 국가9	

Section 02 선발시험의 실효성 확보 조건

구분	지문	시행	O·X
1	기준타당성은 시험성적과 본래 시험에서 예측하고자 했던 기준 간의 상관관계를 검토하는 것이다.	2006 국가9	
2	시험성적과 본래 시험으로 예측하고자 했던 기준 사이에 얼마나 밀접한 상관관계가 있는가를 검증하는 것은 선발시험의 신뢰성을 검증하는 방법 중 하나이다.	2022 지방7	
3	공무원 선발시험과목 중 행정학 시험의 타당성을 검증하기 위해 행정학 교수들로 패널을 구성하여 전체적인 문항들을 검증하는 방법과 가장 관련이 있는 것은 내용타당성이다.	2008 지방7	
4	구성타당성은 지원자의 근력·지구력 등을 측정하기 위해 새로 만든 시험방법을 통해 측정한 점수와 기존의 시험방법으로 측정한 결과 간의 상관관계를 분석한다.	2014 국가7	
5	시험의 신뢰성은 타당성의 충분조건이지 필요조건은 아니다.	2007 서울7	
6	기준타당성은 소방직 시험에 합격한 사람들에게 3개월 뒤 같은 문제로 시험을 보게 하여 두 점수 간의 상관관계를 분석하는 것과 관련이 있다.	2014 지방7	
7	국회사무처 직원 선발시험에 합격한 사람들의 채용시험 성적과 1년 후 근무성적을 비교하여 검증하는 것은 기준타당성과 관련된 것이다.	2019 국회9	

Section 03 공무원의 능력 발전

구분	지문	시행	O·X
1	감수성 훈련은 어떤 사건의 윤곽을 피교육자에게 알려주고 그 해결책을 찾게 하는 방법이다.	2009 국가9	
2	직장훈련(OJT)은 사전에 예정된 계획에 따라 실시하기가 용이하다.	2009 국가9	
3	교육훈련의 종류를 OJT(On-the-Job Training)와 OFFJT(Off-the-Job Training)로 구분할 때 역할 연기는 OJT의 주요 프로그램에 해당한다.	2019 사회복지9	
4	감수성 훈련은 서로 모르는 사람 10명 내외로 소집단을 만들어 허심탄회하게 자신의 느낌을 말하고 다른 사람이 자신을 어떻게 생각하는지를 귀담아듣는 방법으로 훈련을 진행하기 위한 전문가의 역할이 요구된다.	2019 국가9	
5	순환보직은 배치전환이라고도 하며, 외부임용 중 하나이다.	2025 국가7	

21	국가공무원법 제26조의3【외국인과 복수국적자의 임용】① 국가기관의 장은 국가안보 및 보안·기밀에 관계되는 분야를 제외하고 대통령령등으로 정하는 바에 따라 외국인을 공무원으로 임용할 수 있다.	☐☐☐	O
22	대통령령 등으로 정하는 경우에는 시보 임용을 면제하거나 그 기간을 단축할 수 있음(국가공무원법 제29조)	☐☐☐	×
23	① 선지는 전보에 대한 내용임 → 전직은 직렬이동을 뜻함 ② 참고 국가공무원법 제5조(정의) 이 법에서 사용하는 용어의 뜻은 다음과 같다. 6. 전보(轉補)란 같은 직급 내에서의 보직 변경 또는 고위공무원단 직위 간의 보직 변경을 말한다.	☐☐☐	×

Section 02 | 선발시험의 실효성 확보 조건

구분	해설	회독	정답
1	기준타당성은 시험성적과 근무실적을 비교해서 시험의 정확도를 측정하는 것임	☐☐☐	O
2	선지는 기준타당도에 대한 내용임	☐☐☐	×
3	내용타당성은 시험과 직무의 내용이 일치하는 정도를 나타냄 → 일반적으로 직무에 정통한 전문가 집단이 시험의 구체적 내용과 직무수행의 적합성 여부를 주관적으로 판단하여 검증함	☐☐☐	O
4	구성타당성은 추상적인 개념(근력·지구력·공직적성 등)을 얼마나 정확하게 측정했는가를 나타냄	☐☐☐	O
5	시험의 신뢰성은 타당성 확보에 필요한 조건(필요조건)임	☐☐☐	×
6	지문은 재시험법에 대한 내용임 ※ 기준타당성: 시험의 성적과 시험을 통해 예측하고자 했던 기준(직무수행실적)사이의 관계가 얼마나 밀접한지를 분석하는 것	☐☐☐	×
7	기준타당성은 시험성적과 근무실적을 비교해서 시험의 정확도를 측정하는 것임 → 선지는 기준타당성 중 예측적 타당성 검증에 대한 내용임	☐☐☐	O

Section 03 | 공무원의 능력 발전

구분	해설	회독	정답
1	해당 지문은 사건처리연습에 해당함 ※ 감수성 훈련: 10명 내외로 소집단을 만들어 서로 진솔하게 자신의 느낌을 말하고 다른 사람이 자신을 어떻게 생각하는지를 귀담아 듣는 것으로써 구성원의 태도와 행동변화를 유도할 수 있음	☐☐☐	×
2	교육원 훈련(OffJT)은 현장의 업무수행과는 관계없이 사전에 예정된 계획에 따라 실시하기가 용이함	☐☐☐	×
3	역할연기는 교육원 훈련(OFFJT)에 해당함	☐☐☐	×
4	감수성 훈련은 진솔한 대화 및 공감을 통해 행동의 변화를 추구함	☐☐☐	O
5	• 순환보직(직무순환): 여러 분야의 직무를 직접 경험하도록 만들기 위하여 계획한 순서에 따라 직무를 순환하면서 배우는 실무훈련 → 일반행정가의 원리에 부합하며, 내부임용 중 하나임 • 배치전환: 전직·전보·파견 등	☐☐☐	×

CHAPTER 04 공무원 평가: 성과 관리

Section 01 근무성적평정

구분	지문	시행	O · X
1	도표식 평정척도법은 평정요소와 등급의 추상성이 높기 때문에 평정자의 자의적 해석에 의한 평가가 이루어지기 쉽다는 단점이 있다.	2015 국회8	
2	강제배분법은 평정자가 미리 정해진 비율에 따라 평정대상자를 각 등급에 분포시키고, 그 다음에 역으로 등급에 해당하는 점수를 부여하는 역산식 평정을 할 가능성이 높다.	2012 지방7	
3	행태기준척도법은 평정의 임의성과 주관성을 배제하기 위하여 도표식평정척도법에 중요사건기록법을 가미한 방식이다.	2014 국회8	
4	강제배분법은 피평정자들의 성적분포가 과도하게 집중되는 것을 방지하기 위해 등급별로 비율을 정하여 준수하도록 하는 방법이다.	2020 지방7	
5	산출기록법은 시간당 수행한 공무원의 업무량을 전체 평정기간 동안 계속적으로 조사해 평균치를 측정하거나, 일정한 업무량을 달성하는 데 소요된 시간을 계산해 그 성적을 평정하는 방법이다.	2020 지방7	
6	행태기준평정척도법은 선정된 주요 과업 분야에 대해서 가장 이상적인 과업수행 행태에서부터 가장 바람직하지 못한 과업수행 행태까지를 몇 개의 등급으로 구분하고, 등급마다 중요행태를 명확하게 기술하고 점수를 할당하는 방법이다.	2020 지방7	
7	행태기준평정척도법은 주요과업 분야별로 바람직한 행태의 유형 및 등급을 구분·제시한 뒤, 평정대상자의 행태를 관찰하여 해당 사항에 표시하게 하는 방법이다.	2021 행정사	
8	도표식 평정척도법은 근무성적을 객관적 사실에 기초하여 평가하므로 평정자의 편견이 개입할 가능성이 작다.	2022 지방7	
9	강제배분법은 평정치의 편중과 관대화 경향을 막기 위해 등급별로 비율을 미리 정해 놓는다.	2022 지방7	
10	도표식 평정척도법은 평정자의 직관과 선험을 바탕으로 하여 평정하기 때문에 작성이 빠르고 쉬우며 경제적이라는 강점이 있으나, 연쇄효과가 나타나기 쉽다.	2021 국회9	
11	도표식 평정척도법은 평정요소와 평정등급에 대한 평정자의 자의적 해석이 발생할 수 있다.	2023 지방7	
12	강제배분법은 역산식 평정이 불가능하며 관대화 경향을 초래한다.	2023 국가7	
13	행태관찰평정법(Behavioral Observation Scales)은 성과와 관련된 직무행태를 관찰하여 활동의 발생빈도를 측정한다.	2018 서울7	
14	행태관찰척도법은 도표식평정척도법이 갖는 등급과 등급 간의 모호한 구분과 연쇄효과의 오류가 나타날 수 있다.	2012 지방7	

📋 정답과 해설

Section 01 근무성적평정

구분	해설	회독	정답
1	도표식 평정척도법은 평정에 있어서 구체적인 행동을 참고하지 않는바 평정자의 자의적 해석에 의한 평가가 이루어지기 쉽다는 단점이 있음	☐☐☐	O
2	강제배분법을 꼼꼼하게 적용하지 않는 평정자는 등급 선정 후 점수를 부여하는 역산식 평정을 할 가능성이 있음	☐☐☐	O
3	행태기준척도법은 평정의 구체성을 확보하기 위하여 도표식평정척도법에 중요사건기록법을 가미한 방식임 → 중요사건기록법은 구체적인 행동을 명시할 수 있는 장점이 있음	☐☐☐	O
4	강제배분법은 피평정자들의 성적분포가 과도하게 집중되는 것을 방지하기 위해 고른 성적의 분포를 강제하는 방법임	☐☐☐	O
5	산출기록법은 사실기록법의 한 종류로서 시간당 수행한 공무원의 업무량을 전체 평정기간 동안 계속적으로 조사해 평균치를 측정하거나, 일정한 업무량을 달성하는 데 소요된 시간을 계산해 그 성적을 평정하는 방법임	☐☐☐	O

※ 아래의 표 참고
✓ 평정대상자의 행태를 가장 대표할 수 있는 난에 체크 표시하여 주세요.
■ 평정요소: 협동정신

구분	등급	행태유형	회독	정답
6	7	부하직원과 상세하게 대화를 나누고 그에 대한 해결방안을 내놓는다.	☐☐☐	O
	6	스스로 해결할 수 없는 문제는 상관에게 자문을 구하여 해결책을 찾는다.		
	5	스스로 해결하려고 노력하지만, 가끔 잘못된 결과를 초래한다.		
	4	일시적인 해결책으로 대응하여 문제가 계속 발생한다.		
	3	부하직원의 의사를 참고하지 않고 독단적으로 결정한다.		
	2	문제해결에 있어 개인적인 감정을 내세운다.		
	1	어떤 결정을 내려야 할 상황인데 결정을 회피하거나 미룬다.		

구분	해설	회독	정답
7	6번 해설 참고	☐☐☐	O
8	도표식 평정척도법은 구체적인 행동을 근거로 평가하지 않는바 평정자의 편견 개입 가능성이 큼	☐☐☐	✕
9	강제배분법은 분포상 오류를 방지하기 위해 고른 성적의 분포를 강제함	☐☐☐	O
10	도표식 평정척도법은 피평정자의 행동을 명시하지 않는 까닭에 평정자의 직관과 선험을 바탕으로 하여 평정함 → 때문에 작성이 빠르고 쉬우며 경제적이라는 강점이 있으나, 연쇄효과가 나타나기 쉬움	☐☐☐	O
11	도표식 평정척도법은 피평정자의 행동을 명시하지 않는 까닭에 평정자의 자의적 해석이 발생할 수 있음	☐☐☐	O
12	강제배분법은 평정자가 미리 정해진 비율에 따라 평정대상자를 각 등급에 분포시키고, 그 다음에 등급에 해당하는 점수를 역으로 부여하는 역산식 평정을 할 가능성이 큼 → 아울러 관대화 경향을 방지함	☐☐☐	✕
13	행태관찰평정법(Behavioral Observation Scales)은 성과와 관련된 직무행태를 관찰하여 활동의 발생빈도를 측정하는 방법으로써 행태기준척도법의 단점인 바람직한 행동과 바람직하지 않은 행동과의 상호배타성을 극복하기 위해 개발하였음	☐☐☐	O
14	① 행태관찰척도법도 도표식평정척도법의 성격이 강해지면(행태관찰척도법을 제대로 구현하지 못하면) 집중화·관대화 경향이 나타날 수 있음 ② 혹은 도표식평정척도법이 갖는 등급과 등급 간의 모호한 구분과 연쇄효과의 오류가 나타날 수 있음	☐☐☐	O

DAY — **19**

Section 02   근무성적평정의 오류

구분	지문	시행	O · X
1	근무성적 평정상의 오류 중 연쇄효과란 한 평정요소에 대한 평정자의 판단이 다른 요소의 평정에도 영향을 주는 것을 의미한다.	2014 경찰간부	
2	후광효과(halo effect)는 어떤 요소에 대한 평정이 다른 요소에 대한 평정에 연쇄적으로 영향을 미치는 현상이다.	2025 국가9	
3	어떤 평정자가 다른 평정자들보다 언제나 좋은 점수 또는 나쁜 점수를 주게 됨으로써 나타나는 근무성적 평정상의 오류는 총계적 오류이다.	2011 지방9	
4	근접효과는 평가시점에 가까운 실적일수록 더 크게 반영하여 평가하는 현상이다.	2018 경찰간부	
5	근접효과(recency effect)는 최초의 근무성적에 대한 평정자의 인식이 전체 기간의 평정에 영향을 미치는 현상이다.	2025 국가9	
6	집중화 경향은 상관이 부하와의 인간관계를 고려하여 실제보다 후한 평정을 하는 것을 말한다.	2011 경찰간부	
7	국내 최고 대학을 졸업했기 때문에 일을 잘했을 것이라고 생각하여 피평정자에게 높은 근무성적평정 등급을 부여할 경우 평정자가 범하는 오류는 선입견에 의한 오류이다.	2020 지방9	
8	관대화 경향은 비공식집단적 유대 때문에 발생하며 평정결과의 공개를 완화방법으로 고려할 수 있다.	2021 국가9	
9	연쇄효과는 초기 실적이나 최근의 실적을 중심으로 평가함으로써 발생하는 시간적 오류를 의미한다.	2023 지방9	
10	관대화 경향의 폐단을 막기 위해 강제배분법을 활용할 수 있다.	2023 지방9	
11	공격적인 성격의 소유자가 다른 사람도 공격적으로 보는 지각오류는 투사이다.	2024 국가7	

Section 03   우리나라의 근무성적평정제도

구분	지문	시행	O · X
1	4급 이상 및 고위공무원단에 속하는 자는 성과계약에 의한 목표달성도를 연 1회 평가한다.	2007 경기9	
2	근무성적평가 결과는 승진 및 보직관리에는 이용되지 않고 성과급 지급에만 활용된다.	2015 국가7	
3	근무성적평가는 근무실적과 직무수행능력, 적성, 태도 등을 포함하는 평가이다.	2019 군무원9	
4	4급 이하 공무원은 대부분 근무성적평가를 받는다.	2019 군무원9	

Section 02	근무성적평정의 오류

구분	해설	회독	정답
1	① 연쇄효과(후광효과)는 A에 대한 평정이 B에 대한 평정에 영향을 미치는 현상을 뜻함 ② 예 전문성이 좋으면 사회성도 괜찮을 거라 생각하는 경우 ③ 연쇄효과는 평정요소의 의미가 모호할 때 주로 발생함	☐☐☐	O
2	1번 해설 참고	☐☐☐	O
3	어떤 평정자가 다른 평정자들보다 언제나 좋은 점수 또는 나쁜 점수를 주게 됨으로써 나타나는 근무성적 평정상의 오류는 규칙적 오류임	☐☐☐	X
4	근접효과는 피평정자의 평가에 있어서 최근의 실적이나 능력을 중심으로 평가하는 것임	☐☐☐	O
5	선지는 최초효과에 대한 설명임 → 근접효과는 피평정자의 평가에 있어서 최근의 실적이나 능력을 중심으로 평가하는 오류임	☐☐☐	X
6	관대화 경향은 상관이 부하와의 인간관계를 고려하여 실제보다 후한 평정을 하는 것을 말함 ※ 집중화 경향은 보통 점수에 점수의 분포가 쏠리는 현상임	☐☐☐	X
7	**선입견에 의한 오류**: 평정대상자의 개인적 특성인 성, 연령, 종교, 교육수준, 출신학교 등에 대해 평정자가 평소 가지고 있는 편견을 평정에 반영하는 것 → 유형화·정형화·집단화의 오류와 같은 표현	☐☐☐	O
8	관대화 경향은 평정결과의 분포가 우수한 쪽에 집중되는 현상임; 이는 실제 수준보다 피평정자를 관대하게 평가하는 경향으로써 평정대상자와의 불편한 인간관계를 피하려는 동기로부터 유발되는 면이 있음 → 일반적으로 강제배분법을 완화방법으로 고려함	☐☐☐	X
9	연쇄효과와 시간적 오류는 다른 개념임 → 연쇄효과는 한 평정요소에 대한 평정자의 판단이 연쇄적으로 다른 요소의 평정에도 영향을 미치는 현상임	☐☐☐	X
10	관대화 경향의 폐단을 막기 위해 고른 성적의 분포를 강제하는 강제배분법을 활용할 수 있음	☐☐☐	O
11	투사는 자신의 감정이나 특성을 다른 사람에게 전가하는 것임 → 즉, 본인이 믿고 싶은 것을 진실이라고 생각하는 현상임	☐☐☐	O

Section 03	우리나라의 근무성적평정제도

구분	해설	회독	정답
1	일반적으로 4급 이상 공무원은 성과계약 등 평가를 적용하며, 연 1회 실시함	☐☐☐	O
2	근무성적평가는 정기적으로 근무실적과 직무수행능력 등을 평가하며 그 결과는 승진과 성과급 지급, 보직관리 등에 활용됨	☐☐☐	X
3	근무성적평가의 평가항목은 근무실적과 직무수행능력으로 하되, 소속 장관이 필요하다고 인정하는 경우에는 인사혁신처장이 정하는 범위에서 직무수행태도 등을 평정할 수 있음	☐☐☐	O
4	우리나라의 근무성적평정은 고위공무원을 포함한 4급 이상의 공무원에게는 성과계약중심평가를 실시하며, 5급 이하 공무원에게는 근무성적평가를 실시함 → 근무성적평가는 근무실적과 직무수행능력, 적성, 태도 등을 포함하는 평가임	☐☐☐	X

DAY

19

Section 04　다면평가제도

구분	지문	시행	O · X
1	다면평가제도는 다수의 평가자가 참여해 합의를 통해 평가결과를 도출하는 체계이며, 개별평가자의 오류를 방지하고 평가의 공정성을 확보할 수 있다.	2017 서울9	
2	다면평가를 계서적 문화가 강한 조직에 적용할 경우 상급자와 하급자 간의 갈등을 최소화할 수 있다.	2015 국가7	
3	다면평가제도는 평가대상자의 동료와 부하를 제외하고 상급자가 다양한 측면에서 평가한다.	2013 지방9	

Section 04 | 다면평가제도

구분	해설	회독	정답
1	다면평가제도는 다수의 평가자가 참여해 평가 결과를 도출하는 체계이며, 개별평가자의 오류를 방지하고 평가의 공정성을 확보할 수 있음 → 다면평가제도는 합의를 하지 않음	☐☐☐	✕
2	다면평가를 계서적 문화가 강한 조직에 적용할 경우 상급자와 하급자 간의 갈등이 발생할 수 있음	☐☐☐	✕
3	다면평가제도는 평가대상자의 동료와 부하, 상급자가 다양한 측면에서 피평가자를 평가함	☐☐☐	✕

CHAPTER **05** **공무원 동기 부여**

Section 01 **사기[Morale]**

구분	지문	시행	O · X
1	「공무원 제안 규정」상 우수한 제안을 제출한 공무원에게 인사상 특전을 부여할 수 있지만, 상여금은 지급할 수 없다.	2017 지방9	
2	제안제도는 행정절차의 간소화, 경비 절감 등의 업무 개선을 촉진할 수 있다.	2012 국가7	

Section 02 **공직봉사동기: 공무원의 동기는 따로 있다?**

구분	지문	시행	O · X
1	페리와 와이스(Perry & Wise)는 공직봉사동기의 유형으로 제도적 차원, 금전적 차원, 감성적 차원을 제시하였다.	2021 국가9	
2	공직봉사동기는 공사부문 간 업무성격이 다르듯이, 공공부문의 조직원들은 동기구조 자체도 다르다는 입장에 있다.	2021 국가9	
3	정서적(affective) 동기의 예로 특정 집단의 이익을 옹호하는 정책에 대한 헌신이 있다.	2020 국회9	
4	공직봉사동기를 강조하는 학자들은 1980년대이후 급격히 확산된 신공공관리론의 외재적 보상에 의한 동기부여를 재차 강조한다.	2022 군무원9	
5	페리와 와이즈(Perry & Wise)에 따르면 공직동기는 합리적 차원과 규범적 차원, 그리고 정서적 차원으로 구성된다.	2022 군무원9	
6	페리(Perry)와 와이즈(Wise)가 제시한 공공봉사동기 중 규범적 차원의 공공봉사동기는 선의의 애국심을 의미한다.	2025 지방7	

※ 일반적으로 정답이 'ｘ'인 선지에 대한 해설만 있음

Section 01 사기(Morale)

구분	해설	회독	정답
1	「공무원 제안 규정」상 우수한 제안을 제출한 공무원에게 인사상 특전이나 상여금을 지급할 수 있음	☐☐☐	×
2	■ 제안제도 틀잡기 능률적인 행정운영 소속 공무원 ──제안──→ 중앙행정기관의 장 ←──보상──	☐☐☐	○

Section 02 공직봉사동기: 공무원의 동기는 따로 있다?

구분	해설	회독	정답
1	페리와 와이스(Perry & Wise)는 공직봉사동기의 유형으로 합리적 차원, 규범적 차원, 정서적(감성적) 차원을 제시하였음	☐☐☐	×
2	공직봉사동기는 행정과 경영을 구분하기 때문에 회사원과 공공부문의 조직원들은 동기구조 자체도 다르다는 입장에 있음	☐☐☐	○
3	선지는 합리적 차원의 공직봉사동기에 대한 내용임 ■ 공직봉사동기의 유형 **합리적 차원**: 공무원이 정책형성과정에 참여(정책에 대한 호감)함으로써 사회적인 목적을 달성한다면 자신의 욕구를 충족하게 되어 만족감을 느낀다는 것 **규범적 차원**: 공익에 대한 봉사욕구, 정부에 대한 충성심, 사회적 형평의 추구 등을 포함 **정서적 차원(감성적 차원)**: 동정심과 희생정신을 뜻함 → 동정과 희생은 정책의 중요성을 인지하는 진실한 신념에서 기인하며, 이는 선의의 애국심으로 이어짐	☐☐☐	×
4	공직동기론은 외재적 보상, 즉 돈이나 승진보다 내재적 보상(소명심 등)을 강조한 이론임	☐☐☐	×
5	3번 해설 참고	☐☐☐	○
6	선의의 애국심은 정서적 차원의 공직봉사동기임	☐☐☐	×

Section 03　공무원에 대한 보상: 보수와 연금

구분	지문	시행	O · X
1	공무원 보수에서 직능급이란 직무의 난이도와 책임에 따라 결정되는 보수이다.	2016 사회복지9	
2	직무급은 직무가 지니는 상대적 가치를 평가하여 임금을 결정하는 보수체계이다.	2019 행정사	
3	직무급을 도입하기 위해서는 직무분석과 직무평가를 통한 직무별 상대가치 평가가 선행되어야 한다.	2024 지방7	
4	공무원 보수제도 중 직무성과급적 연봉제는 고위공무원단 소속 공무원에게 적용된다.	2017 지방9	
5	「공무원연금법」상 공무원연금 대상에는 장관, 군인, 선거에 의하여 취임하는 공무원 등이 포함된다.	2016 국가7	
6	지방자치단체의 장은 공무원연금 적용대상에서 제외된다.	2025 지방7	
7	퇴직수당을 받기 위해서는 공무원으로 10년 이상 근무해야 하며, 퇴직연금을 받기 위해서는 공무원으로 20년 이상 근무하여야 한다.	2025 지방7	
8	우리나라의 공무원 연금제도는 기금제(pre-funding system, funded plan)를 채택하고 있다.	2011 국가7	
9	공무원 연금제도에 있어 비기금제는 적립된 기금 없이 연금급여가 발생할 때마다 필요한 비용을 조달하여 지급하는 방식으로 미국 등이 채택하고 있다.	2019 국가7	
10	우리나라 공무원연금법의 적용 대상에는 장관도 포함된다.	2011 국가7	
11	보수후불설(거치보수설)에 따르면 퇴직연금은 공무원의 당연한 권리이다.	2009 지방7	
12	우리나라는 기금조성의 비용을 정부와 공무원이 공동으로 부담하는 기여제를 채택하고 있다.	2012 해경간부	
13	총액인건비제도는 김대중 정부에서 중앙행정기관 및 지방자치단체에 처음 도입되었으며, 공공기관으로 확대되었다.	2020 국가7	
14	총액인건비제의 시행으로 보수관리에 대한 각 부처의 자율성이 확대되었다.	2024 지방7	
15	책임운영기관의 설치 · 운영에 관한 법령에 따른 책임운영기관은 총액인건비제 시행의 대상에 해당하지 않는다.	2024 지방7	
16	총액인건비제를 시행하는 기관은 의도적 절감노력으로 확보한 재원을 성과상여금 및 성과연봉 등에 활용할 수 있다.	2024 지방7	
17	현행 법령상 공무원의 호봉 간 승급에 필요한 기간은 1년이며, 직종별 구분 없이 하나의 봉급표가 적용된다.	2020 지방7	
18	실적급은 공무원의 직무수행능력을 측정하여 그 능력이 우수할수록 보수를 우대하는 보수체계이다.	2021 경찰간부	
19	연공급은 근속연수를 기준으로 하기 때문에 전문기술인력 확보에 유리하다.	2022 지방9	
20	연공급은 사람을 중심으로 하는 속인적 기본급이다.	2025 국가9	
21	2015년 공무원 연금 개혁으로 인해 퇴직급여 산정 기준은 퇴직 전 3년 평균보수월액으로 변경되었다.	2022 지방9	
22	고위공무원단은 직무성과급적 연봉제를 적용받는다.	2022 군무원7	
23	계급제에서의 보수는 직무급이 특징이다.	2025 국가9	

Section 03 공무원에 대한 보상: 보수와 연금

구분	해설	회독	정답
1	직무급에 대한 내용임; 직능급이란 직무수행능력(연공급 + 직무급)을 기준으로 제공하는 보수임	☐☐☐	✕
2	직무급은 직무의 난이도를 기준으로 임금을 결정하는 보수체계임	☐☐☐	O
3	직무급은 직위분류제에서 활용하는 급여체계임		O
4	**공무원 보수규정 제63조【고위공무원의 보수】** ① 고위공무원에 대해서는 별표 31에 따라 직무성과급적 연봉제를 적용한다. 다만, 대통령경호처 직원 중 고위공무원단에 속하는 별정직공무원에 대해서는 호봉제를 적용한다.	☐☐☐	O
5	**공무원연금법 제3조【정의】** ① 이 법에서 사용하는 용어의 뜻은 다음과 같다. 1. "공무원"이란 공무에 종사하는 다음 각 목의 어느 하나에 해당하는 사람을 말한다. 　가. 「국가공무원법」, 「지방공무원법」, 그 밖의 법률에 따른 공무원. 다만, 군인과 선거에 의하여 취임하는 공무원은 제외한다.	☐☐☐	✕
6	선거에 의하여 취임하는 공무원은 「공무원연금법」 적용대상이 아님	☐☐☐	O
7	• 퇴직수당은 1년 이상 근무하고 퇴직하는 공무원에게 정부재원으로 지급하는 수당임 • 퇴직연금을 받기 위해서는 공무원으로 10년 이상 재직해야 함	☐☐☐	✕
8	우리나라의 공무원 연금제도는 공무원연금법에 기초하여 기금제(pre-funding system, funded plan)로 운영되고 있음	☐☐☐	O
9	공무원 연금제도에 있어 비기금제는 적립된 기금 없이 연금급여가 발생할 때마다 필요한 비용을 조달하여 지급하는 방식으로 영국, 프랑스, 독일 등이 채택하고 있음	☐☐☐	✕
10	**공무원 연금법 제2조【주관】** 이 법에 따른 공무원연금제도의 운영에 관한 사항은 인사혁신처장이 주관한다. **동법 제3조【정의】** ① 이 법에서 사용하는 용어의 뜻은 다음과 같다. 1. "공무원"이란 공무에 종사하는 다음 각 목의 어느 하나에 해당하는 사람을 말한다. 　가. 「국가공무원법」, 「지방공무원법」, 그 밖의 법률에 따른 공무원. 다만, 군인과 선거에 의하여 취임하는 공무원은 제외한다.	☐☐☐	O
11	보수후불설(거치보수설)은 공무원이 연금의 일부를 조성하는바 퇴직연금을 공무원의 당연한 권리로 인식함	☐☐☐	O
12	우리나라의 연금제도는 기여제·기금제를 채택하고 있음	☐☐☐	O
13	총액인건비제도는 노무현 정부에서 중앙행정기관 및 지방자치단체에 처음으로 도입(2007년 1월 시행)되었으며, 공공기관으로 확대되었음 ※ 총액인건비제도: 정부의 각 기관이 총액인건비 내에서 조직의 조직·정원, 보수 등을 각 기관 특성에 맞게 자율적으로 운영하는 것을 수용하는 제도 → 다만, 그 결과에 책임을 지는 제도임	☐☐☐	✕
14	총액인건비제도는 신공공관리론의 영향으로 등장한 제도임 → 자율성 부여 및 성과책임	☐☐☐	O
15	총액인건비제도를 시행하는 기관에 중앙행정기관, 소속책임운영기관 등이 포함됨	☐☐☐	✕
16	총액인건비 내에서 재원을 절감한 경우 인센티브 등을 부여(성과상여금 등)하여 성과 중심의 조직관리를 할 수 있음	☐☐☐	O
17	일반적으로 호봉 간 승급에 필요한 기간은 1년이며, 공무원의 직종(일반직 공무원, 군인, 경찰 등)에 따라 다른 봉급표가 적용됨	☐☐☐	✕
18	직능급에 대한 설명임 → 실적급(performance based pay) 혹은 성과급은 산출물·성과에 기초한 급여체계임	☐☐☐	✕
19	연공급은 계급제에서 활용하는 급여체계임 → 계급제는 일반행정가를 중시하므로 연공급은 전문기술인력 확보에 불리함	☐☐☐	✕
20	연공급은 근속연수를 기준으로 급여를 결정함 → 사람의 근무기간을 본다는 점에서 속인적 기본급	☐☐☐	O
21	퇴직연금 산정은 평균기준소득월액(재직기간 전체의 평균월급)을 기준으로 함	☐☐☐	✕
22	**공무원보수규정 제63조【고위공무원의 보수】** ① 고위공무원에 대해서는 별표 31에 따라 직무성과급적 연봉제를 적용한다. 다만, 대통령경호처 직원 중 고위공무원단에 속하는 별정직공무원에 대해서는 호봉제를 적용한다.	☐☐☐	O
23	계급제에서 보수는 연공급임	☐☐☐	✕

CHAPTER 06 | 공무원의 의무와 권리, 그리고 통제

Section 01 | 공무원의 의무에 대하여

구분	지문	시행	O · X
1	공무원은 직무를 수행할 때 소속 상관의 직무상 명령에 복종하여야 한다는 것은 국가공무원법상 13대 의무 중 하나이다.	2013 해경간부	
2	우리나라에서는 내부고발자보호제도를 법률로 규정하고 있다.	2020 국가7	
3	「공직자윤리법」의 목적은 공익과 사익의 이해충돌을 방지하고, 국민 전체의 봉사자로서 행정의 민주성과 능률성을 확립하는 것이다.	2024 국가7	
4	공직자윤리법에 따르면 총경 이상의 경찰공무원과 소방정 이상의 소방공무원은 재산을 등록해야 한다.	2020 국가7	
5	공무원 甲이 소속 상관에게 직무상 관계가 없는 증여를 하였다면 「국가공무원법」상 공직윤리에 위배되는 행위이다.	2020 지방7	
6	국가공무원법에 따르면 공무원이 외국 정부로부터 영예나 증여를 받을 경우에는 소속 기관장의 허가를 받아야 한다.	2020 군무원7	
7	공직자윤리법상 재산등록의무자는 5급 이상의 국가공무원 및 지방공무원과 이에 상당하는 보수를 받는 별정직 공무원이다.	2020 군무원9	
8	공직자윤리법 상 지방의회 의원은 외국 정부 등으로부터 받은 선물의 신고 의무가 없다.	2020 국가7	
9	공무원의 주식백지신탁 의무는 부패방지 및 국민권익위원회의 설치와 운영에 관한 법률에 규정되어 있다.	2020 국가7	
10	「국가공무원법」상 공무원이 대통령의 허가를 받고 외국 정부로부터 증여를 받은 것은 공직윤리에 위배된다.	2020 지방7	
11	국가공무원법에 공무원은 공무 외에 영리를 목적으로 하는 업무에 종사하지 못하며 소속 기관장의 허가 없이 다른 직무를 겸할 수 없다고 규정되어 있다.	2020 군무원7	
12	국가공무원법에 따르면, 사실상 노무에 종사하는 공무원은 노동운동이나 그 밖에 공무 외의 일을 위한 집단 행위를 하여서는 아니된다.	2024 국가7	
13	대통령, 국무총리, 국무위원, 국회의원은 공직자윤리법 상 공직자 재산공개 대상자이다.	2021 경정승진	
14	육군 소장과 소방정감은 「공직자윤리법」상 재산공개의무가 있다.	2021 국회직8	
15	공직자윤리법 상 취업심사대상자는 퇴직일부터 5년간 취업심사대상기관에 취업할 수 없다. 다만, 관할 공직자윤리위원회로부터 취업심사대상자가 퇴직 전 3년 동안 소속하였던 부서 또는 기관의 업무와 취업심사대상기관 간에 밀접한 관련성이 없다는 확인을 받으면 취업할 수 있다.	2021 경정승진	

정답과 해설

Section 01	공무원의 의무에 대하여

구분	해설	회독	정답
1	**국가공무원법 제57조【복종의 의무】** 공무원은 직무를 수행할 때 소속 상관의 직무상 명령에 복종하여야 한다.	☐☐☐	O
2	우리나라에서는 내부고발자보호제도를 부패방지권익위법, 공익신고자보호법에 명시하고 있음	☐☐☐	O
3	**공직자윤리법 제1조【목적】** 이 법은 공직자 및 공직후보자의 재산등록, 등록재산 공개 및 재산형성과정 소명과 공직을 이용한 재산취득의 규제, 공직자의 선물신고 및 주식백지신탁, 퇴직공직자의 취업제한 및 행위제한 등을 규정함으로써 공직자의 부정한 재산 증식을 방지하고, 공무집행의 공정성을 확보하는 등 공익과 사익의 이해충돌을 방지하여 국민에 대한 봉사자로서 가져야 할 공직자의 윤리를 확립함을 목적으로 한다.	☐☐☐	x
4	총경 이상의 경찰공무원, 소방정 이상의 소방공무원은 재산등록의무자에 해당함	☐☐☐	O
5	국가공무원법에 따르면 공무원은 직무와 관련하여 직접적이든 간접적이든 사례ㆍ증여 또는 향응을 주거나 받을 수 없음; 또한 공무원은 직무상의 관계가 있든 없든 그 소속 상관에게 증여하거나 소속 공무원으로부터 증여를 받으면 안됨 **국가공무원법 제61조【청렴의 의무】** ① 공무원은 직무와 관련하여 직접적이든 간접적이든 사례ㆍ증여 또는 향응을 주거나 받을 수 없다. ② 공무원은 직무상의 관계가 있든 없든 그 소속 상관에게 증여하거나 소속 공무원으로부터 증여를 받아서는 아니 된다.	☐☐☐	O
6	국가공무원법과 지방공무원법에 따르면, 공무원이 외국 정부로부터 영예나 증여를 받을 경우에는 대통령의 허가를 받아야 함	☐☐☐	x
7	재산등록의무자는 4급 이상의 국가공무원 및 지방공무원과 이에 상당하는 보수를 받는 별정직 공무원임	☐☐☐	x
8	공직자윤리법 상 지방의회 의원은 외국 정부 등으로부터 받은 선물의 신고 의무가 있음 **공직자윤리법 제15조【외국 정부 등으로부터 받은 선물의 신고】** ① 공무원(지방의회의원을 포함한다. 이하 제22조에서 같다) 또는 공직유관단체의 임직원은 외국으로부터 선물(대가 없이 제공되는 물품 및 그 밖에 이에 준하는 것을 말하되, 현금은 제외한다. 이하 같다)을 받거나 그 직무와 관련하여 외국인(외국단체를 포함한다. 이하 같다)에게 선물을 받으면 지체 없이 소속 기관ㆍ단체의 장에게 신고하고 그 선물을 인도하여야 한다. 이들의 가족이 외국으로부터 선물을 받거나 그 공무원이나 공직유관단체 임직원의 직무와 관련하여 외국인에게 선물을 받은 경우에도 또한 같다.	☐☐☐	x
9	공무원의 주식백지신탁 의무는 공직자윤리법에 규정되어 있음	☐☐☐	x
10	**국가공무원법 제62조【외국 정부의 영예 등을 받을 경우】** 공무원이 외국 정부로부터 영예나 증여를 받을 경우에는 대통령의 허가를 받아야 한다.	☐☐☐	x
11	**국가공무원법 제64조【영리 업무 및 겸직 금지】** ① 공무원은 공무 외에 영리를 목적으로 하는 업무에 종사하지 못하며 소속 기관장의 허가 없이 다른 직무를 겸할 수 없다.	☐☐☐	O
12	**국가공무원법 제66조【집단 행위의 금지】** ① 공무원은 노동운동이나 그 밖에 공무 외의 일을 위한 집단 행위를 하여서는 아니 된다. 다만, 사실상 노무에 종사하는 공무원은 예외로 한다.	☐☐☐	x
13	정무직은 재산공개 대상자임	☐☐☐	O
14	육군 소장은 재산공개의무자가 아님 → 소장을 중장으로 고쳐야 함	☐☐☐	x
15	선지에서 5년과 3년의 위치를 바꿔야 함	☐☐☐	x

16	치안감 이상의 경찰공무원은 공직자윤리법 상 공직자 재산공개 대상이다.	2021 경정승진	
17	부패행위 신고의무는 국가공무원법에 명시된 공무원의 의무에 해당한다.	2021 국가9	
18	공직자윤리법은 이해충돌 방지 의무, 등록재산의 공개, 품위 유지의 의무, 종교 중립의 의무 등을 명시하고 있다.	2024 지방9	
19	소령 이상의 장교 및 이에 상당하는 군무원은 공직자윤리법상 재산등록의무자이다.	2022 지방9	
20	지방공무원이 외국 정부로부터 영예나 증여를 받을 경우에는 소속 지방자치단체장의 허가를 받아야 한다.	2023 지방7	
21	공무원은 직무상의 관계가 있든 없든 그 소속 상관에게 증여하거나 소속 공무원으로부터 증여를 받아서는 아니 된다.	2023 국가7	
22	혼인한 직계비속인 여성이 소유한 재산은 재산등록 의무자가 등록할 재산에 포함된다.	2023 국가7	
23	공직자는 등록의무자가 된 날부터 3개월이 되는 날이 속하는 달의 말일까지 재산등록을 해야 한다.	2023 국가7	
24	교육공무원 중 대학교 학장은 재산등록 의무자가 아니다.	2023 국가7	
25	백지신탁은 이해충돌이 존재하는 주식을 신탁회사에서 해당 공직자의 의견을 반영해 이해충돌이 없는 주식으로 변경하는 제도이다.	2023 국가7	
26	공무원 행동강령은 「부패방지 및 국민권익위원회의 설치와 운영에 관한 법률」 제8조에 따라 공무원이 준수하여야 할 행동기준을 규정하는 것을 목적으로 한다.	2024 지방7	
27	공무원 행동강령은 대통령령으로 제정되었으며, 외부강의 등의 사례금 수수제한 규정을 담고 있다.	2024 지방7	
28	공무원 행동강령은 법원, 헌법재판소, 선거관리위원회 소속 공무원에게도 적용된다.	2024 지방7	
29	소방감 이상의 소방공무원, 중장 이상의 장관급 장교, 치안감 이상의 경찰공무원은 공직자윤리법상 재산공개의무자이다.	2013 국회8	

Section 02　공무원에 대한 통제: 공직(공무원) 부패와 징계에 대하여

구분	지문	시행	O·X
1	회색부패는 금융위기가 심각함에도 불구하고 국가적인 동요를 막기 위해 관련 공직자가 문제없다고 거짓말을 하는 것이다.	2012 지방7	
2	회색부패는 금융위기가 심각함에도 불구하고 경제안정이라는 공익을 위해 관련 공직자 B가 문제가 없다는 거짓말을 하는 것이다.	2025 국가9	
3	제도화된 부패란 A기관이 인·허가 관련 업무를 처리할 때 민원인에게 '급행료'를 받는 것이 관례화되어 있는 현상이다.	2025 국가9	

16	치안감 이상의 경찰공무원, 소방정감 이상의 소방공무원 등은 재산공개 대상자임	□□□	O
17	부패행위 신고의무는 부패방지권익위법에 명시되어 있음	□□□	×
18	종교중립의 의무, 품위 유지의 의무는 국가공무원법 등에 규정되어 있음	□□□	×
19	선지를 대령 이상의 장교 및 이에 상당하는 군무원으로 수정해야 함	□□□	×
20	소속 지방자치단체장의 허가가 아닌 대통령의 허가를 받아야 함	□□□	×
21	**국가공무원법 제61조【청렴의 의무】** ② 공무원은 직무상의 관계가 있든 없든 그 소속 상관에게 증여하거나 소속 공무원으로부터 증여를 받아서는 아니 된다.	□□□	O
22	혼인한 직계비속인 여성이 소유한 재산은 재산등록 의무자가 등록할 재산에서 제외하고 있음	□□□	×
23	**공직자윤리법 제5조【재산의 등록기관과 등록시기 등】** ① 공직자는 등록의무자가 된 날부터 2개월이 되는 날이 속하는 달의 말일까지 등록의무자가 된 날 현재의 재산을 다음 각 호의 구분에 따른 기관(이하 "등록기관"이라 한다)에 등록하여야 한다.	□□□	×
24	교육공무원 중 대학교 학장은 재산등록 의무자임	□□□	×
25	백지신탁은 이해충돌이 존재하는 주식을 신탁회사에서 해당 공직자의 의견을 반영하지 않고 이해충돌이 없는 주식으로 변경하는 제도임 → 해당공직자 등 이해관계자는 수탁기관에 신탁재산에 관한 정보제공을 요구하거나 신탁재산의 관리·운용·처분에 관여할 수 없음	□□□	×
26	**공무원행동강령 제1조【목적】** 이 영은 「부패방지 및 국민권익위원회의 설치와 운영에 관한 법률」 제8조에 따라 공무원이 준수하여야 할 행동기준을 규정하는 것을 목적으로 한다.	□□□	O
27	① 공무원행동강령은 대통령령으로 제정되었으며, 외부강의 등의 사례금 수수제한 규정을 담고 있음 ② **공무원행동강령 제15조【외부강의등의 사례금 수수 제한】** ① 공직자등은 자신의 직무와 관련되거나 그 지위·직책 등에서 유래되는 사실상의 영향력을 통하여 요청받은 교육·홍보·토론회·세미나·공청회 또는 그 밖의 회의 등에서 한 강의·강연·기고 등(이하 "외부강의 등"이라 한다)의 대가로서 중앙행정기관의 장등이 정하는 금액을 초과하는 사례금을 받아서는 아니 된다. ② 공무원은 사례금을 받는 외부강의 등을 할 때에는 외부강의등의 요청 명세 등을 소속 기관의 장에게 그 외부강의등을 마친 날부터 10일 이내에 서면으로 신고해야 한다.	□□□	O
28	**공무원행동강령 제3조【적용 범위】** 이 영은 국가공무원(국회, 법원, 헌법재판소 및 선거관리위원회 소속의 국가공무원은 제외한다)과 지방공무원(지방의회의원은 제외한다)에게 적용한다.	□□□	×
29	소방감을 소방정감으로 고쳐야 함	□□□	×

Section 02   공무원에 대한 통제: 공직(공무원) 부패와 징계에 대하여

구분	해설	회독	정답
1	선지는 백색부패에 대한 내용임 ※ 회색부패는 일부 집단은 처벌을 원하지만, 다른 일부 집단은 처벌을 원하지 않는 부패를 의미함	□□□	×
2	선지는 백색부패에 대한 내용임	□□□	×
3	제도화된 부패는 부패가 일상생활처럼 고착화된 상태의 부패를 뜻함	□□□	O

4	부패의 제도화 정도에 따라 거래형 부패와 사기형 부패로 나눌 수 있다.	2019 행정사	
5	제도적 접근법에서 행정통제 장치의 미비는 공무원 부패의 주요 원인이다.	2019 행정사	
6	징계는 파면·해임·강등·정직·감봉·견책으로 구분한다.	2019 행정사	
7	정직은 1개월 이상 3개월 이하의 기간으로 하고, 그 기간 중 보수는 3분의 2를 감한다.	2019 행정사	
8	정직은 중징계 처분 중의 하나로 사유에 따라 1개월 이상 3개월 이하의 기간이 적용되며, 정직기간 중 감봉조치는 별도로 없다.	2024 국가7	
9	징계로 해임처분을 받은 때부터 3년이 지나지 아니한 자는 공무원으로 임용될 수 없다.	2019 행정사	
10	부패는 관료 개인의 윤리의식과 자질로 인하여 발생한다는 것은 부패의 원인에 관한 도덕적 접근방법의 입장과 가깝다.	2020 지방7	
11	감봉은 보수의 불이익을 받는 것으로 1개월 이상 3개월 이하의 기간 동안 보수액의 2/3를 감한다.	2021 국회직8	
12	강등은 1계급 아래로 직급을 내리고 공무원 신분을 3개월간 박탈한다.	2021 경정승진	
13	감봉은 경징계에 해당하며 1개월 이상 3개월 이하 기간 동안 직무에 종사하지 못하고, 보수의 1/3을 삭감하는 처분이다.	2023 국가7	
14	중징계의 일종인 파면의 경우 5년간 공무원으로 재임용될 수 없으나, 연금급여의 불이익은 없다.	2023 국가7	

Section 03 공무원의 권리에 대하여

구분	지문	시행	O·X
1	직권면직은 국가공무원법상 징계의 한 종류로서, 임용권자가 특정한 사유에 해당되는 공무원을 직권으로 면직시키는 것이다.	2015 국가7	
2	징계에 의한 불복 시 소청심사위원회에 소청제기가 가능하나 근무성적평정결과나 승진탈락 등은 소청대상이 아니다.	2014 국회8	
3	징계에 대한 절차적 위법성이 명백할 때 이에 대한 행정소송은 소청심사를 거치지 아니하고 바로 제기할 수 있다.	2021 경정승진	
4	5급 이상 공무원 및 고위공무원단에 속하는 일반직 공무원의 고충을 다루는 중앙고충심사위원회의 기능은 소청심사위원회가 관장한다.	2021 지방7	
5	2019년 10월 13일에 공무원으로서 징계로 파면처분을 받은 자는 2022년에 공무원으로 임용될 수 있다.	2022 국가7	
6	직무수행 능력이 부족하거나 근무성적이 극히 나쁜 자에 대해서도 직위해제가 가능하다.	2023 국가9	

4	부패의 제도화 정도에 따른 분류는 제도적 부패와 우발적(일탈형) 부패임; 거래형 부패와 사기형 부패는 거래의 유무에 따른 분류임	□□□	×
5	제도적 접근은 공무원 부패의 원인을 잘못된 공식적 제도에서 찾음	□□□	○
6	**국가공무원법 제79조【징계의 종류】** 징계는 파면·해임·강등·정직(停職)·감봉·견책(譴責)으로 구분한다.	□□□	○
7	정직은 1개월 이상 3개월 이하의 기간으로 하고, 그 기간 중 보수는 전액을 감액함	□□□	×
8	정직은 1개월 이상 3개월 이하의 기간으로 하고, 그 기간 중 보수는 전액을 감액함	□□□	×
9	**국가공무원법 제33조【결격사유】** 다음 각 호의 어느 하나에 해당하는 자는 공무원으로 임용될 수 없다. 8. 징계로 해임처분을 받은 때부터 3년이 지나지 아니한 자	□□□	○
10	도덕적 접근은 부패의 원인을 개인의 윤리의식 등으로 간주함	□□□	○
11	감봉은 보수의 불이익을 받는 것으로 1개월 이상 3개월 이하의 기간 동안 보수액의 1/3을 감하는 징계임	□□□	×
12	강등은 공무원 신분을 박탈하는 징계가 아님 → 선지를 3개월 간 직무정지로 수정해야 함 **국가공무원법 제80조【징계의 효력】** ① 강등은 1계급 아래로 직급을 내리고(고위공무원단에 속하는 공무원은 3급으로 임용하고, 연구관 및 지도관은 연구사 및 지도사로 한다) 공무원신분은 보유하나 3개월간 직무에 종사하지 못하며 그 기간 중 보수는 전액을 감한다. 다만, 제4조 제2항에 따라 계급을 구분하지 아니하는 공무원과 임기제공무원에 대해서는 강등을 적용하지 아니한다.	□□□	×
13	감봉은 경징계에 해당하며 1개월 이상 3개월 이하 기간 동안 보수의 1/3을 삭감하는 처분임(직무정지×)	□□□	×
14	중징계의 일종인 파면의 경우 5년간 공무원으로 재임용될 수 없으며, 연금급여의 불이익을 수반함	□□□	×

Section 03 공무원의 권리에 대하여

구분	해설	회독	정답
1	직권면직은 징계의 종류가 아님, 징계의 종류는 견책, 감봉, 정직, 강등, 해임, 파면이 있음	□□□	×
2	근무성적평정결과 및 승진탈락은 공무원의 신분 변동에 해당되지 않는 처분이므로 소청심사 대상이 아님	□□□	○
3	일반적으로 징계위원회 의결 → 의결 불복시 소청심사 청구 → 소청심사위원회 결정 불복시 행정소송 제기의 절차를 거쳐야 함	□□□	×
4	**중앙고충심사위원회** ① 일반적으로 5급 이상 공무원의 고충심사 ② 중앙고충심사위원회의 기능은 소청심사위원회에서 관장함 **보통고충심사위원회** ① 일반적으로 6급 이하 공무원의 고충심사 ② 임용권자 혹은 임용제청권자 단위로 설치	□□□	○
5	선지는 임용결격사유에 대한 내용을 다루고 있음 → 징계에 의하여 해임처분을 받은 때부터 3년, 파면처분을 받은 때부터 5년간 공무원으로 임용될 수 없는바 선지에 해당하는 사람은 2024.10.13.까지 공무원으로 임용될 수 없음	□□□	×
6	선지는 직위해제 사유에 해당함	□□□	○

7	임용권자는 정직에 해당하는 징계 의결이 요구 중인 공무원에게 직위를 부여하지 아니할 수 있다.	2024 국가7	
8	직위해제의 사유가 소멸된 경우 임용권자는 인사위원회의 심의를 거쳐 3개월 이내에 직위를 부여하여야 한다.	2023 국가9	
9	직위해제 처분을 받은 공무원은 잠정적으로 공무원 신분이 상실된다.	2023 국가9	
10	공무원은 소청심사위원회를 통해 부당하다고 여겨지는 징계에 대한 구제를 신청할 수 있으며, 소청심사위원회의 결정은 처분청과 소청인 모두를 기속한다.	2023 국가7	
11	중앙정부 · 지방자치단체 및 그 하부기관에 근무하는 공무원은 직장협의회를 설립할 수 있으며, 하나의 기관에 복수의 협의회 설립이 가능하다.	2023 국가7	
12	휴직은 공무원으로서의 신분을 보유하게 하면서 직무담임을 일시적으로 해제하는 것으로서 임용권자가 직권으로 휴직을 명하는 직권휴직과 본인의 원에 따라 휴직을 명하는 청원휴직이 있다.	2023 국가7	
13	지방검찰청 소속 검사의 관한 소청심사기관은 법무부소청심사위원회이다.	2024 국가9	
14	파산선고를 받고 복권된 때부터 5년이 지나지 아니한 자는 공무원 임용결격사유에 해당한다.	2024 지방7	
15	공무원이 정신상의 장애로 장기 요양이 필요하여 휴직하는 경우 그 휴직 기간은 부득이한 경우 연장할 수 있다.	2025 지방7	
16	정무직공무원은 휴직할 수 없다.	2025 지방7	
17	본인이 거부하면 임용권자는 휴직을 명할 수 없다.	2025 지방7	
18	휴직 기간이 끝난 공무원이 복귀 신고를 하면 임용권자의 승인을 거쳐 복직된다.	2025 지방7	

7	선지는 직위해제 사유에 해당함	☐☐☐	O
8	**국가공무원법【직위해제】** ② 제1항에 따라 직위를 부여하지 아니한 경우에 그 사유가 소멸되면 임용권자는 지체없이 직위를 부여하여야 한다.	☐☐☐	×
9	직위해제는 신분을 유지하되, 직무에서 격리된 상태임	☐☐☐	×
10	소청인은 기속할 수 없음 ※ **국가공무원법 제15조【결정의 효력】** 소청심사위원회의 결정은 처분 행정청을 기속[羈束]한다.	☐☐☐	×
11	**공무원직협법 제2조【설립】** ① 국가기관, 지방자치단체 및 그 하부기관에 근무하는 공무원은 직장협의회(이하 "협의회"라 한다)를 설립할 수 있다. ② 협의회는 기관 단위로 설립하되, 하나의 기관에는 하나의 협의회만을 설립할 수 있다.	☐☐☐	×
12	**국가공무원법 제71조【휴직】** ① 공무원이 다음 각 호의 어느 하나에 해당하면 임용권자는 본인의 의사에도 불구하고 휴직을 명하여야 한다. ② 임용권자는 공무원이 다음 각 호의 어느 하나에 해당하는 사유로 휴직을 원하면 휴직을 명할 수 있다.	☐☐☐	O
13	① 인사혁신처 소청심사위원회는 특정직 공무원의 소청을 심사·결정할 수 있음(검사 제외) ② 법무부에는 소청심사위원회가 없음	☐☐☐	×
14	파산선고를 받고 복권되면 임용 결격사유에 해당하지 않음	☐☐☐	×
15	**국가공무원법 제71조【휴직】** ① 공무원이 다음 각 호의 어느 하나에 해당하면 임용권자는 본인의 의사에도 불구하고 휴직을 명하여야 한다. 1. 신체·정신상의 장애로 장기 요양이 필요할 때 → 1년 이내 휴직가능, 1년 범위에서 연장 가능(단, 공무상 질병·부상에 따른 휴직은 3년 이내로 하되 2년 범위에서 연장 가능)	☐☐☐	O
16	① 정무직 공무원의 휴직시 국가공무원법상 휴직규정 일부가 준용됨 ② **예** 병역복부를 마치기 위하여 징집 또는 소집된 때	☐☐☐	×
17	**국가공무원법 제71조【휴직】** ① 공무원이 다음 각 호의 어느 하나에 해당하면 임용권자는 본인의 의사에도 불구하고 휴직을 명하여야 한다.	☐☐☐	×
18	**국가공무원법 제73조【휴직의 효력】** ③ 휴직 기간이 끝난 공무원이 30일 이내에 복귀 신고를 하면 당연히 복직된다.	☐☐☐	×

최욱진 행정학 천지문 OX

PART

05

재무행정

CHAPTER 01 | 예산제도의 발달 과정

Section 01 | 전통적 예산제도

구분	지문	시행	O·X
1	품목별 예산제도는 정부활동의 중복방지와 통합·조정에 유리한 예산제도이다.	2017 국회8	
2	품목별 예산제도는 행정부의 재량권을 확대하기 위해 도입되었다.	2021 지방9	
3	영기준 예산제도는 점증주의적 예산편성의 폐단을 시정하고자 개발되었다.	2010 지방9	
4	품목별 예산제도는 지출항목을 엄격히 분류하므로 사업성과와 정부 생산성을 정확하게 평가할 수 있다.	2010 지방9	
5	성과주의 예산은 업무량 또는 활동별 지출을 단위비용으로 표현하고자 한다.	2009 국가9	
6	관리지향적 예산관리를 위해 성과주의 예산제도를 제안하였다.	2008 지방7	
7	계획예산제도는 프로그램 중심의 예산으로서 정책목표를 설정하는 계획수립을 거쳐 구체적인 연차별 프로그램화를 한 다음 예산을 편성하는 단계로 진행된다.	2013 교행9	
8	계획예산제도는 체제분석을 통해 자원배분을 합리화할 수 있다.	2006 국회8	
9	성과주의 예산제도는 산출 이후의 성과에 관심을 가지며 예산집행의 재량과 결과에 대한 책임을 강조하는 제도로서 1950년대 연방정부를 비롯해 지방정부에 확산되었다.	2022 국가7	
10	국방비, 공무원의 보수, 교육비와 같은 경직성 경비가 많으면 영기준 예산제도의 효용이 커진다.	2015 사회복지9	
11	계획예산제도(PPBS)와 영기준 예산제도(ZBB)는 대표적 총체주의 예산제도이다.	2017 사회복지9	
12	성과주의 예산제도는 업무단위 비용과 업무량의 파악을 통해 효과성을 높이고자 한다.	2021 군무원9	
13	성과주의 예산제도는 업무단위 선정이 곤란하지만 단위원가 계산은 용이하다.	2024 국가7	
14	예산제도는 품목별 예산, 성과주의 예산, 계획예산, 영기준예산, 결과지향예산의 순서로 발전하였다.	2020 행정사	
15	품목별 예산제도는 일에 대한 정보를 제공하며, 세입과 세출의 유기적 연계를 고려한다.	2020 국가9	
16	계획예산제도는 당시 미국의 국방장관이었던 맥나마라(McNamara)에 의해 국방부에 처음 도입되었고, 국방부의 성공적인 예산개혁에 공감한 존슨(Johnson) 대통령이 1965년에 전 연방정부에 도입하였으며 기획 기능을 강조한다.	2020 지방9	
17	계획예산제도는 상향식 예산편성으로 하위 구성원의 참여가 보장된다.	2021 경찰간부	
18	계획예산제도는 의사결정 집권화를 완화할 수 있고, 목표설정의 계량화를 용이하게 할 수 있다.	2024 국가7	
19	품목별 예산제도는 예산 배분 및 회계가 기능 및 활동별로 이루어지기 때문에 정부활동의 성과를 파악하기 용이하다.	2021 경정승진	
20	영기준 예산제도는 과거의 관행을 고려하지 않고 사업에 대한 근본적인 재평가를 바탕으로 예산을 편성한다.	2021 소방간부	

정답과 해설

※ 일반적으로 정답이 'X'인 선지에 대한 해설만 있음

Section 01 전통적 예산제도

구분	해설	회독	정답
1	품목별 예산제도는 품목별로 예산을 편성하는바 정부활동의 중복방지와 통합·조정이 어려운 예산제도임	☐☐☐	X
2	품목별 예산제도는 행정부를 통제하기 용이한 제도임	☐☐☐	X
3	영기준 예산제도는 정부의 예산을 증가시키는 점증주의적 예산편성의 폐단을 시정하고자 개발되었음	☐☐☐	O
4	품목별 예산제도는 지출항목을 엄격히 분류하는데 초점을 두는 바 사업성과와 정부 생산성을 정확하게 평가할 수 없음	☐☐☐	X
5	성과주의 제도는 예산을 업무량 및 단위원가로 표현함	☐☐☐	O
6	성과주의 예산제도는 소규모 활동을 관리하기 위해 고안된 예산편성제도임	☐☐☐	O
7	계획예산제도는 대규모 사업 중심의 예산편성제도로서 정책목표를 설정하는 계획수립을 거쳐 구체적인 연차별 프로그램화를 한 다음 예산을 편성함	☐☐☐	O
8	계획예산제도는 비용편익분석 등을 통해 자원배분을 합리화할 수 있음	☐☐☐	O
9	성과주의 예산제도는 산출의 효과, 즉 결과에 대한 관심을 두지 않음	☐☐☐	X
10	국방비, 공무원의 보수, 교육비와 같은 경직성 경비가 많으면 매년 재검토를 하는 의미가 없으므로 영기준 예산제도의 효용이 작아짐	☐☐☐	X
11	계획예산제도(PPBS)와 영기준 예산제도(ZBB)는 합리모형에 기초한 예산편성제도임	☐☐☐	O
12	성과주의 예산제도는 업무단위 비용과 업무량의 파악을 통해 능률성을 높이고자 함	☐☐☐	X
13	성과주의 예산제도는 업무단위 선정의 곤란성과 단위원가 계산의 어려움이 있음	☐☐☐	X
14	예산제도는 품목별 예산, 성과주의 예산, 계획예산, 영기준 예산, 신성과주의 예산제도이 순서로 발전하였음	☐☐☐	O
15	품목별 예산제도는 투입 중심의 예산편성제도이므로 정부가 하는 일(사업)에 대한 정보를 제공할 수 없음 → 따라서 세입과 세출의 유기적 연계를 고려하지 못함	☐☐☐	X
16	계획예산제도는 랜드연구소에서 개발 후 맥나마라가 국방부에 최초로 적용한 예산편성제도임 → 이후 존슨이 1960년대에 연방정부에 도입함	☐☐☐	O
17	계획예산제도는 하향식 예산편성으로 하위 구성원의 참여가 보장되지 않는 집권적인 예산편성제도임	☐☐☐	X
18	계획예산제도는 장기적 목표를 엘리트가 설정하는바 의사결정의 집권화를 초래할 수 있고, 목표설정의 계량화가 어려움	☐☐☐	X
19	품목별 예산제도는 투입 중심 예산제도이므로 정부의 활동을 파악할 수 없음	☐☐☐	X
20	영기준 예산제도는 감축지향적이므로 과거의 관행을 고려하지 않고 사업에 대한 근본적인 재평가를 바탕으로 예산을 편성함	☐☐☐	O

21	품목별 예산제도는 정부 활동에 대한 총체적인 사업계획과 우선순위 결정에 유리하다.	2023 지방9	
22	영기준 예산제도는 예산에 관한 의사결정이 하향적(top down)으로 진행된다.	2023 군무원7	
23	영기준 예산제도는 집권화된 관리체계를 갖기 때문에 예산편성 과정에 소수의 조직구성원만이 참여하게 된다.	2024 국가9	
24	성과주의 예산제도는 행정의 재량 범위를 축소시켜 입법부의 통제가 상대적으로 용이하다.	2025 국가9	
25	성과주의 예산제도는 업무 측정단위를 선정하여 업무를 계량화한다.	2025 국가9	

Section 02   신성과주의 예산제도(NPB)

구분	지문	시행	O·X
1	최근 신성과주의는 성과를 중시하므로 관료의 재량권을 줄이면서 책임을 강화한다.	2006 충남9	
2	신성과주의 예산제도는 중간목표가 아니라 사업이나 서비스의 최종 소비자인 국민을 중심으로 성과를 접근하기 때문에 국민의 요구에 대한 대응성을 높일 수 있다.	2021 경찰간부	
3	신성과주의 예산제도는 결과중심의 성과를 강조하기 때문에 국민의 요구에 대한 대응성은 무시한 채 행정의 효율성만을 강조하기 쉽다.	2006 선관위9	
4	신성과주의 예산제도는 예산집행에서의 자율성을 부여하되, 성과평가와의 연계를 통해 책임성을 확보하고자 한다.	2018 서울7	
5	신성과주의 예산제도는 재정사업에 대한 투입보다는 그 결과에 대한 관심을 강조하고 있으나, 정작 성과측정, 사업원가 산정, 성과·예산의 연계 등에서 여전히 많은 난관이 있다.	2019 국가7	

21	품목별 예산제도는 투입 중심 예산제도이므로 정부활동에 대한 정보를 제공할 수 없음	☐☐☐	×
22	영기준 예산제도는 예산에 관한 의사결정이 상향적으로 진행됨	☐☐☐	×
23	영기준 예산편성제도는 모든 의사결정단위가 예산편성에 관여하는바 분권적인 특징을 지님	☐☐☐	×
24	선지는 품목별 예산제도에 대한 내용임	☐☐☐	×
25	성과주의 예산제도에서 예산은 업무 측정단위 × 사업량으로 표현됨	☐☐☐	○

Section 02 신성과주의 예산제도(NPB)

구분	해설	회독	정답
1	최근 신성과주의는 성과를 중시하므로 관료의 재량권을 확대하고 책임을 강조함	☐☐☐	×
2	신성과주의 예산제도는 성과주의 예산제도에 비해 중간목표가 아니라 사업이나 서비스의 최종 소비자인 국민을 중심으로 성과를 접근하기 때문에 국민의 요구에 대한 대응성을 높일 수 있음	☐☐☐	○
3	신성과주의 예산제도는 NPM과 관련 있는 제도이므로 고객주의를 지향하는바 국민의 요구에 대한 대응성(고객만족)을 중시함	☐☐☐	×
4	신성과주의 예산제도는 신공공관리론의 영향으로 등장한 제도임	☐☐☐	○
5	신성과주의 예산제도는 투입보다 결과를 강조하는데, 공공의 영역은 언제나 측정의 어려움이 있기 때문에 적용상 어느 정도의 한계가 있음	☐☐☐	○

CHAPTER **02** 〓 **우리나라의 재정개혁**

| Section 01 | 신성과주의와 관련된 예산개혁 |

구분	지문	시행	O · X
1	총액배분자율편성 예산제도는 정책조정기능은 강화되고, 각 부처의 재량권이 확대되므로 예산편성은 상향적 흐름을 지닌다.	2017 경찰간부	
	우리나라는 미시적·상향적 예산결정 방식인 예산총액배분 자율편성제도를 시행하고 있다.	2025 지방7	
2	예산총액배분 자율편성제도는 중앙예산기관과 정부 부처사이의 정보 비대칭성을 완화하려는 목적을 갖고 있다.	2015 지방9	
3	우리나라에서 2007년부터 시행하고 있는 디지털 예산회계시스템은 Bottom – up식 부처예산 편성을 강조한다.	2007 부산7	
4	디지털예산회계시스템(D-Brain)은 재정업무의 전 과정을 온라인으로 수행하고 재정사업의 현황을 실시간으로 파악할 수 있는 통합재정정보시스템이다.	2020 국가7	
5	정부는 재정운용의 효율화와 건전화를 위하여 매년 해당 회계연도부터 (가) 회계연도 이상의 기간에 대한 재정운용계획을 수립하여야 한다.	2021 지방7	
6	지방자치단체의 장은 국가의 재정지원에 따라 수행되는 사업의 계획을 수립하는 때에는 미리 기획예산처장관과 협의하여야 한다.	2025 국가7	

| Section 02 | 기타 재정개혁 |

구분	지문	시행	O · X
1	예비타당성 조사는 정책성 분석을 배제하고 경제성 분석에 집중한다.	2020 행정사	
	우리나라는 거시적·하향적 예산결정 방식인 예산총액배분 자율편성제도를 시행하고 있음	2025 지방7	
2	예비타당성 조사는 한국개발연구원, 한국조세재정연구원 등 법령으로 정하는 지정기준을 갖춘 전문기관이 수행할 수 있다.	2020 행정사	
3	각 중앙관서의 장은 예산의 집행방법 또는 제도의 개선 등으로 인하여 수입이 증대되거나 지출이 절약된 때에는 이에 기여한 자에게 성과금을 지급할 수 있으며, 절약된 예산을 다른 사업에 사용할 수 있다.	2014 서울9	
4	예산과목의 분류체계에서 세입예산과 세출예산 모두 장·관·항·세항·목으로 구분한다.	2020 군무원7	
5	예산과목 중에서 장·관·항은 입법과목이며, 세항·목은 행정과목이다.	2020 군무원7	

정답과 해설

※ 일반적으로 정답이 'X'인 선지에 대한 해설만 있음

Section 01 신성과주의와 관련된 예산개혁

구분	해설	회독	정답
1	총액배분자율편성 예산제도는 정책조정기능은 강화되고, 각 부처의 재량권이 확대되며, 예산편성은 하향적 흐름을 지님	☐☐☐	X
2	총액배분 자율편성제도는 중앙예산기관과 각 중앙관서가 다양한 예산정보를 상호 검토하는 과정(중기사업계획서 제출·예산편성지침 통보·예산요구서 제출 등)을 거치는바 양자의 정보비대칭성을 완화할 수 있음	☐☐☐	O
3	**디지털 예산회계시스템** : 신성과주의 예산제도의 영향과 더불어 노무현 정부 당시 재정개혁의 일환으로 추진된 제도로써 예산편성, 집행, 결산, 사업관리 등 재정업무 전반을 종합적으로 연계 처리하도록 하는 통합재정정보시스템임 → 신성과주의 예산제도의 영향을 받았다는 면에서 성과관리·장기적인 계획성을 강조하며, 하향식 부처예산 편성을 강조하는 제도임	☐☐☐	X
4	3번 해설 참고	☐☐☐	O
5	정부는 매년 당해 회계연도부터 5회계연도 이상의 기간에 대한 재정운용계획(이하 "국가재정운용계획"이라 한다)을 수립하여 회계연도 개시 120일 전까지 국회에 제출하여야 함	☐☐☐	5
6	**국가재정법 제7조【국가재정운용계획의 수립 등】** ⑪ 지방자치단체의 장은 국가의 재정지원에 따라 수행되는 사업으로서 대통령령으로 정하는 규모 이상인 사업의 계획을 수립하는 때에는 <u>미리 관계 중앙관서의 장과 협의하여야 한다.</u> 이 경우 중앙관서의 장은 기획예산처장관과 협의하여야 한다.	☐☐☐	X

Section 02 기타 재정개혁

구분	해설	회독	정답
1	예비타당성 조사는 대규모 공공투자사업의 타당성을 분석하고 그 결과에 따라 재정사업의 신규투자 여부를 결정하는 통제지향적인 제도로서 경제성 분석, 정책성 분석 등을 통해 사업의 타당성을 검토함	☐☐☐	X
2	**예비타당성 조사 운용지침 제36조【예비타당성조사 수행기관】** ① 예비타당성조사는 기획재정부장관의 요청에 의해 한국개발연구원(KDI), 한국조세재정연구원(KIPF)이 수행한다. 다만, 기획재정부장관은 효율적인 조사를 위해 필요한 경우 예비타당성조사 수행기관을 변경하거나 추가로 지정할 수 있다.	☐☐☐	O
3	**국가재정법 제49조【예산성과금의 지급 등】** ① 각 중앙관서의 장은 예산의 집행방법 또는 제도의 개선 등으로 인하여 수입이 증대되거나 지출이 절약된 때에는 이에 기여한 자에게 성과금을 지급할 수 있으며, 절약된 예산을 다른 사업에 사용할 수 있다.	☐☐☐	O
4	**국가재정법 제21조【세입세출예산의 구분】** ③ 세입예산은 제2항의 규정에 따른 구분에 따라 그 내용을 성질별로 관·항으로 구분하고, 세출예산은 제2항의 규정에 따른 구분에 따라 그 내용을 기능별·성질별 또는 기관별로 장·관·항으로 구분한다.	☐☐☐	X
5	**국가재정법 제21조【세입세출예산의 구분】** ③ 세입예산은 제2항의 규정에 따른 구분에 따라 그 내용을 성질별로 관·항으로 구분하고, 세출예산은 제2항의 규정에 따른 구분에 따라 그 내용을 기능별·성질별 또는 기관별로 장·관·항으로 구분한다.	☐☐☐	O

6	기획예산처는 예비타당성조사를 실시하여 정치·경제적 이해관계가 배제될 수 있도록 예산배분의 타당성을 검토한다.	2022 지방7	
7	우리나라 중앙정부는 2007년부터 프로그램 예산제도를 도입하였다.	2024 지방9	
8	프로그램 예산제도는 세부 업무와 단가를 통해 예산 금액을 산정하는 상향식(bottom up) 방식을 사용한다.	2024 지방9	
9	프로그램 예산제도는 일반회계, 특별회계, 기금이 포괄적으로 표시되어 총체적 재정배분 파악이 가능하다.	2024 지방9	
10	기획예산처장관은 총사업비가 (가) 억 원 이상이고 국가의 재정지원 규모가 (나) 억 원 이상인 신규 사업으로서 건설공사가 포함된 사업 등에 대한 예산을 편성하기 위하여 미리 예비타당성조사를 실시하고, 그 결과를 요약하여 국회 소관 상임위원회와 예산결산특별위원회에 제출하여야 한다.	2022 지방9	

Section 03　국민의 예산 참여: 재정민주주의

구분	지문	시행	O·X
1	재정민주주의는 국민의 재정선호에 일치하는 예산집행을 주장한 빅셀(Wicksell)의 이론에 기초하고 있다.	2009 국가9	
2	우리나라는 중앙정부와 지방정부를 대상으로 국민소송제도를 입법화했다.	2012 서울9	
3	지방자치단체의 장은 지방의회의 의결사항을 포함하여 예산과정에 주민참여예산제도를 마련하여 시행하여야 한다.	2020 군무원7	
4	주민참여예산제도는 지방재정법에 근거조항이 마련되어 있다.	2020 군무원7	
5	지방자치단체의 장은 주민참여예산제도를 통하여 수렴한 주민의 의견서를 지방의회에 제출하는 예산안에 첨부하여야 한다.	2020 군무원7	
6	주민이 참여할 수 있는 예산 과정은 예산편성, 심의·의결, 집행, 결산 등 전 과정을 포함한다.	2021 경정승진	
7	행정안전부장관은 지방자치단체의 재정적·지역적 여건 등을 고려하여 대통령령으로 정하는 바에 따라 지방자치단체별 주민참여예산제도의 운영에 대하여 평가를 실시할 수 있다.	2021 경정승진	
8	지방자치단체 중 최초로 주민참여예산조례를 제정한 곳은 광주광역시 북구이다.	2021 국가7	
9	지방자치단체의 장은 주민참여예산제도를 마련하여 시행해야 할 법적 의무가 있다.	2021 국가7	
10	주민이 참여할 수 있는 예산의 범위는 「지방재정법」에 규정되어 있다.	2021 국가7	
11	주민참여예산기구의 구성·운영에 관한 사항은 해당 지방자치단체의 조례로 정한다.	2025 국가9	

6	예비타당성 조사는 경제성 분석, 정책성 분석, 지역균형발전 분석 등을 포함하고 있음 → 따라서 정치 · 경제적 이해관계를 반영함	☐☐☐	×
7	우리나라 중앙정부는 2007년, 지방자치단체는 2008년부터 프로그램예산을 채택함	☐☐☐	O
8	프로그램 예산제도는 국가재정운용계획과 연계하여 다년도 중심으로 부처별 지출한도를 설정하고 이를 우선순위에 맞게 배분하는 하향식(Top - down) 방법을 사용함	☐☐☐	×
9	프로그램 예산제도는 지출의 성격에 따라 일반회계, 특별회계, 기금을 포현함 → 예를 들어, 국가보훈부는 보훈복지 프로그램 중 교육지원비용을 기금(보훈기금법에 기초한 보훈기금)에서 충당함	☐☐☐	O
10	**국가재정법 제38조 【예비타당성조사】** ① 기획예산처장관은 총사업비가 500억원 이상이고 국가의 재정지원 규모가 300억원 이상인 신규 사업으로서 다음 각 호의 어느 하나에 해당하는 대규모사업에 대한 예산을 편성하기 위하여 미리 예비타당성조사를 실시하고, 그 결과를 요약하여 국회 소관 상임위원회와 예산결산특별위원회에 제출하여야 한다. 다만, 제4호의 사업은 제28조에 따라 제출된 중기사업계획서에 의한 재정지출이 500억원 이상 수반되는 신규 사업으로 한다.	☐☐☐	500 (가) . 300 (나)

Section 03 | 국민의 예산 참여: 재정민주주의

구분	해설	회독	정답
1	빅셀은 납세자 주권을 반영한 제도, 즉 재정민주주의를 강조한 학자임	☐☐☐	O
2	현재 우리나라에서 납세자 소송은 지방정부에만 적용되고 있으며 중앙정부에는 도입하지 않았음	☐☐☐	×
3	지방의회의 의결사항은 제외함 **지방재정법 제39조 【지방예산 편성 등 예산과정의 주민 참여】** ① 지방자치단체의 장은 대통령령으로 정하는 바에 따라 지방예산 편성 등 예산과정(「지방자치법」 제39조에 따른 지방의회의 의결사항은 제외한다. 이하 이 조에서 같다)에 주민이 참여할 수 있는 제도(이하 이 조에서 "주민참여예산제도"라 한다)를 마련하여 시행하여야 한다.	☐☐☐	×
4	**지방재정법 제39조 【지방예산 편성 등 예산과정의 주민 참여】** ① 지방자치단체의 장은 대통령령으로 정하는 바에 따라 지방예산 편성 등 예산과정(「지방자치법」 제39조에 따른 지방의회의 의결사항은 제외한다. 이하 이 조에서 같다)에 주민이 참여할 수 있는 제도(이하 이 조에서 "주민참여예산제도"라 한다)를 마련하여 시행하여야 한나.	☐☐☐	O
5	**지방재정법 제39조 【지방예산 편성 등 예산과정의 주민 참여】** ③ 지방자치단체의 장은 주민참여예산제도를 통하여 수렴한 주민의 의견서를 지방의회에 제출하는 예산안에 첨부하여야 한다.	☐☐☐	O
6	의결사항은 제외되며, 주민참여는 주로 편성과정에 적용됨	☐☐☐	×
7	**지방재정법 제39조 【지방예산 편성 등 예산과정의 주민 참여】** ④ 행정안전부장관은 지방자치단체의 재정적 · 지역적 여건 등을 고려하여 대통령령으로 정하는 바에 따라 지방자치단체별 주민참여예산제도의 운영에 대하여 평가를 실시할 수 있다.	☐☐☐	O
8	주민참여예산제도는 2004년 광주광역시 북구청이 전국 최초로 도입한 이래 지방재정법에 근거한 법률조항을 마련하면서 전국으로 확산되었음	☐☐☐	O
9	우리나라 지방재정법은 주민참여제도를 의무사항으로 명시하고 있음	☐☐☐	O
10	예산의 범위에 관한 사항은 해당 지방자치단체의 조례로 정함	☐☐☐	×
11	주민참여예산기구의 구성 · 운영과 그 밖에 필요한 사항은 해당 지방자치단체의 조례로 정함	☐☐☐	O

CHAPTER **03** 예산결정모형

Section 01 전통적 접근: 합리모형과 점증모형

구분	지문	시행	O·X
1	점증주의 예산결정방식은 결정자의 인식능력의 한계를 전제로 한다.	2008 서울9	
2	총체주의적 예산결정모형은 품목별 예산제도를 바람직한 예산편성방식으로 인식한다.	2020 군무원7	
3	총체주의적 예산결정모형은 집권적이며 하향식으로 자원을 배분한다.	2020 군무원7	
4	점증주의는 거시적 예산결정과 예산삭감을 설명하기에 적합한 이론이다.	2023 국가9	
5	총체주의는 계획예산(PPBS), 영기준예산(ZBB)과 같은 예산제도 개혁을 설명하기에 적합한 이론이다.	2023 국가9	
6	점증주의는 예산을 결정할 때 대안을 모두 고려하지는 못한다는 것을 전제로 한다.	2023 국가9	

Section 02 기타 예산결정모형

구분	지문	시행	O·X
1	급성 희소성은 가용자원이 정부의 계속사업을 지속할 만큼 충분하지 못한 경우에 발생한다.	2009 국회9	
2	루빈(Rubin)의 실시간 예산운영(real-time budgeting) 모형에서 예산균형흐름에서의 의사결정은 기술적 성격이 강하며, 책임성(accountability)의 정치적 특징을 갖는다.	2020 국가7	
3	킹던(Kingdon)의 의제설정 모형은 정책과정의 복잡하고 불확실한 역동성을 부각시킨다는 점에서 다중합리성 모형의 중요한 모태라고 할 수 있다.	2020 국가7	
4	윌다브스키(A. Wildavsky)의 예산행태 유형 중 세입 중심 예산문화는 국가의 경제력은 낮지만 재정예측력이 높은 경우에 나타난다.	2019 국가7	
5	서메이어(K. Thumaier)와 윌로비(K. Willoughby)의 다중합리성모형은 미시적 수준의 예산상의 의사결정을 설명하고 탐구한다.	2019 서울7	

📋 정답과 해설

※ 일반적으로 정답이 'ⅹ'인 선지에 대한 해설만 있음

Section 01　전통적 접근: 합리모형과 점증모형

구분	해설	회독	정답
1	점증주의 결정모형은 제한된 합리성에 기초함	☐☐☐	O
2	품목별 예산제도와 성과주의 예산제도는 점증주의, 계획예산제도와 영기준예산제도는 총체주의(합리주의) 방식으로 예산을 편성함	☐☐☐	X
3	정치적인 합리성은 토론과 합의를 중시하는 민주주의 사회에서 중요함에도 불구하고 합리모형은 능률성에 치중한 나머지 이를 경시함; 즉, 총체주의 예산은 능률성 위주의 계획기능을 강조하므로 집권적이고 하향식으로 자원을 배분할 위험이 있음	☐☐☐	O
4	선지는 합리모형(총체주의)에 대한 내용임	☐☐☐	X
5	계획예산, 영기준예산은 여러 대안 중 하나를 선택하는 특징을 지닌 제도이므로 총체주의를 적용함	☐☐☐	O
6	점증주의는 의사결정시 인간의 제한된 합리성을 인정함	☐☐☐	O

Section 02　기타 예산결정모형

구분	해설	회독	정답
1	급성 희소성은 정부의 계속사업만 할 수 있는 정도의 예산규모를 의미함	☐☐☐	X
2	예산균형에서의 의사결정은 제약조건의 정치라는 특징을 지니며, 책임성의 정치는 예산집행의 흐름에서 나타남 ■ 루빈의 실시간 예산운영모형	☐☐☐	X
3	다중합리성 모형은 의원의 다중합리성이 공무원의 행동에 영향을 미치는 과정을 설명하기 위해 킹던(Kingdon)의 의제설정 모형과 루빈의 실시간 예산운영 모형을 활용하고 있음	☐☐☐	O
4	세입 중심 예산문화는 일반적으로 선진국 지방정부에서 나타나는 현상임	☐☐☐	O
5	다중합리성모형은 Kingdon의 정책결정모형과 Rubin의 실시간 예산결정모형을 통합한 모형으로써 의원들의 복수합리성 기준이 중앙예산실의 예산분석가들의 행동에 미치는 영향을 분석하고 있음 → 인간의 행동을 연구하는바 미시적인 분석에 해당함	☐☐☐	O

■ 루빈의 실시간 예산운영모형 (구분 2)

흐름	관심	정치
세입 흐름	세입원의 기술적 추계: 누가 부담할 것인가?	설득의 정치
세출 흐름	지출의 우선순위: 누구에게 배분할 것인가?	선택의 정치
예산균형 흐름	정부의 범위와 역할에 대한 결정	제약조건의 정치
예산집행 흐름	계획에 따른 집행과 수정 및 일탈의 허용 범위를 산정하는 기술적인 성격이 강함	책임성의 정치
예산과정 흐름	예산과정에서 누가 주도적 역할을 하는가?	예산결정의 정치

CHAPTER 04 ː 예산의 기초

Section 01 ː 예산의 의의, 특성, 기능 및 형식

구분	지문	시행	O · X
1	예산은 회계 간 중복 거래 금액의 포함 여부에 따라 세입예산과 세출예산으로 구분된다.	2018 행정사	
2	예산은 재원 조달 및 배분이라는 관점에서 세입예산과 세출예산으로 구분된다.	2018 행정사	
3	경제성장 촉진기능은 Musgrave의 예산의 기능에 해당한다.	2003 경기9	
4	총수요 부족으로 경기 침체와 실업이 우려되는 경우 정부 지출을 늘리는 것은 머스그레이브가 제시한 예산의 효율적 자원배분 기능에 해당한다.	2025 지방7	
5	국공채는 세대 간 공평성을 갖는다.	2019 행정사	
6	우리나라는 심의·확정된 예산을 법률로 변경할 수 있다.	2021 군무원7	
7	발의·제출된 법률안에 대해 국회는 수정할 수 있지만, 예산안의 경우 국회는 정부의 동의 없이 제출된 지출예산 각항의 금액을 증가하거나 새 비목을 설치할 수 없다.	2023 국가9	
8	국공채는 사회간접자본(SOC) 관련 사업이나 시설로 인해 편익을 얻게 될 경우 후세대도 비용을 분담하기 때문에 세대 간 형평성을 훼손시킨다.	2019 국가9	
9	예산안을 심의할 때 국회는 정부가 제출한 예산안의 범위 내에서 삭감할 수 있고, 정부의 동의 없이 지출예산의 각 항의 금액을 증가하거나 새 비목을 설치할 수 없다.	2018 서울9	
10	국회는 발의·제출된 법률안을 수정·보완할 수 있지만, 제출된 예산안은 정부의 동의 없이는 수정할 수 없다.	2019 국가7	
11	예산은 법률의 개폐가 불가능하지만, 법률로는 예산을 변경할 수 있다	2018 서울9	
12	일반적으로 법률은 국가기관과 국민에 대해 구속력을 갖지만, 예산은 국가기관에 대해서만 구속력을 갖는다	2019 국가7	
13	대통령은 국회가 의결한 법률안에 대해 거부권이 있지만, 국회가 의결한 예산에 대해서는 사안별로만 재의요구권이 있다.	2019 국가7	

정답과 해설

Section 01	예산의 의의, 특성, 기능 및 형식

구분	해설	회독	정답
1	예산은 회계 간 중복 거래 금액의 포함 여부에 따라 예산총계와 예산순계로 구분됨	☐☐☐	×
2	예산은 재원 조달 및 배분이라는 관점에서 세입예산과 세출예산, 즉 일반회계 예산과 특별회계 예산으로 구분됨	☐☐☐	O
3	머스그레이브는 예산의 경제적 기능을 경제안정, 소득재분배, 효율적 자원배분으로 정리함	☐☐☐	×
4	• 선지는 경제안정 기능에 대한 내용임 • 머스그레이브 예산의 경제적 기능 **효율적 자원배분**: ① 시장이 효율적으로 공급할 수 없는 재화를 제공하기 위해 자원을 배분하는 것 ② 이를 통해 시장실패를 보정하고 사회적인 최적생산과 소비를 달성할 수 있음 **소득재분배**: 세입 면에서는 차별 과세를 하고, 세출 면에서는 사회보장적 지출을 통해 소외계층을 지원해야 함 **경제안정**: 경제안정에 기여하도록 공공자금의 지출을 유도하는 기능 → 예컨대, 불경기로 실업이 증가하면 실업률이 감소하도록 정부의 총지출을 증가시키는 행위	☐☐☐	×
5	국공채는 국가나 지방자치단체가 공공지출 경비의 재원을 조달하기 위해 부담하는 채무로서 국공채를 활용한 사업이나 시설로 인해 편익을 얻을 후세대도 채무에 대한 비용을 부담하기 때문에 세대 간 형평성을 높일 수 있음	☐☐☐	O
6	우리나라는 예산주의를 채택하고 있는바 예산과 법률의 형식이 다르므로 상호 수정이나 개폐가 불가능함	☐☐☐	×
7	발의·제출된 법률안에 대해 국회는 수정할 수 있지만, 예산안의 경우 국회는 예산편성권이 없음	☐☐☐	O
8	국공채를 활용한 사업이나 시설로 인해 편익을 얻을 후세대도 비용을 부담하기 때문에 세대 간 형평성을 높일 수 있음	☐☐☐	×
9	**헌법 제54조** ① 국회는 국가의 예산안을 심의·확정한다. ② 정부는 회계연도마다 예산안을 편성하여 회계연도 개시 90일전까지 국회에 제출하고, 국회는 회계연도 개시 30일 전(12월 2일)까지 이를 의결하여야 한다. **헌법 제57조** 국회는 정부의 동의없이 정부가 제출한 지출예산 각항의 금액을 증가하거나 새 비목을 설치할 수 없다.	☐☐☐	O
10	국회는 정부가 발의·제출한 법률안과 예산안을 수정·보완할 수 있음 → 단, 예산안에 대해서 국회는 폐지 및 삭감은 할 수 있으나 정부의 동의 없이 지출예산 각 항의 금액을 증가하게 하거나 새 비목을 설치할 수는 없음	☐☐☐	×
11	예산안과 법률은 상호 형식이 다르므로 예산으로 법률의 개폐가 불가능하며, 법률로 예산을 변경할 수 없음	☐☐☐	×
12	일반적으로 법률은 국가기관과 국민에 대해 구속력(국민에 대한 의무 부과 등)을 갖지만, 예산은 국가기관에 대해서만 구속력을 가짐	☐☐☐	O
13	대통령은 국회가 의결한 법률에 대해 거부권이 있지만, 국회가 의결한 예산에 대해서는 재의요구권이 없음	☐☐☐	×

Section 02 　 예산의 원칙

구분	지문	시행	O · X
1	노이마르크(Neumark)의 예산원칙은 예산을 통제수단으로 파악하였다.	2011 경찰간부	
2	예산의 원칙 중 특정 수입과 특정 지출이 연계되어서는 안 된다는 것은 '단일성의 원칙'이다.	2015 지방9	
3	통일성의 원칙은 회계장부가 하나여야 한다는 원칙이다.	2013 서울9	
4	예산은 주어진 목적, 규모, 그리고 시간에 따라 집행되어야 한다는 원칙은 '예산총계주의'이다.	2015 지방9	
5	예산의 이용, 예비비, 계속비는 공통적으로 한정성 원칙의 예외이다.	2014 국가7	
6	한 회계연도의 세입과 세출은 모두 예산에 계상하여야 한다는 것은 예산 통일의 원칙이다.	2015 서울9	
7	전대차관은 완전성 원칙의 예외에 해당한다.	2019 행정사	
8	수입대체경비는 예산총계주의 원칙의 예외에 해당한다.	2024 지방7	
9	우리나라의 특별회계는 예산의 이용 및 전용과 마찬가지로 예산 한정성의 원칙이 적용되지 않는다.	2020 지방7	
10	통일의 원칙은 정부의 회계장부가 하나여야 한다는 원칙이다.	2021 소방간부	
11	우리나라의 경우 특별회계와 목적세는 예산 통일의 원칙의 예외이다.	2021 소방간부	
12	특별회계와 기금은 예산총계주의 원칙의 예외이다.	2022 지방9	
13	예산의 이용은 사전의결 원칙의 예외이다.	2024 국가7	
14	입법부 우위의 전통적 예산원칙에서 '국민의 눈높이에서 국민이 쉽게 이해할 수 있도록 예산서의 과목과 구조가 작성되어야 한다'는 원칙은 명료성의 원칙이다.	2025 지방9	

Section 02 | 예산의 원칙

구분	해설	회독	정답
1	노이마르크(Neumark)는 전통적 예산원칙, 즉 통제지향적 예산원칙을 제시했음	☐☐☐	O
2	예산의 원칙 중 특정 수입과 특정 지출이 연계되어서는 안 된다는 것은 '통일성의 원칙'임 ※ 단일성의 원칙: 예산은 하나만 존재하거나 예산은 단일의 회계 내에서 정리해야 한다는 원칙	☐☐☐	X
3	단일성의 원칙은 회계장부가 하나여야 한다는 원칙임 ※ 통일성의 원칙: 국가의 모든 수입은 국고에 들어온 후 국고에서 지출이 이루어져야 함	☐☐☐	X
4	예산은 주어진 목적, 규모, 그리고 시간에 따라 집행되어야 한다는 것은 한정성의 원칙에 해당함 ※ 예산총계주의: 모든 세입과 세출은 예산에 명시적으로 계상(계산하여 올림)해야 함	☐☐☐	X
5	이용은 목적한정성, 예비비는 규모한정성, 계속비는 시기한정성 원칙의 예외임	☐☐☐	O
6	한 회계연도의 세입과 세출은 모두 예산에 계상하여야 한다는 것은 완전성의 원칙에 대한 내용임 ※ 통일성의 원칙: 국가의 모든 수입은 국고에 들어온 후 국고에서 지출이 이루어져야 함	☐☐☐	X
7	**두문자** 완전차갑고 순수해서 현기증나 → '전'은 전대차관을 뜻함	☐☐☐	O
8	**두문자** 완전차갑고 순수해서 현기증나 → '수'는 수입대체경비를 뜻함	☐☐☐	O
9	특별회계는 한정성 원칙(의회의 의결범위(시기·금액·목적) 내에서 예산집행)의 적용을 받음	☐☐☐	X
10	단일성의 원칙에 대한 내용임; 통일성의 원칙은 국가의 모든 수입이 국고에 들어온 후 국고에서 지출이 이루어져야 한다는 원칙임	☐☐☐	X
11	**두문자** 통목수특기 → '특'과 '목'은 특별회계와 목적세를 의미함	☐☐☐	O
12	특별회계와 기금은 통일성 원칙의 예외임	☐☐☐	X
13	예산의 이용은 장, 관, 항 간의 자금융통으로 국회의 사전승인을 받아야 함	☐☐☐	X
14	**명료성 원칙**: 예산의 내역과 용도는 국민이 이해할 수 있도록 구체적이고 단순해야 함	☐☐☐	O

DAY

24

Section 03   우리나라의 예산 원칙: 국가재정법을 중심으로

구분	지문	시행	O·X
1	통일성의 원칙은 국가재정법에 명시되어 있다.	2020 국회9	
2	국세감면율이란 당해 연도 국세 수입총액 대비 국세감면액 총액의 비율을 말한다.	2018 국가7	
3	추가경정예산은 국회에서 확정되기 전에 정부가 미리 배정하거나 집행할 수 있는 예산을 의미한다.	2011 국가9	
4	추가경정예산의 경우, 정부는 국회에서 추가경정예산안이 확정되기 전에 이를 미리 배정하거나 집행할 수 없다.	2024 지방9	
5	온실가스감축인지 예산제도는 정부예산의 원칙 중 하나이다.	2024 국가9	
6	정부의 기금은 온실가스감축인지 예산제도의 대상에 포함되지 않는다.	2024 국가9	

Section 03   우리나라의 예산 원칙: 국가재정법을 중심으로

구분	해설	회독	정답
1	통일성의 원칙은 국고금관리법에 명시되어 있음 **국고금관리법 제7조 【수입의 직접 사용 금지 등】** 중앙관서의 장은 다른 법률에 특별한 규정이 있는 경우를 제외하고는 그 소관 수입을 국고에 납입하여야 하며 이를 직접 사용하지 못한다.	☐☐☐	×
2	국세감면율이란 당해 연도 국세 수입총액과 국세감면액 총액을 합한 금액에서 국세감면액 총액이 차지하는 비율임	☐☐☐	×
3	추가경정예산은 국회에서 확정되기 전에 정부가 미리 배정하거나 집행할 수 없음	☐☐☐	×
4	추가경정예산은 국회의 사전의결을 거쳐 집행할 수 있음	☐☐☐	○
5	**국가재정법 제16조 【예산의 원칙】** 정부는 예산의 편성 및 집행에 있어서 다음 각 호의 원칙을 준수하여야 한다. 6. 예산이 온실가스감축에 미치는 효과를 평가하고, 그 결과를 정부의 예산편성에 반영하기 위하여 노력하여야 한다.	☐☐☐	○
6	기금도 온실가스감축인지 제도의 대상에 포함됨 → 정부는 온실가스감축인지 기금운용계획서·기금결산서를 작성해야 함	☐☐☐	×

DAY — **24**

CHAPTER **05** 예산의 종류 및 분류

Section 01 예산의 종류

구분	지문	시행	O · X
1	예산을 성립시기에 따라 분류하면 일반회계, 특별회계로 나눌 수 있다.	2012 국가9	
2	정부는 매년 기금운용계획을 마련하여 국무회의 의결을 받아야 하며, 국회에 제출할 필요는 없다.	2014 국가7	
3	본예산은 정기국회의 심의를 거쳐 확정된 최초의 예산으로 당초예산이라고도 한다.	2013 행정사	
4	수정예산은 예산이 국회를 통과한 이후 예산집행과정에서 다시 제출되는 예산이다.	2013 행정사	
5	추가경정예산은 예산의 신축성 확보를 위한 제도로서, 최소 1회의 추가경정예산을 편성하도록 국가재정법에 규정되어 있다.	2018 국가9	
6	준예산은 우리나라에서 예산안이 회계연도 개시일까지 국회를 통과하지 못할 경우 사용하는 제도로 국회의 의결이 있어야 집행될 수 있다.	2016 국회9	
7	준예산은 새로운 회계연도가 시작되는 날로부터 최초 수개월 분의 일정한 금액의 예산을 정부가 집행할 수 있게 허가하는 제도이다.	2013 경찰간부	
8	우리나라는 1960년도 이후부터 준예산제도를 채택하고 있다.	2017 행정사	
9	조세지출예산제도는 조세지출의 투명성과 항구성 · 지속성을 제고하는 장점이 있다.	2019 국가7	
10	조세지출의 경우, 우리나라에서는 지출 항목별 평가 등을 통해 국회의 심의와 의결을 받고 있다.	2025 국가7	
11	조세지출은 세법상의 비과세, 감면, 공제 등 다양한 형태로 이루어지며, 조세 상의 특혜를 부여한다는 점에서 '감추어진 보조금'(hidden subsidies)이라고도 한다.	2025 국가7	
12	성인지 예산서, 성인지 기금결산서, 온실가스감축인지 예산서, 조세지출 결산서 등은 국가재정법상 예산 및 결산 과정에서 정부가 작성해야 하는 서류에 해당한다.	2025 지방7	
13	통합재정은 회계 간 내부거래와 보전거래를 세입과 세출에서 각각 제외한다는 점에서 기업의 연결재무제표와 유사하다.	2016 교행	
14	우리나라의 통합재정수지에서는 융자지출을 재정수지의 흑자요인으로 간주한다.	2014 지방9	
15	자본예산제도는 자본적 지출에 대한 특별한 분석과 예산사정을 가능하게 한다.	2013 국회8	
16	성인지예산제도는 예산이 남성이 아니라 여성에게 미치는 효과를 분석하여 양성평등을 위한 예산집행을 추구한다.	2020 행정사	
17	성인지예산제도는 예산과정에 대한 성 주류화의 적용으로 양성평등을 위한 실질적인 예산배분의 변화를 추구한다.	2020 행정사	
18	「국가재정법」에 따르면 법령에 따라 국가가 지급하여야 하는 지출이 발생하거나 증가하여 이미 확정된 예산에 변경을 가할 필요가 있는 경우에 추가경정예산을 편성할 수 있다.	2020 지방7	
19	세금 자체를 부과하지 않는 비과세는 조세지출의 방법으로 볼 수 없다.	2020 지방9	

정답과 해설

※ 일반적으로 정답이 'X'인 선지에 대한 해설만 있음

Section 01 | 예산의 종류

구분	해설	회독	정답
1	예산을 성립시기에 따라 분류하면 본예산, 수정예산, 추가경정예산으로 나눌 수 있음 ※ 일반회계예산과 특별회계예산은 사용 목적에 따른 구분(세입·세출에 의한 분류)에 해당함	☐☐☐	X
2	정부는 매년 기금운용계획을 마련하여 국무회의의 의결을 받은 후 국회에 제출하여 심의·의결을 거쳐야 함	☐☐☐	X
3	본예산은 정기국회의 심의를 거쳐 회계연도 개시 30일 전에 확정된 최초의 예산으로 당초예산이라고도 함	☐☐☐	O
4	예산이 국회를 통과한 이후 예산집행과정에서 다시 제출되는 예산은 추가경정예산임	☐☐☐	X
5	추가경정예산은 예산의 신축성 확보를 위한 제도이며, 편성 횟수의 제한을 두지 않고 있음	☐☐☐	X
6	준예산은 우리나라에서 예산안이 회계연도 개시일까지 국회를 통과하지 못할 때 사용하는 제도로 국회의 의결이 불필요함 헌법 제54조 ③ 새로운 회계연도가 개시될 때까지 예산안이 의결되지 못한 때에는 정부는 국회에서 예산안이 의결될 때까지 다음의 목적을 위한 경비는 전년도 예산에 준하여 집행할 수 있다. 1. 헌법이나 법률에 의하여 설치된 기관 또는 시설의 유지·운영 2. 법률상 지출의무의 이행 3. 이미 예산으로 승인된 사업의 계속	☐☐☐	X
7	잠정예산은 새로운 회계연도가 시작되는 날로부터 최초 수개월 분의 일정한 금액의 예산을 정부가 집행할 수 있게 허가하는 제도임 ※ 준예산: 국회에서 예산안이 의결될 때까지 특정 경비에 대해 전 회계연도의 예산에 준하여 집행하는 제도	☐☐☐	X
8	우리나라는 1960년도 이후부터 준예산제도를 채택하고 있음	☐☐☐	O
9	조세지출예산제도는 조세지출의 투명성을 제고하고, 항구성과 지속성을 갖는 조세지출을 통제할 수 있음	☐☐☐	X
10	조세지출예산서는 예산안에 첨부되는 서류일 뿐, 국회의 심의·의결대상이 아님	☐☐☐	X
11	• 조세지출: 조세감면·비과세·소득공제·세액공제·우대세율적용 또는 과세이연(세금 납부시점 연기) • 조세지출은 합법적 세금감면으로써 비가시적·경직적·간접적 지출임 → 감추어진 보조금	☐☐☐	O
12	• 조세지출예산서는 전년도 감면실적, 다음 연도 추정치 등으로 구성됨 • 이 중에서 다음 연도 추정치가 조세지출예산, 진년도 감면실적이 조세지출결산서에 해당하는 까닭에 조세지출결산서를 작성하지 않음	☐☐☐	X
13	통합재정은 회계 간 내부거래와 보전거래를 세입과 세출에서 각각 제외하는 것을 원칙으로 함 → 예산순계	☐☐☐	O
14	우리나라의 통합재정수지에서는 융자지출을 재정수지의 적자요인으로 간주함; 융자지출은 회수되는 시점에서 흑자요인이 되는데도 불구하고 이를 당해 연도의 적자요인으로 보고 재정운용의 건전성을 판단하는 것은 문제임	☐☐☐	X
15	자본예산제도는 장기적인 투자성 지출, 즉 자본적 지출에 대한 특별한 분석과 예산사정을 가능하게 함	☐☐☐	O
16	성인지 예산제도는 예산과정에 대한 성 주류화의 적용으로 양성평등을 위한 실질적인 예산배분의 변화를 추구하는바 예산이 남성과 여성에게 미치는 효과를 분석하여 양성평등을 위한 예산집행을 추구함	☐☐☐	X
17	참고 '성인지적'과 '성주류화'는 같은 뜻임	☐☐☐	O
18	국가재정법 제89조 【추가경정예산안의 편성】 ① 정부는 다음 각 호의 어느 하나에 해당하게 되어 이미 확정된 예산에 변경을 가할 필요가 있는 경우에는 추가경정예산을 편성할 수 있다. 3. 법령에 따라 국가가 지급하여야 하는 지출이 발생하거나 증가하는 경우	☐☐☐	O
19	조세지출 예산제도는 합법적인 세금감면을 어느 정도 통제하여 과세의 형평성을 제고하려는 제도임 → 비과세, 세액공제 등은 조세지출, 즉 합법적인 세금감면에 해당함	☐☐☐	X

20	우리나라의 지방재정에는 지방세지출제도가 도입되지 않았다.	2020 군무원9	
21	특별회계 예산은 합목적성 차원에서 기금보다 자율성과 탄력성이 강하다.	2021 지방직9	
22	기금은 특정수입과 지출의 연계를 배제한다.	2021 경찰간부	
23	특별회계는 예산제도가 복잡해지므로 국가재정의 통합적 관리를 어렵게 한다.	2021 행정사	
24	특별회계 예산은 세입과 세출이라는 운영 체계를 지닌다.	2021 지방9	
25	준예산은 국회의 의결을 필요로 한다.	2021 국가7	
26	우리나라는 2010회계연도에 성인지예산서가 처음으로 국회에 제출되었다.	2021 국가7	
27	'수정예산, 본예산, 추가경정예산'은 동일 회계연도 예산의 성립을 기준으로 볼 때 시기적으로 빠른 것부터 나열한 것이다.	2022 국가9	
28	통합재정의 범위에는 일반정부와 공기업 등 공공부문 전체가 포함된다.	2023 국가9	
29	금융성 기금과 비금융성 기금 모두 통합예산에 포함된다.	2022 국회9	
30	통합재정은 금융 공공부문 및 비금융 공공부문의 일반회계와 특별회계 외에 기금과 세입세출 외 자금을 포함한다.	2016 교행9	
31	통합재정은 보전재원을 명시한다.	2008 지방7	
32	잠정예산은 수개월 단위로 임시예산을 편성해 운영하는 것으로 가예산과 달리 국회의 의결이 불필요하다.	2023 지방9	
33	가예산은 1개월분의 예산을 국회의 의결을 거쳐 집행하는 것으로 우리나라가 운영한 경험이 있다.	2023 지방9	
34	특별회계예산은 일반회계예산과 달리 예산편성에 있어 국회의 심의 및 의결을 받지 않는다.	2023 지방9	
35	국가재정법에서는 공공부문을 제외한 일반정부의 재정통계를 매년 1회 이상 투명하게 공표하도록 규정하고 있다.	2023 국가7	
36	기금의 종류 중 사업성 기금에는 공무원연금기금, 기술보증기금, 무역보험기금 등이 있다.	2025 국가9	
37	국가의 고유 기능 수행을 위해 양곡관리, 조달, 우편사업, 우체국예금, 책임운영기관 등 총 6개의 일반회계가 설치되어 있다.	2025 지방9	

Section 02   예산의 분류

구분	지문	시행	O · X
1	사업별 분류방식이 조직별 분류방식보다 독립된 행정부서의 예산 상황을 이해하는 데 더 유용하다.	2018 행정사	
2	기능별 분류는 정부 활동의 일반적이며 총체적인 내용을 보여주어 일반납세자가 정부의 예산내용을 쉽게 이해할 수 있도록 설계된 예산의 분류 방법이다.	2017 사회복지9	
3	예산의 조직별 분류의 장점은 예산지출의 목적(대상)을 파악하기 쉽다는 점이다.	2021 지방7	
4	우리나라는 예산을 지출 대상별로 분류해 편성하는 품목별 예산제도를 사용하고 있다.	2025 지방7	

20	우리나라의 지방재정에도 지방세지출제도가 도입되어 지방세특례제한에 따라 적절한 세금감면을 위한 통제를 하고 있음	□□□	X
21	특별회계 예산은 국가재정법상 예산의 원칙을 적용하는 까닭에 기금보다 자율성과 탄력성이 부족함	□□□	X
22	기금은 통일성 원칙의 예외인 까닭에 특정 수입과 지출의 연계를 허용함	□□□	X
23	특별회계를 신설하게 되면, 별도의 예산을 따로 확보해야 함 → 따라서 특별회계는 국가재정의 통합적 관리를 어렵게 할 수 있음	□□□	O
24	일반회계와 특별회계는 모두 세입과 세출이라는 운영 체계를 지님	□□□	O
25	우리나라 준예산은 국회의 의결이 필요없음	□□□	X
26	성인지예산제도는 우리나라의 경우 중앙정부는 2010회계연도부터, 지방정부는 2013회계연도부터 도입되었음	□□□	O
27		□□□	O
28	통합재정의 범위는 일반정부와 정부직영 공기업 등 비금융 공공부문임	□□□	X
29	통합재정에서 금융성 기금은 제외됨	□□□	X
30	통합재정에서 금융 공공부문은 제외됨	□□□	X
31	통합재정은 보전재원과 내부거래를 예산순계로 작성함	□□□	O
32	잠정예산은 국회의결이 필요함	□□□	X
33	가예산은 1개월분의 예산을 국회의 의결을 거쳐 집행하는 것으로 우리나라가 제1공화국에서 운영한 경험이 있음	□□□	O
34	특별회계예산도 예산이므로 예산편성에 있어 국회의 심의 및 의결이 필요함	□□□	X
35	공공부문을 포함시켜야 함 **국가재정법 제9조【재정정보의 공표】** ① 정부는 예산, 기금, 결산, 국채, 차입금, 국유재산의 현재액, 통합재정수지 및 제2항에 따른 일반정부 및 공공부문 재정통계, 그 밖에 대통령령으로 정하는 국가와 지방자치단체의 재정에 관한 중요한 사항을 매년 1회 이상 정보통신매체·인쇄물 등 적당한 방법으로 알기 쉽고 투명하게 공표하여야 한다.	□□□	X
36	① 공무원연금기금은 사회보장성 기금임 ② 신용보증기금, 기술보증기금, 무역보험기금은 금융성 기금에 해당함	□□□	X
37	양곡관리, 조달, 우편사업, 우체국예금, 책임운영기관 등은 특별회계(기업특별회계)로 운영함	□□□	X

Section 02 | 예산의 분류

구분	해설	회독	정답
1	조직별 분류방식이 사업별 분류방식보다 독립된 행정부서의 예산 상황을 이해하는 데 더 유용함	□□□	X
2	기능별 분류는 정부가 수행하는 기능에 따라 예산을 분류하는 방법으로써, 국민의 관점에서 정부가 무슨 일을 하는지를 알 수 있는바 시민을 위한 분류(citizen's classification)라고도 함	□□□	O
3	예산의 조직별 분류는 조직별로 예산을 배정하기 때문에 경비지출의 구체적인 목적을 알기 어려움	□□□	X
4	품목별 분류는 다른 분류 방법과 병행하는 경우가 많고, 세계적으로 많이 활용함	□□□	O

CHAPTER **06** 예산과정

Section 01 예산의 편성

구분	지문	시행	O · X
1	우리나라의 예산과정은 2년을 주기로 하는 순환과정이다.	2007 대구7	
	우리나라의 회계연도는 매년 3월 1일부터 다음 해 2월 28일까지이다.	2025 지방9	
2	정부예산안은 국무회의 심의와 대통령의 재가로 확정되고 회계연도 개시 120일 전까지 국회에 제출하여야 한다.	2021 행정사	
3	「국가재정법」에서는 대통령의 승인을 얻은 정부 예산안이 회계연도 개시 90일 전까지 국회에 제출되어야 한다고 규정하고 있다.	2024 지방9	
4	예산을 행정부가 편성하여 입법부에 제출하는 것이 추세이다.	2009 국가9	
5	「국가재정법」상 각 중앙관서의 장은 매년 1월 31일까지 중기사업계획서를 국무회의에 보고해야 한다.	2009 서울9	
6	국가재정법상 예산은 예산총칙·세입세출예산·계속비·명시이월비 및 국고채무부담행위를 총칭한다.	2014 국회8	
7	우리나라 「국가재정법」에서 총괄적으로 규정하고 있는 예산총칙의 사항은 계속비, 세입세출예산, 명시이월비, 국고채무부담행위이다.	2018 행정사	
8	기획예산처는 총액배분자율편성제도에 따라 각 부처의 세부 사업에 대한 심사보다 부처예산요구총액의 적정성을 집중적으로 심의한다.	2021 군무원9	
9	예산편성은 기획예산처가 예산안편성지침을 작성하고 각 중앙행정기관의 장에게 시달하여 중기사업계획서를 제출받으면서 시작한다.	2021 행정사	
10	기획예산처는 조정된 정부 예산안을 회계연도 개시 120일 전까지 국회에 제출한다.	2021 군무원9	
11	각 중앙행정기관은 기획예산처의 지침에 따라 사업계획서와 예산요구서 작성을 준비한다.	2021 군무원9	
12	예산사정 과정에서 정부는 헌법상 독립기관(국회·대법원·헌법재판소·중앙선거관리위원회·국가인권위원회)과 감사원의 예산을 삭감하는 경우 해당 기관장의 의견을 들어야 한다.	2023 지방7	
13	우리나라의 예산안 국회 제출 기한은 헌법상 회계연도 개시 90일 전까지이나 「국가재정법」상 회계연도 개시 120일 전까지이다.	2025 지방9	

정답과 해설

Section 01 **예산의 편성**

구분	해설	회독	정답
1	우리나라의 예산과정은 3년을 주기로 하는 순환과정임	☐☐☐	×
	우리나라 회계연도는 매년 1월 1일에 시작하여 12월 31일에 종료됨	☐☐☐	×
2	**국가재정법 제33조【예산안의 국회제출】** 정부는 제32조의 규정에 따라 대통령의 승인을 얻은 예산안을 회계연도 개시 120일 전까지 국회에 제출하여야 한다.	☐☐☐	O
3	「국가재정법」에서는 대통령의 승인을 얻은 정부 예산안이 회계연도 개시 120일 전까지 국회에 제출되어야 한다고 규정하고 있음 → 헌법은 90일 전		×
4	예산을 행정부가 편성하여 입법부에 제출하는 것이 추세임 ※ 우리나라도 행정부가 예산안을 편성함	☐☐☐	O
5	「국가재정법」상 각 중앙관서의 장은 매년 1월 31일까지 중기사업계획서를 기획예산처장관에게 보고해야 함	☐☐☐	×
6	**국가재정법 제19조【예산의 구성】** 예산은 예산총칙·세입세출예산·계속비·명시이월비 및 국고채무부담행위를 총칭한다.	☐☐☐	O
7	**국가재정법 제20조【예산총칙】** ① 예산총칙에는 세입세출예산·계속비·명시이월비 및 국고채무부담행위에 관한 총괄적 규정을 두는 외에 다음 각 호의 사항을 규정하여야 한다.	☐☐☐	O
8	총액배분자율편성제도에서 각 중앙관서는 정해진 지출 한도를 지키면서 자율적으로 사업의 우선순위를 정하여 예산을 편성하고, 기획예산처는 이를 사정함 → 다만, 중앙관서는 예산사정 및 국무회의 심의과정에서 부처예산요구총액과 더불어 사업의 우선순위도 같이 점검(중기사업 중심)받음	☐☐☐	×
9	예산편성은 각 중앙관서의 장이 중기사업계획서를 기획예산처장관에게 제출하고, 기획예산처장관이 예산안편성지침을 중앙관서의 장에게 통보하면서 시작됨	☐☐☐	×
10	**국가재정법 제33조【예산안의 국회제출】** 정부는 제32조의 규정에 따라 대통령의 승인을 얻은 예산안을 회계연도 개시 120일 전까지 국회에 제출하여야 한다.	☐☐☐	O
11	각 중앙행정기관은 기획예산처의 지침에 따라 사업계획서와 예산요구서 작성을 준비함 → 이때 기획예산처의 지침이란 전자의 경우 중기사업계획수립지침, 후자의 경우 예산안편성지침을 의미함	☐☐☐	O
12	① 예산사정 과정에서 정부는 독립기관(국회·대법원·헌법재판소·중앙선거관리위원회)과 감사원의 예산을 감액하고자 할 때에는 국무회의에서 해당 기관장의 의견을 들어야 함 ② 선지에서 국가인권위원회를 삭제해야 함	☐☐☐	×
13	**국가재정법 제33조【예산안의 국회제출】** 정부는 대통령의 승인을 얻은 예산안을 회계연도 개시 120일 전까지 국회에 제출하여야 한다. **헌법 제54조** ① 국회는 국가의 예산안을 심의·확정한다. ② 정부는 회계연도마다 예산안을 편성하여 회계연도 개시 90일 전까지 국회에 제출하고, 국회는 회계연도 개시 30일 전(12월 2일)까지 이를 의결하여야 한다.	☐☐☐	O

Section 02	예산의 심의: 입법부의 역할

구분	지문	시행	O·X
1	우리나라의 예산과정은 국회 본회의 중심이 아니라 국회 상임위원회와 예산결산 특별위원회 중심으로 예산이 심의된다.	2017 국가7 추가	
2	예산결산특별위원회를 구성할 때에는 그 활동기한을 정하여야 한다. 다만 본회의의 의결로 그 기간을 연장할 수 있다.	2013 지방9	
3	예산결산특별위원회의 예비심사 후 상임위원회의 종합심사와 본회의 의결을 거쳐 예산안을 확정한다.	2009 국가9	
4	국회 예산결산특별위원회는 소관 상임위원회에서 삭감한 세출예산 각 항의 금액을 증가하게 하거나 새 비목을 설치할 경우 소관 상임위원회의 동의를 받아야 한다.	2024 지방9	
5	국회는 정부의 동의 없이 정부가 제출한 지출예산 각 항의 금액을 증가하거나 새 비목을 설치할 수 없다.	2010 경정승진	
6	국회는 회계연도 개시 30일 전까지 예산안을 의결하여야 한다.	2016 행정사	
7	국회에 제출된 예산안은 소관상임위원회의 예비심사를 거친다.	2016 행정사	
8	국회는 국가의 예산안을 심의·확정한다.	2016 행정사	
9	정부 예산안이 소관 상임위원회의 예비심사를 마치면 50명으로 구성된 예산결산특별위원회에서 종합심사가 이루어진다.	2021 경정승진	
10	정부 예산안이 국회에 제출되면 본회의에서 정부의 시정연설이 이루어진다.	2021 경정승진	
11	국회 예산결산특별위원회가 11월 30일까지 예산안 심사를 마치지 않으면 원칙적으로 그다음 날에 위원회에서 심사를 마치고 바로 본회의에 부의된 것으로 본다.	2021 행정사	
12	국회에 제출된 예산안은 예산결산특별위원회에서 예비심사하여 그 결과를 의장에게 보고하고, 의장은 소관 상임위에 회부하여 심사가 끝난 후 본회의에 부의한다.	2023 지방7	
13	대통령은 국회가 의결한 법률안에 대해 재의 요구를 할 수 있으나, 국회는 정부가 제출한 예산안에 대한 심의·의결 자체를 거부할 수 있다.	2023 국가7	
14	예산결산특별위원회가 소관 상임위원회에서 삭감한 세출예산 각 항의 금액을 증가하게 할 경우 소관 상임위원회의 동의를 받지 않아도 된다.	2020 지방7	

Section 02	예산의 심의: 입법부의 역할

구분	해설	회독	정답
1	우리나라에서 본회의 의결은 형식적·상징적 의미를 지님	☐☐☐	O
2	특별위원회를 구성할 때에는 그 활동기한을 정하여야 함 → 다만 본회의의 의결로 그 기간을 연장할 수 있음	☐☐☐	×
3	상임위원회의 예비심사 후 예산결산특별위원회의 종합심사와 본회의 의결을 거쳐 예산안을 확정함	☐☐☐	×
4	**국회법 제84조【예산안·결산의 회부 및 심사】** ⑤ 예산결산특별위원회는 소관 상임위원회의 예비심사 내용을 존중하여야 하며, 소관 상임위원회에서 삭감한 세출예산 각 항의 금액을 증가하게 하거나 새 비목(費目)을 설치할 경우에는 소관 상임위원회의 동의를 받아야 한다.	☐☐☐	O
5	**헌법 제57조** 국회는 정부의 동의없이 정부가 제출한 지출예산 각항의 금액을 증가하거나 새 비목을 설치할 수 없다.	☐☐☐	O
6	**헌법 제54조** ② 정부는 회계연도마다 예산안을 편성하여 회계연도 개시 90일전까지 국회에 제출하고, 국회는 회계연도 개시 30일 전(12월 2일)까지 이를 의결하여야 한다.	☐☐☐	O
7	**국회법 제84조【예산안·결산의 회부 및 심사】** ① 예산안과 결산은 소관 상임위원회에 회부하고, 소관 상임위원회는 예비심사를 하여 그 결과를 의장에게 보고한다. 이 경우 예산안에 대해서는 본회의에서 정부의 시정연설을 듣는다.	☐☐☐	O
8	**헌법 제54조** ① 국회는 국가의 예산안을 심의·확정한다.	☐☐☐	O
9	**국회법 제84조【예산안·결산의 회부 및 심사】** ① 예산안과 결산은 소관 상임위원회에 회부하고, 소관 상임위원회는 예비심사를 하여 그 결과를 의장에게 보고한다. 이 경우 예산안에 대해서는 본회의에서 정부의 시정연설을 듣는다. ② 의장은 예산안과 결산에 제1항의 보고서를 첨부하여 이를 예산결산특별위원회에 회부하고 그 심사가 끝난 후 본회의에 부의한다. **국회법 제45조【예산결산특별위원회】** ② 예산결산특별위원회의 위원 수는 50명으로 한다. 이 경우 의장은 교섭단체 소속 의원 수의 비율과 상임위원회 위원 수의 비율에 따라 각 교섭단체 대표의원의 요청으로 위원을 선임한다.	☐☐☐	O
10	**국회법 제84조【예산안·결산의 회부 및 심사】** ① 예산안과 결산은 소관 상임위원회에 회부하고, 소관 상임위원회는 예비심사를 하여 그 결과를 의장에게 보고한다. 이 경우 예산안에 대해서는 본회의에서 정부의 시정연설을 듣는다.	☐☐☐	O
11	**국회법 제85조의3【예산안 등의 본회의 자동 부의 등】** ① 위원회는 예산안, 기금운용계획안, 임대형 민자사업 한도액안(이하 "예산안등"이라 한다)과 제4항에 따라 지정된 세입예산안 부수 법률안의 심사를 매년 11월 30일까지 마쳐야 한다. ② 위원회가 예산안등과 제4항에 따라 지정된 세입예산안 부수 법률안에 대하여 제1항에 따른 기한까지 심사를 마치지 아니하였을 때에는 그 다음 날에 위원회에서 심사를 마치고 바로 본회의에 부의된 것으로 본다.	☐☐☐	O
12	국회에 제출된 예산안은 상임위원회에서 예비심사하여 그 결과를 의장에게 보고하고, 의장은 예산결산특별위원회에 회부하여 심사가 끝난 후 본회의에 부의함	☐☐☐	×
13	국회는 정부가 제출한 예산안에 대한 심의·의결해야 함	☐☐☐	×
14	우리나라는 상임위원회 예비심사의 실효성을 담보하기 위하여 예산결산특별위원회가 소관 상임위원회에서 삭감한 세출예산 각 항의 금액을 증가하게 하거나 새 비목을 설치할 경우에 소관 상임위원회의 동의를 얻도록 하고 있음	☐☐☐	×

DAY

25

Section 03 | **예산의 집행**

구분	지문	시행	O·X
1	예산의 정기배정은 예산집행의 신축성을 유지하기 위한 제도적 장치에 해당한다.	2016 행정사	
2	예산의 전용이란 각 기관·장·관·항 간에 상호 융통하는 것을 말한다.	2024 국가7	
3	예산의 전용을 위해서 정부 부처는 미리 국회의 승인을 얻어야 한다.	2019 국가9	
4	예산의 이용과 이체는 예산집행의 신축성을 유지하기 위한 제도적 장치에 해당한다.	2016 행정사	
5	예산의 이체란 정부조직 등에 관한 법령의 제정, 개정 또는 폐지로 인해 그 직무와 권한에 변동이 있을 때에 예산도 이에 따라 변경하는 것을 말한다.	2024 국가7	
6	국고채무부담행위는 법률에 따른 것과 세출예산금액 또는 계속비의 총액의 범위 이내로 한정한다.	2008 국가9	
7	국고채무부담행위는 국가가 금전 급부 의무를 부담하는 행위로서 그 채무 이행의 책임은 다음 연도 이후에 부담됨을 원칙으로 한다.	2024 국가9	
8	국고채무부담행위는 국가가 채무를 부담할 권한과 채무의 지출권한을 부여받은 것으로, 지출을 위한 국회 의결 대상에서 제외된다.	2024 국가9	
9	국고채무부담행위는 단년도 예산 원칙의 예외라는 점에서 계속비와 동일하지만, 공사나 제조 및 연구개발 사업 등 대상이 한정되어 있다는 점에서는 대상이 한정되지 않는 계속비와 차이가 있다.	2024 국가9	
10	기획예산처장관은 각 중앙관서의 장에게 예산을 배정한 때에는 재정경제부장관과 감사원에 각각 통지하여야 한다.	2020 국가9	
11	예산의 재배정은 예산집행의 신축성을 확보하기 위한 제도이다.	2020 군무원9	
12	정부는 회계연도 개시 전까지 예산안이 의결되지 못한 때에는 전년도 예산에 준해 모든 예산을 편성해 운영할 수 있다.	2021 국가9	
13	경제협력, 해외원조를 위한 지출을 예비비로 충당해야 할 우려가 있는 경우는 국가재정법상 추가경정예산안 편성이 가능한 사유에 해당한다.	2021 국가9	
14	예비란 예측할 수 없는 예산 외의 지출 또는 예산초과지출에 충당하기 위해 세입·세출예산에 계상한 금액을 말한다.	2024 국가7	
15	예비비의 경우, 정부는 예측할 수 없는 예산 외의 지출 또는 예산초과지출에 충당하기 위하여 일반회계 예산총액의 100분의 5 이내의 금액으로 세입세출예산에 계상할 수 있다.	2024 지방9	
16	계속비의 경우, 국가가 지출할 수 있는 연한은 그 회계연도로부터 5년 이내이나, 사업규모 및 국가재원 여건을 고려하여 필요한 경우에는 예외적으로 10년 이내로 할 수 있다.	2024 지방9	
17	예산의 명시이월이란 예산 성립 후 연도 내 지출원인행위를 하고 불가피한 사유로 지출하지 못한 경비와 지출원인행위를 하지 아니한 그 부대경비의 금액에 대한 이월을 말한다.	2024 국가7	

Section 03 | 예산의 집행

구분	해설	회독	정답
1	예산의 정기배정은 예산집행의 통제를 확보하기 위한 제도적 장치에 해당함	☐☐☐	✕
2	선지는 이용에 대한 내용임 → 전용이란 세항·목 간의 자금융통임	☐☐☐	✕
3	예산의 전용을 위해서는 국회의 승인이 필요 없으며, 기획예산처장관의 승인만 있으면 됨	☐☐☐	✕
4	예산의 이용은 자금의 융통이며, 이체는 자금의 책임소관을 변경하는 것이므로 양자는 예산집행의 신축성을 유지하기 위한 제도적 장치에 해당함	☐☐☐	○
5	**국가재정법 제47조【예산의 이용·이체】** ② 기획예산처장관은 정부조직 등에 관한 법령의 제정·개정 또는 폐지로 인하여 중앙관서의 직무와 권한에 변동이 있는 때에는 그 중앙관서의 장의 요구에 따라 그 예산을 상호 이용하거나 이체(移替)할 수 있다.	☐☐☐	○
6	국고채무부담행위는 국가가 법률에 따른 것과 세출예산금액 또는 계속비의 총액의 범위 안의 것 외에 채무를 부담하는 행위임	☐☐☐	✕
7	국가채무부담행위는 외상계약과 같이 국가가 금전 급부 의무를 부담하는 행위임 → 아울러 그 채무이행의 책임은 다음 연도 이후에 부담됨을 원칙으로 하는바 단년도 원칙의 예외에 해당함	☐☐☐	○
8	국고채무부담행위는 국가가 채무를 부담할 권한만을 의회로부터 승인받은 것임(지출권한✕)	☐☐☐	✕
9	국고채무부담행위는 단년도 예산 원칙의 예외라는 점에서 계속비와 동일함 → 다만, 계속비는 다년간 공사나 제조 및 연구개발 사업 등으로 대상이 한정되어 있음	☐☐☐	✕
10	**국가재정법 제43조【예산의 배정】** ② 기획예산처장관은 각 중앙관서의 장에게 예산을 배정한 때에는 재정경제부장관과 감사원에 각각 통지하여야 한다.	☐☐☐	○
11	예산의 배정과 재배정은 확정된 예산을 예산집행기관이 계획대로 집행(의회가 결정한 대로 집행)할 수 있도록 허용하는 일종의 승인이기 때문에 집행과정의 통제확보 수단임	☐☐☐	✕
12	정부는 회계연도 개시 전까지 예산안이 의결되지 못한 때에는 일부 예산을 전년도 예산에 준하여 운영할 수 있음	☐☐☐	✕
13	선지는 추경예산 편성 사유에 해당하지 않음 ※ 추경예산 편성사유 : **두문자** 전경법	☐☐☐	✕
14	**국가재정법 제22조【예비비】** ① 정부는 예측할 수 없는 예산 외의 지출 또는 예산초과지출에 충당하기 위하여 일반회계 예산총액의 100분의 1 이내의 금액을 예비비로 세입세출예산에 계상할 수 있다. 다만, 예산총칙 등에 따라 미리 사용목적을 지정해 놓은 예비비는 본문의 규정에 불구하고 별도로 세입세출예산에 계상할 수 있다.	☐☐☐	○
15	14번 해설 참고	☐☐☐	✕
16	**국가재정법 제23조【계속비】** ② 제1항의 규정에 따라 국가가 지출할 수 있는 연한은 그 회계연도부터 5년 이내로 한다. 다만, 사업규모 및 국가재원 여건상 필요한 경우에는 예외적으로 10년 이내로 할 수 있다.	☐☐☐	○
17	① 선지는 사고이월에 대한 내용임 ② **국가재정법 제24조【명시이월비】** ① 세출예산 중 경비의 성질상 연도 내에 지출을 끝내지 못할 것이 예측되는 때에는 그 취지를 세입세출예산에 명시하여 미리 국회의 승인을 얻은 후 다음 연도에 이월하여 사용할 수 있다.	☐☐☐	✕

DAY

25

Section 04   결산

구분	지문	시행	O · X
1	세계잉여금의 사용 또는 출연은 국회의 사전동의를 받아야 한다.	2008 국가7	
2	세계잉여금에 일반회계, 특별회계가 모두 포함되고 기금은 제외된다.	2020 국가9	
3	세계잉여금은 적자 국채 발행 규모와 부(−)의 관계이다.	2020 국가9	
4	국회의장이 기간을 정하여 회부한 예산안과 결산에 대하여 상임위원회가 이유 없이 그 기간 내에 심사를 마치지 아니한 때에는 이를 바로 예산결산특별위원회에 회부할 수 있다.	2020 지방7	
5	재정경제부장관은 회계연도마다 작성하여 대통령의 승인을 받은 국가결산보고서를 다음 연도 4월 20일까지 기획예산처장관과 감사원에 각각 제출하여야 한다.	2021 국회8	
6	감사원은 제출된 국가결산보고서를 검사하고 그 보고서를 다음 연도 5월 20일까지 재정경제부장관에게 송부하여야 한다.	2021 국회8	
7	재정경제부장관은 회계연도마다 작성하여 대통령의 승인을 받은 국가결산보고서를 다음 연도 4월 10일까지 기획예산처장관과 감사원에 각각 제출하여야 한다.	2023 지방7	

Section 04   결산

구분	해설	회독	정답
1	세계잉여금의 사용 또는 출연은 대통령의 승인만 있으면 됨	☐☐☐	×
2	세입이 예산을 초과하거나 지출이 당초의 세출예산에 미달되어 쓰지 않은 돈(세출불용액)이 남는 경우가 있음 → 이러한 초과세입과 세출불용액의 총 합계가 세계잉여금이기 때문에 기금은 포함되어 있지 않음	☐☐☐	O
3	세계잉여금에는 국채발행 등으로 인한 세입도 포함되는바 적자 국채발행이 커질수록 세계잉여금도 늘어나는 정(+)의 관계를 지님	☐☐☐	×
4	**국회법 제84조【예산안·결산의 회부 및 심사】**⑥ 의장은 예산안과 결산을 소관 상임위원회에 회부할 때에는 심사기간을 정할 수 있으며, 상임위원회가 이유 없이 그 기간 내에 심사를 마치지 아니한 때에는 이를 바로 예산결산특별위원회에 회부할 수 있다.	☐☐☐	O
5	**국가재정법 제59조【국가결산보고서의 작성 및 제출】** 재정경제부장관은 「국가회계법」에서 정하는 바에 따라 회계연도마다 작성하여 대통령의 승인을 받은 국가결산보고서를 다음 연도 4월 10일까지 기획예산처장관과 감사원에 각각 제출하여야 한다.	☐☐☐	×
6	**국가재정법 제60조【결산검사】** 감사원은 제59조에 따라 제출된 국가결산보고서를 검사하고 그 보고서를 다음 연도 5월 20일까지 재정경제부장관에게 송부하여야 한다.	☐☐☐	O
7	**국가재정법 제59조【국가결산보고서의 작성 및 제출】** 재정경제부장관은 「국가회계법」에서 정하는 바에 따라 회계연도마다 작성하여 대통령의 승인을 받은 국가결산보고서를 다음 연도 4월 10일까지 기획예산처장관과 감사원에 각각 제출하여야 한다.	☐☐☐	O

DAY

25

CHAPTER 07 ▏ 정부회계

Section 01 ▏ 회계검사

구분	지문	시행	O · X
1	감사원은 감사원장을 포함한 7인의 감사위원으로 구성된 합의제 기관이다.	2001 행정고시	
2	감사원은 국가 또는 지방자치단체가 자본금의 50% 이상을 출자한 법인의 회계에 대해서 회계검사를 해야 한다.	2021 경찰간부	
3	감사원이 국가결산보고서의 위법 또는 부당한 내용을 발견하면 이를 무효로 하거나 취소할 수 있다.	2021 경찰간부	

Section 02 ▏ 정부의 회계제도

구분	지문	시행	O · X
1	국가회계법상 중앙정부의 대표적 재무제표는 재정상태보고서, 재정운영보고서, 현금흐름보고서, 순자산변동보고서로 구성된다.	2019 행정사	
2	우리나라의 현행 정부회계는 발생주의·복식부기 방식을 채택하여 재무제표를 작성한다.	2019 행정사	
3	복식부기는 하나의 거래를 대차 평균의 원리에 따라 차변과 대변에 동시에 기록하는 방식이다.	2018 국가9	
4	발생주의 회계는 현금이 거래되는 시점을 중심으로 기록한다.	2021 군무원9	
5	발생주의 회계제도는 부채규모와 총자산의 파악이 용이하지 않다.	2021 군무원9	
6	발생주의 회계는 고정자산 등 경제적 자원을 회계과정에서 인식하기 어렵다.	2024 지방7	
7	재정상태표, 재정운영표, 순자산변동표는 중앙정부 결산보고서상의 재무제표에 해당한다.	2022 국가9	
8	우리나라의 재무회계는 현금주의·단식부기 회계방식이, 예산회계는 발생주의·복식부기 방식이 적용된다.	2022 지방9	

정답과 해설

※ 일반적으로 정답이 'x'인 선지에 대한 해설만 있음

Section 01 | 회계검사

구분	해설	회독	정답
1	**감사원법 제3조【구성】** 감사원은 감사원장(이하 "원장"이라 한다)을 포함한 7명의 감사위원으로 구성한다. → 감사원은 감사원장과 감사위원의 합의에 따라 의사를 결정함	□□□	O
2	**감사원법 제22조【필요적 검사사항】** ① 감사원은 다음 각 호의 사항을 검사한다. 1. 국가의 회계 2. 지방자치단체의 회계 3. 한국은행의 회계와 국가 또는 지방자치단체가 자본금의 2분의 1 이상을 출자한 법인의 회계	□□□	O
3	감사원이 국가결산보고서의 위법 또는 부당한 내용을 발견하더라도 이를 무효로 하거나 취소할 수 없음 → 감사원은 감사결과 위법·부당 사항에 관해서는 감사위원회의의 의결을 거쳐 관계 기관에 필요한 조치를 하도록 요구(변상책임의 판정, 징계·문책·해임의 요구, 시정·주의 요구, 개선 요구, 권고, 고발 등)할 수 있음	□□□	x

Section 02 | 정부의 회계제도

구분	해설	회독	정답
1	**국가회계기준에 관한 규칙 제5조【재무제표】** ① 재무제표는 「국가회계법」 제14조제3호에 따라 재정상태표, 재정운영표, 순자산변동표 및 현금흐름표로 구성하되, 재무제표에 대한 주석을 포함한다.	□□□	O
2	우리나라는 재무제표를 작성할 때 발생주의 및 복식부기 방식을 적용함	□□□	O
3	복식부기는 거래가 발생할 때 거래금액을 징부에 두 번 기록(차변과 대변)하는 방식임	□□□	O
4	발생주의 회계는 거래가 발생하는 시점을 중심으로 기록함	□□□	x
5	발생주의 회계로 기장하는 재정상태표는 부채규모와 총자산의 파악 등을 명시하고 있음	□□□	x
6	발생주의 회계는 고정자산 및 유동자산 등을 재무제표에 반영함	□□□	x
7	**국가회계기준에 관한 규칙 제5조【재무제표】** ① 재무제표는 「국가회계법」 제14조제3호에 따라 재정상태표, 재정운영표, 순자산변동표 및 현금흐름표로 구성하되, 재무제표에 대한 주석을 포함한다.	□□□	x
8	재무회계는 발생주의·복식부기 방식이, 예산회계는 현금주의·단식부기 방식이 적용됨	□□□	x

CHAPTER 08 재무행정기관, 그리고 정부기관의 구매

Section 01 재무행정기관

구분	지문	시행	O · X
1	분파주의 방지는 재무행정 조직의 삼원체제(三元體制)가 지니는 장점이다.	2010 경정승진	
2	세입·세출의 유기적 관련성이 높은 것은 삼원체제가 지니는 장점에 해당한다.	2010 경정승진	
3	중앙예산기관과 국고수지총괄기관의 분리 여부에 따라 삼원체제와 이원체제로 구분된다.	2018 경정승진	
4	우리나라는 현재 중앙예산기관과 국고수지총괄기관이 기획재정부에 통합되어 있는 이원체제에 해당되며 이는 세입세출의 유기적 연계성을 높인다.	2018 경정승진	

Section 02 정부기관의 구매: 구매행정(조달행정)

구분	지문	시행	O · X
1	집중구매제도는 일괄구매를 통해 구입절차를 단순화할 수 있다.	2012 지방7	
2	분산구매는 공급자의 편의를 도모할 수 있다.	2004 서울9 수정	
3	집중구매는 특수품목 구입과 구매업무의 전문화를 가능하게 해준다.	2007 울산9 수정	

정답과 해설

※ 일반적으로 정답이 'x'인 선지에 대한 해설만 있음

Section 01 | 재무행정기관

구분	해설	회독	정답
1	삼원체제는 중앙예산기관이 대통령 직속이므로 대통령의 영향력을 바탕으로 부처할거주의를 방지할 수 있음	☐☐☐	○
2	이원체제에 대한 내용임 → 이원체제는 세입과 세출을 하나의 기관에서 담당하므로 세입·세출의 연계성이 높음	☐☐☐	x
3	① 삼원체제: 중앙예산기관, 국고수지총괄기관을 분리해서 운영 ② 중앙예산기관과 국고수지총괄기관을 통합해서 운영	☐☐☐	○
4	우리나라는 현재 중앙예산기관(기획예산처)과 국고수지총괄기관(재정경제부)이 분리된 삼원체제에 해당되며 이는 상호 견제로 인해 세입세출의 유기적 연계성을 저하시킬 수 있음	☐☐☐	x

Section 02 | 정부기관의 구매: 구매행정(조달행정)

구분	해설	회독	정답
1	집중구매는 구매를 전문적으로 하는 중앙관서를 통한 조달행정임 → 이는 수요기관이 바로 공급자에게 받는 게 아니라 중앙조달기관이 공급자와의 계약을 거쳐야 하기 때문에 구매절차의 복잡성을 야기할 수 있음	☐☐☐	x
2	공급자가 편리한 것은 집중구매 방식임; 분산구매는 각 수요기관에서 필요에 따라 직접 물건을 구매하기 때문에 '수요자 위주(편의)'의 방법인	☐☐☐	x
3	집중구매 방식은 구매업무의 전문화를 가능하게 해주지만, 각 기관의 특수품목을 파악하기 어려운 문제점이 있음	☐☐☐	x

DAY — 26

최욱진 행정학 천지문 OX ✧

행정환류

CHAPTER 01 : 행정책임과 통제

Section 01 행정책임

구분	지문	시행	O · X
1	파이너(Finer)는 행정의 적극적 이미지를 전제로 전문가로서의 관료의 기능적 책임을 강조하는 책임론을 제시하였다.	2020 지방7	
2	프리드리히(Friedrich)는 개인적인 도덕적 의무감에 호소하는 책임보다 외재적 · 민주적 책임의 중요성을 강조하였다.	2020 지방7	
3	파이너(Finer)는 법적 · 제도적 외부통제를 강조한다.	2021 지방9	
4	프리드리히(Friedrich)는 내재적 통제보다 객관적 · 외재적 책임을 강조한다.	2021 지방9	
5	Dubnick과 Romzek의 행정책임성 유형 중 내부지향적이고, 통제의 정도가 높은 책임성은 전문적 책임성이다.	2010 서울7	
6	더브닉과 롬젝의 행정책임론에 따르면 법적 책임은 표준운영절차(SOP)나 내부 규칙(규정)에 따라 통제된다.	2023 국가9	

Section 02 행정통제

구분	지문	시행	O · X
1	감사원에 의한 통제는 행정통제의 유형 중 공식적 · 내부통제에 해당한다.	2019 서울9	
2	옴부즈만 제도는 1809년 덴마크에서 처음으로 채택되어 실시된 제도로 입법부의 행정부 통제수단으로 활용되었다.	2009 국회8	
3	옴부즈만은 직권으로 조사활동을 개시하는 것이 일반적이지만, 예외적으로 국민의 요구나 신청에 의해 활동을 개시하기도 한다.	2011 국가7	
4	옴부즈만(Ombudsman) 제도는 행정 내부통제의 한계를 보완하는 제도이다.	2020 군무원9	
5	국민권익위원회는 국무총리 소속이며, 상임위원은 국무총리가 제청하고 대통령이 임명한다.	2010 국회8	
6	일반적인 옴부즈만은 시민의 고발에 의하여 활동을 개시하지만 직권조사를 하기도 한다.	2015 행정사	
7	국민권익위원회는 소관 업무의 원활한 수행을 위하여 직속기관으로 시민고충처리위원회를 둔다.	2018 행정사	
8	윤리적 책임의식의 내재화를 통한 통제는 내부통제에 속한다.	2020 지방7	
9	감사원의 직무감찰은 행정통제의 유형 중 외부통제이다.	2020 지방9	
10	중앙부처의 예산편성과 집행에 대한 기획예산처의 관리 활동은 내부통제에 해당한다.	2022 지방7	
11	감사원의 회계검사는 행정통제 중 내부통제에 해당한다.	2024 국가7	

정답과 해설

※ 일반적으로 정답이 'ⅹ'인 선지에 대한 해설만 있음

Section 01 행정책임

구분	해설	회독	정답
1	프리드리히(Friedrich)는 행정의 적극적 이미지를 전제로 전문가로서의 관료의 기능적 책임을 강조하는 책임론을 제시하였음	☐☐☐	✕
2	파이너(Finer)는 개인적인 도덕적 의무감에 호소하는 책임보다 외재적·민주적 책임의 중요성을 강조하였음	☐☐☐	✕
3	파이너(Finer)는 고전적 행정책임을 강조한 사람이므로 법적·제도적 외부통제에 의한 수동적 책임을 주장함	☐☐☐	○
4	프리드리히(Friedrich)는 현대적 행정책임을 강조한 학자이므로 내재적 통제를 통한 자율적 책임을 주장함	☐☐☐	✕
5	Dubnick과 Romzek의 행정책임성 유형 중 내부지향적이고, 통제의 정도가 높은 책임성은 관료적 책임성임 ※ 전문적 책임성: 통제의 원천이 내부지향적이고, 통제의 정도가 낮은 책임성	☐☐☐	✕
6	법적 책임은 의원이 정한 법에 대한 준수 여부와 연관된 책임성임 → 내부규칙 및 표준운영절차✕	☐☐☐	✕

Section 02 행정통제

구분	해설	회독	정답
1	감사원의 통제기능은 헌법 및 감사원법에 명시되어 있음(공식적 통제수단); 아울러 감사원은 대통령 소속임(내부 통제수단)	☐☐☐	○
2	옴부즈만 제도는 1809년 스웨덴에서 처음으로 채택되어 실시된 제도로 입법부의 행정부 통제수단으로 활용되었음	☐☐☐	✕
3	옴부즈만은 국민의 요구나 신청에 의해 활동을 개시하는 것이 일반적이지만, 예외적으로 직권으로 조사활동을 개시하기도 함	☐☐☐	✕
4	옴부즈만 제도는 다른 통제기관(입법부 혹은 사법부)들이 간과한 통제의 사각지대를 감시하는 데 유용한 제도임; 즉, 옴부즈만제도는 입법·사법통제의 한계(외부통제의 한계)를 보완하는 제도임	☐☐☐	✕
5	부패방지권익법 제13조【위원회의 구성】③ 위원장 및 부위원장은 국무총리의 제청으로 대통령이 임명하고, 상임위원은 위원장의 제청으로 대통령이 임명하며, 상임이 아닌 위원은 대통령이 임명 또는 위촉한다.	☐☐☐	✕
6	일반적인 옴부즈만은 직권조사를 할 수 있음	☐☐☐	○
7	시민고충처리위원회는 국민권익위원회 직속 기관이 아니라 지방자치단체에 두는 기관임	☐☐☐	✕
8	윤리적 책임의식, 소명심, 직업윤리 등은 내부통제에 해당함	☐☐☐	○
9	감사원은 대통령 소속의 기관이므로 내부통제 수단임	☐☐☐	✕
10	중앙부처와 기획예산처는 행정부이므로 내부통제 수단임	☐☐☐	○
11	감사원은 대통령 소속의 헌법기관임	☐☐☐	○

DAY — 26

CHAPTER **02** ▤ **행정개혁**

Section 01 **행정개혁**

구분	지문	시행	O·X
1	구조적 접근은 고전적 조직이론에 입각하여 조직의 명령계통, 통솔의 범위, 기능배분, 권한과 책임의 한계 등을 주요 대상으로 하는 행정개혁의 접근방법이다.	2014 행정사	
2	행정개혁 저항에 대한 사회적·규범적 극복방안으로써 교육훈련, 의사소통과 참여의 촉진, 경제적 보상 등이 있다.	2019 행정사	
3	미국은 클린턴 행정부시절 신공공관리론에 입각한 혁신을 단행하여 고객지향적 행정, red-tape 제거 등 기업가형 내지 기업형 정부로 변화를 추진하였다.	2014 경찰간부	
4	4차 산업은 대량생산 및 규모의 경제 확산이 핵심이다.	2021 지방9	
5	4차 산업은 3차 산업혁명의 연장선상이며 근본적인 특성을 공유하고 있다.	2019 서울7	
6	거래정보의 기록을 중앙집중화된 서버나 관리 기능에 의존하지 않고, 분산원장(distributed ledger)을 기반으로 모든 참여자에게 분산된 형태로 배분함으로써, 데이터 관리의 탈집중화된 환경을 제공하는 4차 산업혁명 시대의 기술은 사물인터넷이다.	2024 국가9	
7	교육훈련과 자기계발 기회 제공은 행정개혁에 대한 저항을 극복하는 방법 중 규범적·사회적 전략이다.	2021 국가7	

정답과 해설

※ 일반적으로 정답이 '×'인 선지에 대한 해설만 있음

Section 01 | 행정개혁

구분	해설	회독	정답
1	구조적 접근은 공식적 구조의 개선을 통해 행정부를 개혁함	☐☐☐	○
2	행정개혁 저항에 대한 사회적 · 규범적 극복방안으로써 교육훈련, 의사소통과 참여의 촉진 등이 있음 → 경제적 보상은 공리 · 기술적 전략에 해당함	☐☐☐	×
3	클린턴 행정부는 신공공관리 개혁을 점진적으로 추진함	☐☐☐	○
4	지문은 2차 산업에 대한 내용임	☐☐☐	×
5	4차 산업은 3차 산업혁명의 연장선상이지만, 근본적인 특성을 공유하고 있지는 않음 ■ 4차 산업혁명과 3차 산업혁명 ① 3차 산업혁명은 정보통신기술을 활용한 자동화 생산체계의 도입을 의미하지만, 4차 산업혁명은 정보통신기술과 인터넷 기반의 네트워크를 바탕으로 서로 다른 분야의 융합을 통한 새로운 부가가치의 생산을 의미함 ② 4차 산업혁명은 3차 산업혁명 시대에 수집된 방대한 정보와 데이터(빅데이터)를 기반으로 패턴을 분석하고, 새로운 패턴을 구축하는 인공지능의 발달을 핵심으로 하고 있음	☐☐☐	×
6	선지는 블록체인에 대한 내용임 → 사물인터넷은 사물과 사물간 상호 정보교환과 소통을 할 수 있는 시스템임	☐☐☐	×
7	개혁에 대한 저항극복 방안 중 사회 · 규범적 방법 ① 정당성 확보 → 자발적 협력과 수용을 유도하는 것 ② 의사전달과 참여의 활성화, 사명감 고취, 자존감 충족, 교육훈련, 개혁지도자의 신망 혹은 카리스마 개신, 지기계발 기회 제공 등 ③ 저항을 가장 근본적으로 해결하는 방법 → 단, 시간과 노력 ↑	☐☐☐	○

DAY — 26

최욱진 행정학 천지문 OX ✧

PART

07

지방자치론

CHAPTER **01** : 지방자치론의 기초

Section 01	지방자치에 대하여

구분	지문	시행	O · X
1	넓은 의미의 지방행정의 개념은 관치행정, 위임행정, 자치행정 모두를 포함하고, 가장 좁은 의미의 지방행정은 자치행정만을 의미한다.	2018 경찰간부	
2	주민자치는 권한부여방식으로 포괄적 위임주의를 채택하고, 단체자치는 개별적 지정주의를 채택하는 경향이 있다.	2017 국회8	
3	주민자치가 지방자치의 형식적 · 법제적 요소라고 한다면, 단체자치는 지방자치를 실현하기 위한 내용적 · 본질적 요소라고 할 수 있다.	2018 서울9	
4	주민자치에서 중앙정부의 통제는 주로 행정적 통제이고, 단체자치에서의 중앙정부의 통제는 주로 입법적 통제이다.	2006 대전9	
5	단체자치는 독일과 프랑스 등 유럽대륙을 중심으로 발달하였다.	2005 경기9	
6	지방자치단체의 장은 법령이나 조례가 위임한 범위에서 그 권한에 속하는 사무에 관하여 규칙을 제정할 수 있다.	2014 지방9	
7	지방자치단체는 법률의 위임이 있어야 주민의 권리를 제한하는 조례를 제정할 수 있다.	2021 국가9	
8	지방의회에서 의결된 조례안은 10일 이내에 지방자치단체의 장에게 이송되어야 한다.	2014 지방9	
9	우리나라 지방자치제는 자치입법권, 자치조직권, 자치재정권, 자치사법권을 인정하고 있다.	2012 지방9	
10	지방자치단체는 조례를 위반한 행위에 대하여 조례로써 1,500만 원 이하의 과태료를 정할 수 있다.	2021 국가9	
11	지역 간 격차 완화는 지방분권의 장점이다.	2021 군무원9	
12	고유권설은 자치권을 인간의 자연권과 마찬가지로 본래적이고 침해할 수 없는 고유한 권리라고 본다.	2021 행정사	

정답과 해설

Section 01 | 지방자치에 대하여

구분	해설	회독	정답
1	넓은 의미의 지방행정의 개념은 관치행정, 위임행정, 자치행정 모두를 포함하고, 좁은 의미의 지방행정은 위임행정 및 자치행정, 가장 좁은 의미의 지방행정은 자치행정만을 의미함	☐☐☐	O
2	주민자치는 권한부여방식으로 개별적 지정주의를 채택하고, 단체자치는 포괄적 위임주의를 채택하는 경향이 있음	☐☐☐	X
3	단체자치가 지방자치의 형식적·법제적 요소라고 한다면, 주민자치는 지방자치를 실현하기 위한 내용적·본질적 요소라고 할 수 있음	☐☐☐	X
4	주민자치에서 중앙정부의 통제는 주로 입법적·사법적 통제이고, 단체자치에서의 중앙정부의 통제는 주로 행정적 통제임	☐☐☐	X
5	단체자치는 대륙계 국가를 중심으로 발달하였음	☐☐☐	O
6	**지방자치법 제29조【규칙】** 지방자치단체의 장은 법령 또는 조례의 범위에서 그 권한에 속하는 사무에 관하여 규칙을 제정할 수 있다.	☐☐☐	X
7	**지방자치법 제28조【조례】** ① 지방자치단체는 법령의 범위에서 그 사무에 관하여 조례를 제정할 수 있다. 다만, 주민의 권리 제한 또는 의무 부과에 관한 사항이나 벌칙을 정할 때에는 법률의 위임이 있어야 한다.	☐☐☐	
8	지방의회에서 의결된 조례안은 5일 이내에 지방자치단체의 장에게 이송되어야 함	☐☐☐	X
9	우리나라 지방자치제는 자치입법권, 자치조직권, 자치재정권을 인정하고 있음 ※ 자치사법권은 인정하지 않음	☐☐☐	X
10	**지방자치법 제34조【조례 위반에 대한 과태료】** ① 지방자치단체는 조례를 위반한 행위에 대하여 조례로써 1천만 원 이하의 과태료를 정할 수 있다. ② 제1항에 따른 과태료는 해당 지방자치단체의 장이나 그 관할 구역의 지방자치단체의 장이 부과·징수한다.	☐☐☐	X
11	지역 간 격차 완화와 행정의 균질화는 중앙집권 혹은 광역행정의 특징에 해당함	☐☐☐	X
12	고유권설은 주민자치에서 바라보는 자치권에 대한 관점임; 이는 자치권을 인간의 자연권과 마찬가지로 본래적이고 침해할 수 없는 고유한 권리로 인식함	☐☐☐	O

Section 02 | 지방자치단체의 종류

구분	지문	시행	O·X
1	기관통합형은 주민 직선으로 지방의회를 구성하고 의회 의장이 단체장을 겸하는 방식이다.	2016 지방9	
2	기관통합형은 의원내각제와 비교적 유사하며, 기관대립형은 대통령중심제와 비교적 유사하다.	2010 서울9	
3	기관대립형은 기관통합형에 비해 집행기관 구성에서 주민의 대표성을 확보할 수 있으나, 행정의 전문성이 결여될 수 있다.	2008 지방7	
4	기관분립형은 의결기관과 집행기관 간의 견제와 균형의 원리에 의해 권력의 남용을 방지하고, 비판·감시기능을 할 수 있다.	2012 지방7	
5	단층제는 이중행정과 이중감독의 폐단을 방지하고 신속한 행정을 도모한다.	2013 군무원9	
6	중층제에서는 단층제에서보다 기초자치단체와 중앙정부의 의사소통이 원활하지 못할 수 있다.	2011 국가9	
7	중층제는 국가의 감독기능 유지를 어렵게 한다.	2010 경정승진	
8	특별시·광역시·도는 같은 수준의 자치행정계층이며, 군은 광역시나 도의 관할구역 안에 둔다.	2013 국가9	
9	세종특별자치시의 관할구역으로 자치구를 둘 수 있다.	2017 국가9	
10	'○○광역시'의 명칭을 '△△광역시'로 바꿀 때, ○○광역시 의회의 의견을 들어 법률로 정한다.	2009 서울7	
11	제주특별자치도는 특별시·광역시·도와는 다른 특별한 지방자치단체이다.	2007 대전9	
12	자치경찰 사무를 관장하기 위하여 광역자치단체에 시·도자치 경찰위원회를 둔다.	2021 지방9	
13	자치경찰제도는 경찰업무의 통일성과 효율성을 높일 수 있다.	2021 지방9	
14	지방자치단체의 명칭과 구역을 바꾸거나 지방자치단체를 폐지하거나 설치하거나 나누거나 합칠 때에는 조례로 정한다.	2024 지방7	
15	지방자치단체를 폐지하거나 설치하거나 나누거나 합칠 때는 반드시 관계 지방의회의 의견을 들어야 한다.	2024 지방7	
16	지방자치단체의 구역을 변경하거나 지방자치단체를 폐지하거나 설치하거나 나누거나 합칠 때에는 새로 그 지역을 관할하게 된 지방자치단체가 그 사무와 재산을 승계한다.	2024 지방7	
17	지방자치단체의 장은 지방의회 재적의원 과반수 출석과 출석의원 과반수의 동의를 받아, 행정안전부장관에게 지방자치단체의 관할구역 경계변경에 대한 조정을 신청할 수 있다.	2024 지방7	
18	지방자치단체 간 관할 구역의 경계변경 조정 시 일정기간 이내에 경계변경자율협의체를 구성하지 못한 경우 행정안전부장관은 지방자치단체중앙분쟁조정위원회의 심의·의결을 거쳐 조정할 수 있다.	2024 국가9	
19	특별지방자치단체의 설립을 통해 지방자치단체의 난립과 구역·조직·재무 등 지방제도의 복잡성과 혼란을 완화할 수 있다.	2016 사회복지	

Section 02   지방자치단체의 종류

구분	해설	회독	정답
1	기관통합형은 의원내각제와 유사한 제도임	☐☐☐	○
2	기관통합형은 의회만 주민의 직선으로 구성하지만, 기관대립형은 의원과 집행부의 장을 주민이 선출함	☐☐☐	○
3	기관대립형은 기관통합형에 비해 집행기관 구성에서 주민의 대표성을 확보할 수 있으며, 의결기관과 행정기관의 분업화를 통해 행정의 전문성이 촉진될 수 있음	☐☐☐	×
4	기관분립형의 의결기관과 집행기관 간의 분업 관계는 권력남용 방지 및 상호 비판·감시기능을 수행함	☐☐☐	○
5	단층제는 지방정부와 중앙정부가 직접 소통하는바 이중행정과 이중감독의 폐단을 방지하고 신속한 행정을 도모할 수 있음	☐☐☐	○
6	중층제에서는 광역지방자치단체가 중간관리자 역할을 전담하므로 단층제에서보다 기초자치단체와 중앙정부의 의사소통이 원활하지 못할 수 있음	☐☐☐	○
7	중층제는 중앙정부가 광역지방자치단체를 활용하여 국가의 감독기능을 유지할 수 있음	☐☐☐	×
8	특별시·광역시·도는 모두 광역지방자치단체이며, 군은 광역시나 도의 관할구역 안에 둠	☐☐☐	○
9	세종특별자치시의 관할구역으로 자치구를 둘 수 없음	☐☐☐	×
10	지방자치단체의 명칭변경은 주민투표를 하거나 의회의 의견을 들어 법률로 정함	☐☐☐	○
11	제주특별자치도는 특별시·광역시·도와 같이 광역지방자치단체에 속함	☐☐☐	×
12	**국가경찰과 자치경찰의 조직 및 운영에 관한 법률 제18조 【시·도자치경찰위원회의 설치】** ① 자치경찰사무를 관장하게 하기 위하여 특별시장·광역시장·특별자치시장·도지사·특별자치도지사(이하 "시·도지사"라 한다) 소속으로 시·도자치경찰위원회를 둔다.	☐☐☐	○
13	자치경찰제도는 지역의 특수성을 강조하는 제도이므로 경찰업무의 통일성과 효율성을 저해할 수 있음 **참고** 경찰업무의 통일성과 효율성을 높일 수 있는 것은 국가경찰제도임	☐☐☐	×
14	조례를 법률로 수정해야 함	☐☐☐	×
15	지방의회 의견을 듣거나 주민투표를 해야함	☐☐☐	×
16	**지방자치법 제8조 【구역의 변경 또는 폐지·설치·분리·합병 시의 사무와 재산의 승계】** ① 지방자치단체의 구역을 변경하거나 지방자치단체를 폐지하거나 설치하거나 나누거나 합칠 때에는 새로 그 지역을 관할하게 된 지방자치단체가 그 사무와 재산을 승계한다.	☐☐☐	○
17	지방자치단체의 장은 지방의회 재적의원 과반수의 출석과 출석의원 3분의 2 이상의 동의를 받아야 함	☐☐☐	×
18	지방자치단체가 일정기간 이내에 경계변경자율협의체를 구성하지 못하거나 경계변경에 대한 합의를 못한 경우 행정안전부장관은 지방자치단체중앙분쟁조정위원회의 심의·의결을 거쳐 조정할 수 있음	☐☐☐	○
19	특별지방자치단체의 설립을 통해 지방자치단체의 난립과 구역·조직·재무 등 지방제도의 복잡성과 혼란을 초래할 수 있음	☐☐☐	×

Section 03   지방자치단체의 사무

구분	지문	시행	O·X
1	우리나라 지방자치단체의 사무는 위임사무와 자치사무로 구분되며, 위임사무는 다시 기관위임사무와 단체위임사무로 구분된다.	2017 국가7 추가	
2	단체위임사무는 법령에 의해 하급 자치단체장에게 위임된 사무이며, 기관위임사무는 법령에 의해 국가 또는 다른 자치단체로부터 그 지방자치단체에 위임된 사무이다.	2014 국가9	
3	기관위임사무는 주로 지방적 이해관계보다 국가적 차원의 이해관계가 크게 걸려 있는 사업이 대상이며, 지방자치단체 그 자체에 위임한 사무이다.	2024 국가7	
4	우리나라 지방자치단체의 예산안 편성권은 지방자치단체장에 속한다.	2020 국가9	
5	보건소의 운영업무와 병역자원의 관리업무는 대표적인 기관위임사무이다.	2020 국가9	
6	인구 30만 이상의 도시는 지방자치단체의 사무배분에서 특례가 적용된다.	2020 군무원9	
7	기관위임사무의 처리를 위한 비용은 국가가 부담한다.	2020 국가9	
8	단체위임사무는 지방의회가 관여하는 것이 불가능하고, 기관위임사무는 지방의회가 관여할 수 있다.	2020 서울속기9	
9	병역자원의 관리업무 등 주로 국가적 이해관계가 크게 걸려 있는 사무는 단체위임사무에 속한다.	2018 국가7	
10	자치사무(고유사무)와 달리 법령에 의하여 지방자치단체에 속하는 사무(단체위임사무)에 관해서는 조례로 규정할 수 없다.	2016 국가7	
11	자치사무는 지방자치단체의 고유사무이므로 스스로의 책임과 부담으로 처리하는 것이 원칙이며, 중앙정부는 사후 감독과 합법성 감독을 수행한다.	2024 국가7	
12	인구 30만 이상의 시에 대해서는 도가 처리하는 사무의 일부를 직접 처리하게 할 수 있다.	2022 국가7	
13	기관위임사무의 처리에 드는 경비는 중앙정부와 지방정부가 공동 부담하는 것이 원칙이다.	2023 지방9	
14	중앙정부는 자치사무에 대해 합법성 위주의 통제를 주로 한다.	2023 지방9	
15	우리나라 지방자치단체의 단체위임사무는 의결기관인 지방의회가 그 사무의 처리에 관여할 수 없다.	2023 국가7	

Section 03 지방자치단체의 사무

구분	해설	회독	정답
1	우리나라 지방자치단체의 사무는 위임사무와 자치사무로 구분되며, 위임사무는 지방자치단체장에게 위임하는 기관위임사무와 지방자치단체에 맡기는 단체위임사무로 구분됨	□□□	O
2	기관위임사무는 법령에 의해 하급 자치단체장에게 위임된 사무이며, 단체위임사무는 법령에 의해 국가 또는 다른 자치단체로부터 그 지방자치단체에 위임된 사무임	□□□	×
3	기관위임사무는 주로 지방적 이해관계보다 국가적 차원의 이해관계가 크게 걸려 있는 사업이 대상이며, 지방자치단체의 장에게 위임한 사무임	□□□	×
4	예산편성권은 집행부에 있음	□□□	O
5	기관위임사무는 일반적으로 전국적인 통일을 요하는 사무(국가적 이해관계가 큰 사무)로 소요경비 전액을 국가에서 부담함; 국세조사, 의약사 면허, 부랑인선도시설 감독, 병역자원의 관리업무 등은 기관위임사무에 해당하지만, 보건소의 운영업무는 단체위임사무임	□□□	×
6	지방자치법에서는 서울특별시 등 대도시와 세종특별자치시 및 제주특별자치도의 행정특례를 인정하고 있음	□□□	×
7	기관위임사무는 국가사무이므로 기관위임사무의 처리를 위한 비용은 국가가 부담함	□□□	O
8	① 기관위임사무는 지방의회가 관여가 불가능하고, 단체위임사무는 지방의회가 관여할 수 있음 ② 즉, 단체위임사무는 국가와 지방의 이해관계가 공존하므로 지방의회가 관여할 수 있지만, 기관위임사무는 지방적 이해관계가 없으므로 지방의회가 관여하거나 지휘할 수 없음	□□□	×
9	병역자원의 관리업무 등 주로 국가적 이해관계가 크게 걸려 있는 사무는 기관위임사무에 속함	□□□	×
10	지방자치단체는 자치사무와 단체위임사무의 처리를 위해 조례를 제정하는 것이 가능함; 단, 기관위임사무는 지방자치단체의 장에게 위임한 사무이므로 원칙적으로 조례제정의 대상이 아님	□□□	×
11	자치사무는 지자체가 지역 주민을 위해 자비로 집행하는 것이 원칙임 → 또한, 자치사무는 지방분권을 위해 중앙정부가 사후 감독과 합법성 감독을 수행함	□□□	O
12	선지를 '인구 50만 이상의 시'로 고쳐야 함	□□□	×
13	기관위임사무의 처리에 드는 경비는 중앙정부가 부담하는 것이 원칙임	□□□	×
14	자치사무는 지방자치단체가 자체 재원으로 집행하는 사무이므로 중앙정부는 자치사무에 대해 합법성 위주의 통제를 주로 함	□□□	O
15	단체위임사무는 지방자치단체에게 위임한 사무이므로 의결기관인 지방의회가 그 사무의 처리에 관여할 수 있음	□□□	×

27

Section 04　지방자치단체장과 지방의회의 권한

구분	지문	시행	O · X
1	「지방자치법」상 지방의회의 의결사항은 조례의 제정·개정 및 폐지, 재의요구권, 기금의 설치·운용 등이다.	2018 국회8	
2	지방의회는 매년 1회 그 지방자치단체의 사무에 대하여 시·도에서는 14일의 범위에서, 시·군 및 자치구에 대해서는 9일의 범위에서 감사를 실시한다.	2013 국회8	
3	지방의회 의장 혹은 부의장에 대한 불신임의결은 재적의원 3분의 1 이상 발의와 재적의원 과반수의 찬성으로 행한다.	2013 국회8	
4	지방자치법 상 지방의회 의원은 45일 간 출석정지를 내용으로 하는 징계를 받을 수 있다.	2020 국가7	
5	의장은 의결에서 표결권을 가지지 못하며, 찬성과 반대가 같으면 부결된 것으로 본다.	2018 국가9	
6	통할대표권은 지방의회의 권한이다.	2021 국회9	
7	규칙의 제정과 개정·폐지 관련 의견 제출은 2021년 1월 전부개정된 「지방자치법」에서 처음으로 도입된 주민참여제도이다.	2023 국가9	
8	지방의회는 매년 4회 정례회를 개최한다.	2023 국가7	
9	정책지원 전문인력인 정책지원관 제도는 지방자치단체장의 정책기능을 강화하기 위해 도입되었다.	2024 국가9	

Section 04   지방자치단체장과 지방의회의 권한

구분	해설	회독	정답
1	재의요구권은 지방의회의 의결사항이 아님	☐☐☐	✕
2	**지방자치법 제49조【행정사무 감사권 및 조사권】** ① 지방의회는 매년 1회 그 지방자치단체의 사무에 대하여 시·도에서는 14일의 범위에서, 시·군 및 자치구에서는 9일의 범위에서 감사를 실시하고, 지방자치단체의 사무 중 특정 사안에 관하여 본회의 의결로 본회의나 위원회에서 조사하게 할 수 있다.	☐☐☐	◯
3	**지방자치법 제62조【의장·부의장 불신임의 의결】** ① 지방의회의 의장이나 부의장이 법령을 위반하거나 정당한 사유 없이 직무를 수행하지 아니하면 지방의회는 불신임을 의결할 수 있다. ② 제1항의 불신임 의결은 재적의원 4분의 1 이상의 발의와 재적의원 과반수의 찬성으로 한다. ③ 제2항의 불신임 의결이 있으면 지방의회의 의장이나 부의장은 그 직에서 해임된다.	☐☐☐	✕

4	지방의회 의원의 징계 중 출석정지는 30일 이내임
	
	지방자치법 제100조【징계의 종류와 의결】
	① 징계의 종류는 다음과 같다.
	  1. 공개회의에서의 경고
	  2. 공개회의에서의 사과
	  3. 30일 이내의 출석정지
	  4. 제명
	② 제1항 제4호에 따른 제명 의결에는 재적의원 3분의 2 이상의 찬성이 있어야 한다.
		☐☐☐	✕

5	**지방자치법 제73조【의결정족수】** ① 회의는 이 법에 특별히 규정된 경우 외에는 재적의원 과반수의 출석과 출석의원 과반수의 찬성으로 의결한다. ② 지방의회의 의장은 의결에서 표결권을 가지며, 찬성과 반대가 같으면 부결된 것으로 본다.	☐☐☐	✕
6	통합대표권은 지방자치단체장의 권한임	☐☐☐	✕
7	**지방자치법 제20조【규칙의 제정과 개정·폐지 의견 제출】** ① 주민은 제29조에 따른 규칙(권리·의무와 직접 관련되는 사항으로 한정한다)의 제정, 개정 또는 폐지와 관련된 의견을 해당 지방자치단체의 장에게 제출할 수 있다.	☐☐☐	◯
8	**지방자치법 제53조【정례회】** ① 지방의회는 매년 2회 정례회를 개최한다.	☐☐☐	✕
9	① 정책지원관 제도는 지방의회의원의 의정활동기능을 강화하기 위해 도입되었음 ② **지방자치법 제41조【의원의 정책지원 전문인력】** ① 지방의회의원의 의정활동을 지원하기 위하여 지방의회의원 정수의 2분의 1 범위에서 해당 지방자치단체의 조례로 정하는 바에 따라 지방의회에 정책지원 전문인력을 둘 수 있다.	☐☐☐	✕

DAY

27

CHAPTER **02** 정부 간 관계

| Section 01 | 정부 간 관계모형 |

구분	지문	시행	O · X
1	라이트(Wright) 모형에서 분리형(seperated model)은 중앙 · 지방 간의 독립적인 관계를 의미한다.	2011 지방9	
2	정부 간 관계(IGR) 모형에서 로즈(Rhodes)는 지방정부는 법적 자원, 재정적 자원에서 우위를 점하며, 중앙정부는 정보자원과 조직자원의 측면에서 우위를 점한다고 주장한다.	2016 지방9	
3	미국 건국 초기에는 연방의 권한이 상대적으로 강했으며, 연방과 주의 권한을 명확히 구분하지 않았다.	2018 국가7	
4	라이트 정부 간 관계모형 중 대등권위모형(조정권위모형, coordinate-authority model)은 연방정부, 주정부, 지방정부가 모두 동등한 권한을 가지고 있다고 설명한다.	2023 지방9	
5	중첩권위모형(overlapping-authority model)은 연방정부, 주정부, 지방정부가 상호 독립적인 실체로 존재하며 협력적 관계라고 본다.	2023 지방9	
6	딜런의 원칙은 지방정부의 절대적 권리를 인정하고, 주정부가 이를 폐지할 수 없다는 것을 강조한다.	2024 국가7	
7	딜런의 원칙에 따르면 지방정부는 연방헌법이 부여한 권한만을 행사할 수 있다.	2024 국가7	
8	딜런의 원칙은 지역사회에서 만든 헌장 안을 주민투표 등을 통하여 결정하는 방식을 지지한다.	2024 국가7	
9	딜런의 원칙은 엽관주의로 인해 나타난 지방정부의 부패와 무능을 해결하려는 의도를 담고 있다.	2024 국가7	
10	로즈(Rhodes)의 지배인 모형에 따르면 지방정부는 중앙정부로부터 어느 정도의 자율성을 가지고 지방을 관리한다.	2024 국가7	
11	로즈(Rhodes)의 권력의존모형은 정부 간 관계에서 지방의 중앙에 대한 의존을 강조하여 상호 의존적 관계를 부정하였다.	2025 국가9	

정답과 해설

Section 01 정부 간 관계모형

구분	해설	회독	정답
1	라이트(Wright)는 정부모형을 포괄형, 중첩형, 분리형으로 구분함 → 이 중에서 분리형(seperated model)은 중앙·지방 간의 독립적인 관계를 의미함	☐☐☐	O
2	정부 간 관계(IGR) 모형에서 로즈(Rhodes)는 중앙정부는 법적 자원, 재정적 자원에서 우위를 점하며, 지방정부는 정보자원과 조직자원의 측면에서 우위를 점한다고 주장함	☐☐☐	×
3	미국은 건국초기에 제퍼슨·잭슨주의의 영향으로 연방의 권한이 상대적으로 약했으며, 연방과 주의 권한은 독자적이었음 → 즉, 미국 건국 초기에는 연방정부의 규모도 작았고 권한도 상대적으로 제한되어 있었으며, 연방정부와 주정부는 별도의 상호작용 없이 각자의 기능을 독자적으로 수행하고 있었음	☐☐☐	×
4	대등권위모형에서 주정부와 지방정부는 상명하복 관계임	☐☐☐	×
5	중첩권위모형은 연방정부, 주정부, 지방정부가 상호 독립적인 실체로 존재하며 상호의존적 관계임	☐☐☐	O
6	딜런에 따르면 지방정부는 '주정부의 피조물'로서 명시적으로 위임된 사항에 대해서만 권한을 지님	☐☐☐	×
7	지방정부는 주헌법이 부여한 권한만을 행사할 수 있음	☐☐☐	×
8	① 딜런의 원칙은 지방정부가 주정부의 피조물이라는 관점임 ② 도시헌장(Municipal Charter)은 지방정부의 조직과 운영에 관한 사항 등을 다룬 지방정부의 기본 법임 → 도시헌장을 만드는 방법 중 주민투표 등을 통해서 결정하는 방식은 자치 헌장(home-rule charter)에 해당하는데 이는 지방정부의 자율성을 가장 크게 부여하는 방식임	☐☐☐	×
9	※ 딜런의 법칙(Dillon's Rule) ① 지방정치의 부패와 지방정부의 비효율성에 대한 비판이 확대되면서 1865년 지방정부의 권한을 소극적으로 해석하고 주정부의 우위를 판시한 딜런의 법칙이 등장함 ② 지방정부는 주정부의 창조물이며, 그 창설과 폐시는 주정부의 재량에 따름 ③ 포괄권위형과 관련된 이론임	☐☐☐	O
10	① 선지는 챈들러 모형에 대한 내용임 → 챈들러는 중앙정부와 지방정부의 관계가 토지 소유자인 지주와 이를 관리하는 지배인(마름, Steward)의 관계와 유사하다고 보았음 ② 지배인은 평소에는 상당한 권한을 행사하지만, 지주는 언제든지 마름의 권한을 빼앗을 수 있음	☐☐☐	×
11	로즈의 권력의존모형은 지방이 중앙정부에 전적으로 의존하는 것이 아니라 자원의 비교우위를 고려하여 중앙정부(법적 자원과 재정적 자원 우위)와 지방정부(정보자원과 조직자원 우위)가 상호의존적으로 협력하는 현상을 설명한 모형임 → 상호의존적 관계를 부정×	☐☐☐	×

DAY —

28

Section 02	정부 간 기능 배분에 대한 이론

구분	지문	시행	O · X
1	공공선택론에 따르면 재분배정책을 통하여 주민들에게 제공되는 편익은 그들의 조세부담과는 역으로 결정되며, 주로 지방정부에서 담당해야 한다.	2008 국가9	
2	다원주의는 중앙과 지방 간 기능 배분은 역사적으로 오랜 시간을 거치면서 다양한 이해관계가 점진적으로 제도화된 결과라는 관점이다.	2004 전북9	
3	부단체장은 지방자치단체의 장의 보조기관이다.	2011 국가7	

Section 03	기능 배분 원칙과 방식

구분	지문	시행	O · X
1	중층의 국가공동체 조직에서 하급단위가 잘 처리할 수 있는 업무를 상급 단위에서 직접 처리하면 안 된다는 원칙은 보충성의 원칙이다.	2020 행정사	
2	가까운 지방정부가 처리할 수 있는 업무에 상급 지방정부나 중앙정부가 관여해서는 안 된다는 것은 경제성의 원칙이다.	2020 지방9	

Section 02	정부 간 기능 배분에 대한 이론

구분	해설	회독	정답
1	재분배정책을 통하여 주민들에게 제공되는 편익은 그들의 조세부담과는 역으로 결정되며, 주로 중앙정부에서 담당해야 함 → 공공선택론은 정부 기능에 대한 견해로서 정부의 활동을 재분배정책, 배당정책, 개발정책의 세 가지 유형으로 구분하고 일반적으로 중앙정부는 국가 전체의 사회 후생을 극대화하기 위해 재분배정책과 개발정책을 담당한다고 주장함	☐☐☐	✕
2	다원주의에 따르면 중앙과 지방 간 기능 배분은 다양한 이해관계가 조율된 결과임	☐☐☐	〇
3	**보조기관의 예**: 부지사, 부시장, 부군수, 부구청장, 행정기구, 지방공무원	☐☐☐	〇

Section 03	기능 배분 원칙과 방식

구분	해설	회독	정답
1	**지방분권법 제9조【사무배분의 원칙】** ② 국가는 제1항에 따라 사무를 배분하는 경우 지역주민생활과 밀접한 관련이 있는 사무는 원칙적으로 시·군 및 자치구(이하 "시·군·구"라 한다)의 사무로, 시·군·구가 처리하기 어려운 사무는 특별시·광역시·특별자치시·도 및 특별자치도(이하 "시·도"라 한다)의 사무로, 시·도가 처리하기 어려운 사무는 국가의 사무로 각각 배분하여야 한다.	☐☐☐	〇
2	지문은 보충성의 원칙에 대한 내용임 ※ 경제성의 원칙: 사무를 가장 능률적으로 수행할 수 있는 행정단위에 배분하자는 원칙	☐☐☐	✕

DAY — 28

Section 04　우리나라의 정부 간 관계

구분	지문	시행	O · X
1	「지방자치법」상 지방의회의 의결이 공익을 현저히 해친다고 판단되면, 시·도에 대하여는 주무부장관이, 시·군 및 자치구에 대하여는 시·도지사가 재의를 요구하게 할 수 있다.	2013 국가7	
2	서울특별시장이 국가위임사무의 관리와 집행을 명백히 게을리하고 있다고 인정되면 주무부장관이 기간을 정하여 서면으로 이행할 사항을 명령할 수 있다.	2018 서울7 추가 수정	
3	특별지방행정기관의 예로는 자치구가 아닌 일반행정구가 있다.	2019 국가7	
4	특별지방행정기관은 국가의 사무를 집행하기 위해 설치한 일선집행기관으로 고유의 법인격을 가지고 있다.	2019 국가7	
5	특별지방행정기관은 국가의 사무를 집행하기 위해 중앙정부에서 설치한 일선행정기관으로 자치권을 가지고 있지 않다.	2015 국가9	
6	광역행정의 공동처리 방식 중 사무위탁은 둘 이상의 지방자치단체가 계약에 의하여 자기 사무의 일부를 상대방에게 위탁하여 처리하는 방식이다.	2018 교행9	
7	광역행정의 방식 중 공동처리방식은 둘 이상의 지방자치단체가 상호 협력관계를 형성하여 광역적 행정사무를 공동으로 처리하는 방식이다.	2013 국회8	
8	중앙행정기관의 장과 지방자치단체의 장 간에 의견을 달리하는 경우 국무총리 소속으로 행정협의조정위원회를 두어 조정한다.	2015 교행9	
9	지방자치단체조합을 해산한 경우에 그 재산의 처분은 행정안전부장관의 승인을 받아야 한다.	2020 지방7	
10	행정의 대응성 제고는 시·군 통합의 긍정적 효과이다.	2020 군무원9	
11	특별지방행정기관의 설치로 지역 주민들을 위한 공공서비스의 책임행정이 약해진다.	2021 경찰간부	
12	특별지방행정기관의 관할 범위가 넓을수록 이용자인 국민의 편의가 증진된다.	2021 경찰간부	
13	지방분쟁조정위원회는 시·도에 설치하며 시·도와 시·군 및 자치구 간 또는 그 장 간의 분쟁을 심의·의결한다.	2023 지방7	
14	특별지방행정기관은 전국적 통일성이나 고도의 전문성보다는 주민의 자치사무를 촉진하기 위한 목적이 강하다.	2025 국가7	
15	특별지방행정기관은 지방자치단체가 특별 업무를 수행하기 위해서 설립한 기관이다.	2020 군무원7	
16	사무와 관계된 중앙행정기관의 장은 공익상 필요하면 관계 지방자치단체장에 대하여 행정협의회를 구성하도록 권고할 수 있다.	2025 국가7	

Section 04   우리나라의 정부 간 관계

구분	해설	회독	정답
1	**지방자치법 제192조【지방의회 의결의 재의와 제소】** ① 지방의회의 의결이 법령에 위반되거나 공익을 현저히 해친다고 판단되면 시·도에 대해서는 주무부장관이, 시·군 및 자치구에 대해서는 시·도지사가 해당 지방자치단체의 장에게 재의를 요구하게 할 수 있고, 재의 요구 지시를 받은 지방자치단체의 장은 의결사항을 이송받은 날부터 20일 이내에 지방의회에 이유를 붙여 재의를 요구하여야 한다.	☐☐☐	O
2	**지방자치법 제189조【지방자치단체의 장에 대한 직무이행명령】** ① 지방자치단체의 장이 법령에 따라 그 의무에 속하는 국가위임사무나 시·도위임사무의 관리와 집행을 명백히 게을리하고 있다고 인정되면 시·도에 대해서는 주무부장관이, 시·군 및 자치구에 대해서는 시·도지사가 기간을 정하여 서면으로 이행할 사항을 명령할 수 있다.	☐☐☐	O
3	특별지방행정기관의 예로는 지방고용노동청, 지방세무서, 유역환경청 등이 있음 → 자치구가 아닌 일반 행정구는 하부행정기관에 해당함	☐☐☐	X
4	특별지방행정기관은 국가의 사무를 집행하기 위해 설치한 일선집행기관으로 고유의 법인격을 가지고 있지 않음	☐☐☐	X
5	특별지방행정기관은 국가의 사무를 집행하기 위해 중앙정부에서 설치한 일선행정기관으로 지방자치단체와 달리 자치권을 가지고 있지 않음	☐☐☐	O
6	**지방자치법 168조【사무의 위탁】** ① 지방자치단체나 그 장은 소관 사무의 일부를 다른 지방자치단체나 그 장에게 위탁하여 처리하게 할 수 있다.	☐☐☐	O
7	광역행정의 방식 중 공동처리방식은 둘 이상의 지방자치단체가 상호 협력관계를 형성하여 광역적 행정사무를 공동으로 처리하는 방식이며, 우리나라 지방자치법에 명시되어 있음	☐☐☐	O
8	**지방자치법 제187조【중앙행정기관과 지방자치단체 간 협의·조정】** ① 중앙행정기관의 장과 지방자치단체의 장이 사무를 처리할 때 의견을 달리하는 경우 이를 협의·조정하기 위하여 국무총리 소속으로 행정협의조정위원회를 둔다.	☐☐☐	O
9	지방자치단체조합을 해산한 경우에 그 재산의 처분은 관계 지방자치단체의 협의에 따름 **지방자치법 제181조【지방자치단체조합의 규약 변경 및 해산】** ① 지방자치단체조합의 규약을 변경하거나 지방자치단체조합을 해산하려는 경우에는 제176조제1항을 준용한다. → 설립뿐 아니라 규약변경이나 해산의 경우에도 지방의회의 의결을 거쳐야 함 ② 지방자치단체조합을 해산한 경우에 그 재산의 처분은 관계 지방자치단체의 협의에 따른다.	☐☐☐	X
10	자치단체를 결합할 경우 보다 넓은 지역에 대한 행정수요를 하나의 지자체를 통해 해결할 수 있음; 이는 광역행정의 긍정적 효과와 동일함 → 다만 통합을 통한 광역행정은 자칫 지역의 특수성을 저해할 수 있으므로 주민에 대한 대응성을 감소시킬 수 있음	☐☐☐	X
11	주민들의 참여와 통제에 의하여 책임성과 대응성을 확보할 수 있는 지방자치단체와는 달리 특별지방행정기관에 대해서는 지역주민의 의사를 반영시키는 제도적 장치가 결여되어 있음(현지의 특수성 반영의 어려움) → 이는 주민에 의한 통제와 행정책임 확보가 어려워 지방자치의 저해요인으로 작용할 수 있음	☐☐☐	O
12	특별지방행정기관의 관할 범위가 넓을수록 이용자인 국민의 편의가 감소함	☐☐☐	X
13	시·도와 시·군 및 자치구 간 또는 그 장 간의 분쟁은 중앙분쟁조정위원회의 심의·의결사항임	☐☐☐	X
14	특별지방행정기관은 전국적 통일성이나 고도의 전문성을 확보하기 위한 목적이 강함	☐☐☐	X
15	특별지방행정기관은 중앙정부가 설치한 일선 행정기관임	☐☐☐	X
16	**지방자치법 제169조【행정협의회의 구성】** ③ 행정안전부장관이나 시·도지사는 공익상 필요하면 관계 지방자치단체에 대하여 협의회를 구성하도록 권고할 수 있다.	☐☐☐	X

DAY — 28

CHAPTER **03** ▤ **주민참여**

Section 01 **주민참여의 의의와 유형**

구분	지문	시행	O · X
1	주민참여는 행정의 전문화를 향상시킨다.	2009 국회9	
2	아른슈타인이 분류한 주민참여 수준 중 정보제공(informing)은 행정기관과 주민 간의 정보회로가 쌍방향적이어서 환류를 통한 협상과 타협에 연결되는 수준이다.	2011 국가7	

Section 02 **우리나라의 주민참여제도**

구분	지문	시행	O · X
1	주민의 권리로 주민에게 과도한 부담을 주거나 중대한 영향을 미치는 지방자치단체의 주요 결정사항 등에 대하여 주민투표를 발의할 수 있다.	2018 서울7 추가	
2	주민은 행정기구를 설치하거나 변경하는 것에 관한 사항이나 공공시설의 설치를 반대하는 사항의 조례를 제정하거나 개정하거나 폐지할 것을 청구할 수 있다.	2019 국가9	
3	「지방자치법」은 주민감사청구 요건으로 시·군·자치구의 경우 19세 이상 주민 500명 이상의 연서를 받아 감사를 청구할 수 있도록 규정하고 있다.	2016 지방7	
4	「지방자치법」상 주민소송의 소송 대상은 주민감사를 청구한 사항 중 공금지출에 관한 사항, 해당 지방자치단체를 당사자로 하는 매매·임대·도급계약에 관한 사항 등 재무·회계에 관한 사항이다.	2016 교행9	
5	주민은 그 지방자치단체의 장을 소환할 권리는 갖지만, 비례대표 지방의회의원을 소환할 권리를 가지고 있지는 못하다.	2019 국가9	
6	주민발안, 주민소환, 주민투표, 주민감사청구는 우리나라 지방자치법이 인정하는 주민의 직접 참여 제도이다.	2020 군무원9	
7	군수를 소환하려고 할 경우에는 해당 군의 주민소환투표청구권자 총수의 100분의 10 이상의 서명을 받아 청구해야 한다.	2021 국가9	
8	주민은 지방의회의원과 지방자치단체장에 대해 소환할 권리를 가지며 비례대표 지방의회의원도 소환 대상에 포함된다.	2023 지방7	
9	주민은 지방자치단체의 권한에 속하는 사무의 처리가 법령에 위반되거나 공익을 현저히 해친다고 판단될 때 해당 지방자치단체장에게 감사를 청구할 수 있다.	2023 지방7	
10	주민투표의 대상·발의자·발의요건, 그 밖에 투표절차 등에 관한 사항은 따로 「주민투표법」으로 정하고 있다.	2023 지방7	
11	주민투표제도는 주민의 청구로 이루어지는 것으로 지방자치단체장은 주민투표를 발의할 수 없다.	2025 지방7	
12	주민은 비례대표 지방의회의원을 포함한 모든 지방의회의원을 소환할 수 있다.	2025 국가9	
13	주민감사청구는 사무처리가 있었던 날이나 끝난 날부터 3년이 지나면 제기할 수 없다.	2025 국가9	
14	주민소환제도는 주민이 지방자치단체의 조례를 제정하거나 개정하거나 폐지할 것을 청구할 수 있는 제도로 주민의 직접 참여를 보장하고 지방자치행정의 민주성과 책임성을 높이는 것을 목적으로 한다.	2025 지방9	
15	주민소환, 주민의 감사청구, 조례의 제정과 개정·폐지 청구, 규칙의 제정과 개정·폐지 관련 의견 제출 등은 2021년 1월 전부개정된 「지방자치법」에서 처음으로 도입된 주민참여 제도이다.	2023 국가9	

정답과 해설

※ 일반적으로 정답이 '×'인 선지에 대한 해설만 있음

Section 01　주민참여의 의의와 유형

구분	해설	회독	정답
1	주민은 일반적으로 정부관료에 비해 전문적인 지식이 부족한 까닭에 행정의 전문화를 저해할 수 있음	☐☐☐	×
2	정보제공(3단계)은 행정기관이 주민에게 정보를 제공하지만, 주민으로부터의 환류 및 협상은 없는 상태이며, 형식적 참여의 범주에 해당함	☐☐☐	×

Section 02　우리나라의 주민참여제도

구분	해설	회독	정답
1	지방자치단체의 장은 주민에게 과도한 부담을 주거나 중대한 영향을 미치는 지방자치단체의 주요 결정사항 등에 대하여 주민투표를 발의할 수 있음	☐☐☐	×
2	주민은 행정기구를 설치하거나 변경하는 것에 관한 사항이나 공공시설의 설치를 반대하는 사항의 조례를 제정하거나 개정하거나 폐지할 것을 청구할 수 없음	☐☐☐	×
3	**지방자치법 제21조【주민의 감사 청구】** ① 지방자치단체의 18세 이상의 주민으로서 다음 각 호의 어느 하나에 해당하는 사람은 시·도는 300명, 제198조에 따른 인구 50만 이상 대도시는 200명, 그 밖의 시·군 및 자치구는 150명 이내에서 그 지방자치단체의 조례로 정하는 수 이상의 18세 이상의 주민이 연대 서명하여 그 지방자치단체와 그 장의 권한에 속하는 사무의 처리가 법령에 위반되거나 공익을 현저히 해친다고 인정되면 시·도의 경우에는 주무부장관에게, 시·군 및 자치구의 경우에는 시·도지사에게 감사를 청구할 수 있다.	☐☐☐	×
4	**지방자치법 제22조【주민소송】** ① 제21조제1항에 따라 공금의 지출에 관한 사항, 재산의 취득·관리·처분에 관한 사항, 해당 지방자치단체를 당사자로 하는 매매·임차·도급 계약이나 그 밖의 계약의 체결·이행에 관한 사항 또는 지방세·사용료·수수료·과태료 등 공금의 부과·징수를 게을리한 사항을 감사 청구한 주민은 다음 각 호의 어느 하나에 해당하는 경우에 그 감사 청구한 사항과 관련이 있는 위법한 행위나 업무를 게을리한 사실에 대하여 해당 지방자치단체의 장을 상대방으로 하여 소송을 제기할 수 있다.	☐☐☐	O
5	**주민소환법 제7조【주민소환투표의 청구】** ① 전년도 12월 31일 현재 주민등록표 및 외국인등록표에 등록된 제3조제1항제1호 및 제2호에 해당하는 자(이하 "주민소환투표청구권자"라 한다)는 해당 지방자치단체의 장 및 지방의회의원(비례대표선거구시·도의회의원 및 비례대표선거구자치구·시·군의회의원은 제외하며, 이하 "선출직 지방공직자"라 한다)에 대하여 다음 각 호에 해당하는 주민의 서명으로 그 소환사유를 서면에 구체적으로 명시하여 관할선거관리위원회에 주민소환투표의 실시를 청구할 수 있다.	☐☐☐	O
6	**참고** 주민발안은 조례제정개폐청구제도를 의미함	☐☐☐	O
7	군수를 소환하려고 할 경우에는 해당 군의 주민소환투표청구권자 총수의 100분의 15 이상의 서명을 받아 청구해야 함	☐☐☐	×
8	선지에서 비례대표 의원을 삭제해야 함	☐☐☐	×
9	시·도의 경우에는 주무부장관에게, 시·군 및 자치구의 경우에는 시·도지사에게 감사를 청구할 수 있음	☐☐☐	×
10	주민투표에 대한 구체적인 사항은 주민투표법에 명시되어 있음	☐☐☐	O
11	• 주민투표는 주민 또는 지방의회의 청구나 지방자치단체장의 직권으로 실시할 수 있으며 주민투표의 발의는 지방자치단체장만이 할 수 있음 • 주민투표의 발의란 자치단체장이 관할 선관위와 협의하여 주민투표를 실시할 것을 공표하는 것임	☐☐☐	×
12	비례대표 의원은 제외임	☐☐☐	×
13	**지방자치법 제21조【주민의 감사 청구】** ③ 제1항에 따른 청구는 사무처리가 있었던 날이나 끝난 날부터 3년이 지나면 제기할 수 없다.	☐☐☐	O
14	① 선지는 주민발안제도에 대한 내용임 ② **주민소환제:** 선출직 지방공직자(단체장, 지방의회의원, 교육감 등)의 해직을 임기 만료 전에 청구하여 주민투표로 결정하는 제도	☐☐☐	×
15	① 규칙의 제정과 개정·폐지 관련 의견 제출만 해당됨 ② **지방자치법 제20조【규칙의 제정과 개정폐지 의견 제출】** ① 주민은 제29조에 따른 규칙(권리·의무와 직접 관련되는 사항으로 한정한다)의 제정, 개정 또는 폐지와 관련된 의견을 해당 지방자치단체의 장에게 제출할 수 있다.	☐☐☐	×

DAY

28

CHAPTER 04 : 지방자치단체의 재정

Section 01 지방재정의 기초

구분	지문	시행	O·X
1	지방자치단체는 행정목적을 달성하기 위하여 특정한 자금을 운용하기 위한 기금을 설치할 경우 행정안전부 장관의 승인을 받아야 한다.	2012 지방9	
2	지방의회의 예산안 심의 결과 감액된 지출항목에 대해 예비비를 사용할 수 있다.	2021 지방직9	
3	지방재정진단제도는 재정위험 수준 점검결과 재정위험 수준이 대통령령으로 정하는 기준을 초과하는 지방자치단체에 대하여 실시할 수 있다.	2025 국가9	

Section 02 지방수입의 유형: 자주재원

구분	지문	시행	O·X
1	지방수입에 있어서 자주재원의 핵심은 지방세와 세외수입으로, 지방세는 법률이 정하는 바에 따라 강제적으로 징수하고, 세외수입은 지방세 외의 모든 수입을 포함하는 개념이다.	2019 서울7 추가	
2	지방세 중 자치구세는 재산세, 등록면허세, 주민세 등이 있다.	2014 국회8	
3	지역자원시설세, 지방교육세는 지방자치단체의 목적세이다.	2015 지방9	
4	광역시의 군지역은 광역시세와 자치구세의 세목 구분이 적용되지 않고 도세와 시·군세의 세목 구분이 적용된다.	2016 교행9	
5	부담금은 지방세법 상 지방세 수입의 재원 중 하나이다.	2020 국가7	
6	재산임대수입은 지방재정의 세입항목 중 자주재원에 해당한다.	2020 지방9	
7	지방소비세, 레저세, 취득세는 특별시·광역시의 보통세와 도의 보통세에 공통적으로 속하는 세목이다.	2022 지방9	

정답과 해설

Section 01 지방재정의 기초

구분	해설	회독	정답
1	지방자치법 제159조【재산과 기금의 설치】① 지방자치단체는 행정목적을 달성하기 위한 경우나 공익상 필요한 경우에는 재산(현금 외의 모든 재산적 가치가 있는 물건과 권리를 말한다)을 보유하거나 특정한 자금을 운용하기 위한 기금을 설치할 수 있다. ② 제1항의 재산의 보유, 기금의 설치·운용에 필요한 사항은 조례로 정한다.	□□□	×
2	지방재정법 제43조【예비비】③ 지방자치단체의 장은 지방의회의 예산안 심의 결과 폐지되거나 감액된 지출항목에 대해서는 예비비를 사용할 수 없다.	□□□	×
3	지방재정법 제55조【재정분석 및 재정진단 등】③ 행정안전부장관은 다음 각 호의 어느 하나에 해당하는 지방자치단체에 대하여 제56조 제1항에 따른 지방재정위기관리위원회(이하 "지방재정위기관리위원회"라 한다)의 심의를 거쳐 대통령령으로 정하는 바에 따라 재정진단을 실시할 수 있다. 2. 제2항에 따른 점검 결과 재정위험 수준이 대통령령으로 정하는 기준을 초과하는 지방자치단체 → 예 세입예산 중 채무비율이 행정안전부장관이 정하는 비율을 초과한 경우	□□□	O

Section 02 지방수입의 유형: 자주재원

구분	해설	회독	정답
1	지방자치단체의 자체수입은 지방세(조세법률주의에 기초)와 세외수입으로, 세외수입은 지방세 외의 모든 수입을 포함하는 개념임	□□□	O
2	지방세 중 자치구세는 재산세, 등록면허세임	□□□	×
3	시역자원시설세, 지방교육세는 지방자치단체의 목적세임 → 목적세는 광역지방자치단체만 부과할 수 있음	□□□	O
4	광역시의 군지역은 중복과세를 막기 위해 광역시세와 자치구세의 세목 구분이 적용되지 않고 도세와 시·군세의 세목 구분이 적용됨	□□□	O
5	부담금은 지방세의 종류에 포함되지 않음; 세외수입에 해당함	□□□	×
6	재산임대수입은 세외수입 중 경상적 세외수입에 해당함 → 따라서 재산임대수입은 지방재정의 세입 항목 중 자주재원에 포함됨	□□□	O
7	자치구세(등록면허세와 재산세)를 도세(지방소비세, 레저세, 등록면허세, 취득세)에서 제외하면 됨	□□□	O

Section 03 지방수입의 유형: 의존재원

구분	지문	시행	O·X
1	「지방교부세법」상 지방교부세의 종류는 보통교부세, 특별교부세, 부동산교부세 및 교통안전교부세로 구분한다.	2013 서울7	
2	지방교부세의 재원은 내국세의 19.24%에 해당하는 금액과 종합부동산세 전액으로 구성된다.	2014 국회8	
3	국고보조금은 지방재정 운영의 자율성을 제고한다.	2021 지방9	
4	국가가 스스로 하여야 할 사무를 지방자치단체나 그 기관에 위임하여 수행하는 경우 그 경비는 국가가 전부를 그 지방자치단체에 교부하여야 한다.	2024 지방7	
5	국가는 정책상 필요하다고 인정할 때 또는 지방자치단체의 재정 사정상 특히 필요하다고 인정할 때에는 예산의 범위에서 지방자치단체에 보조금을 교부할 수 있다.	2024 지방7	
6	지방교부세는 지역 간의 재정 불균형을 시정하기 위한 제도이다.	2021 지방9	
7	소방안전교부세는 담배소비세 총액의 100분의 20을 재원으로 하였으나 2020년 100의 40으로 상향 조정되었다.	2021 국회8	
8	지방교부세는 신청주의를 원칙으로 하며 각 중앙관서의 예산에 반영되어야 한다.	2022 국가9	
9	특별시장이나 광역시장은 시세 수입 중의 일정액을 확보하여 조례로 정하는 바에 따라 해당 지방자치단체의 관할 구역 안의 자치구 상호 간의 재원을 조정하여야 한다.	2014 사복9	
10	특정한 재정수요에 충당하기 위한 특별조정교부금은 민간에 지원하는 보조사업의 재원으로 사용할 수 있다.	2024 지방7	

Section 04 지방수입의 유형: 지방채

구분	지문	시행	O·X
1	제주특별자치도지사는 제주특별자치도의 발전과 관계가 있는 사업을 위하여 필요하면 도의회 의결을 마친 후 외채 발행과 지방채 발행 한도액의 범위를 초과한 지방채 발행을 할 수 있다.	2018 국가7	
2	이미 발행한 지방채의 차환을 위해서 지방자치단체의 장은 지방채를 발행할 수 없다.	2018 국가7	
3	외채를 발행할 경우에는 지방채 발행 한도액 범위더라도 지방의회의 의결을 거치기 전에 기획예산처 장관의 승인을 받아야 한다.	2018 국가7	
4	「지방재정법」상 외채를 발행하려면 지방의회의 의결을 거친 이후 행정안전부장관의 승인을 받아야 한다.	2024 지방7	
5	「지방재정법」상 지방채의 차환을 위해 자금조달이 필요할 때 지방채를 발행할 수 있다.	2024 지방7	

Section 03 | 지방수입의 유형: 의존재원

구분	해설	회독	정답
1	「지방교부세법」상 지방교부세의 종류는 보통교부세, 특별교부세, 부동산교부세 및 소방안전교부세로 구분됨	☐☐☐	✕
2	지방교부세의 재원은 내국세의 19.24%에 해당하는 금액과 종합부동산세 전액, 그리고 담배개별소비세 45%로 구성됨	☐☐☐	✕
3	국고보조금은 의존재원 중 특정재원이므로 지방재정 운영의 자율성을 떨어뜨림	☐☐☐	✕
4	**지방재정법 제21조【부담금과 교부금】** ② 국가가 스스로 하여야 할 사무를 지방자치단체나 그 기관에 위임하여 수행하는 경우 그 경비는 국가가 전부를 그 지방자치단체에 교부하여야 한다.	☐☐☐	○
5	**지방재정법 제23조【보조금의 교부】** ① 국가는 정책상 필요하다고 인정할 때 또는 지방자치단체의 재정 사정상 특히 필요하다고 인정할 때에는 예산의 범위에서 지방자치단체에 보조금을 교부할 수 있다.	☐☐☐	○
6	지방교부세는 지역 간의 재정불균형을 시정하기 위한 의존재원임	☐☐☐	○
7	소방안전교부세 재원은 종전 담배개별소비세 총액의 100분의 20이었으나 2020년 4월 1일부터 100의 45로 상향 조정되었음	☐☐☐	✕
8	선지는 국고보조금의 특징임 → 지방교부세는 지방자치단체의 신청이 없어도 법령상 교부기준에 따라 행정안전부장관이 교부함(단, 특별교부세는 신청 혹은 행정안전부장관 직권으로 신청할 수 있음)	☐☐☐	✕
9	**지방재정법 제29조의2【자치구 조정교부금】** 특별시장 및 광역시장은 대통령령으로 정하는 보통세 수입의 일정액을 조정교부금으로 확보하여 조례로 정하는 바에 따라 해당 지방자치단체 관할구역의 자치구 간 재정력 격차를 조정하여야 한다.	☐☐☐	○
10	**지방재정법 제29조의3【조정교부금의 종류와 용도】** 제29조 및 제29조의2에 따른 조정교부금은 일반적 재정수요에 충당하기 위한 일반조정교부금과 특정한 재정수요에 충당하기 위한 특별조정교부금으로 구분하여 운영하되, 특별조정교부금은 민간에 지원하는 보조사업의 재원으로 사용할 수 없다.	☐☐☐	✕

Section 04 | 지방수입의 유형: 지방채

구분	해설	회독	정답
1	선지는 제주도 지방채 발행의 특례에 대한 내용임	☐☐☐	○
2	**지방재정법 제11조【지방채의 발행】** ① 지방자치단체의 장은 다음 각 호를 위한 자금 조달에 필요할 때에는 지방채를 발행할 수 있다. 다만, 제5호 및 제6호는 교육감이 발행하는 경우에 한한다. 4. 지방채의 차환	☐☐☐	✕
3	외채를 발행할 경우에는 지방채 발행 한도액 범위더라도 지방의회의 의결을 거치기 전에 행정안전부장관의 승인을 받아야 함	☐☐☐	✕
4	외채를 발행할 경우에는 지방채 발행 한도액 범위더라도 지방의회의 의결을 거치기 전에 행정안전부장관의 승인을 받아야 함	☐☐☐	✕
5	**지방재정법 제11조【지방채의 발행】** ① 지방자치단체의 장은 다음 각 호를 위한 자금 조달에 필요할 때에는 지방채를 발행할 수 있다. 다만, 제5호 및 제6호는 교육감이 발행하는 경우에 한한다. 4. 지방채의 차환	☐☐☐	○

DAY

29

Section 05　지방재정력의 평가

구분	지문	시행	O · X
1	지방재정 지표 중 총세입(總歲入)에서 자율적으로 사용가능한 재원의 비율을 나타내는 것은 재정자립도이다.	2021 군무원9	
2	재정자립도는 세입총액에서 지방세 수입과 세외수입이 차지하는 비율을 나타낸다.	2019 서울9	
3	지방교부세제도에 규정되어 있는 '기준재정수요액' 대비 '기준재정수입액'의 비율로 측정되는 것은 재정력 지수이다.	2011 서울7	
4	재정자주도는 일반회계 예산규모에서 자체수입과 자주재원 합계액의 비를 의미하며 보통교부세 교부 여부의 적용기준으로 활용된다.	2023 지방7	

Section 05 | 지방재정력의 평가

구분	해설	회독	정답
1	총세입(總歲入)에서 자율적으로 사용가능한 재원(일반재원)의 비율을 나타내는 것은 재정자주도임 ※ 재정자립도: 지방자치단체의 일반회계 세입총액 중 자주재원(지방세+세외수입)이 차지하는 비중	☐☐☐	×
2	재정자립도는 세입총액에서 자주재원이 차지하는 비율을 나타냄	☐☐☐	O
3	기준재정수요액 대비 기준재정수입액의 비율로 측정되는 것은 재정력 지수임 → 재정력 지수는 보통교부세를 지급하는 기준으로 활용됨	☐☐☐	O
4	재정자주도는 일반회계 예산규모에서 일반재원의 비중을 의미함 → 아울러, 보통교부세 지급 여부를 결정하는 것은 재정력 지수임	☐☐☐	×

DAY —

29

기타 제도 및 법령 등

CHAPTER 01 : 행정학총론

Section 01   총론 관련 제도 및 법령 등

구분	지문	시행	O · X
1	사회적 기업은 이익을 재투자하거나 그 일부를 연계기업에 배분할 수 있다.	2011 지방7	
2	자원봉사자로만 구성된 비영리조직이라도 사회적 기업으로 인증받을 수 있다.	2011 국회8	
3	책임운영기관은 공공성이 강하고 성과관리가 어려운 분야에 적용할 필요가 있다.	2013 서울9	
4	우리나라 책임운영기관의 조직에 관하여는 「정부조직법」을 우선하여 적용한다.	2016 경찰간부	
5	책임운영기관은 「공공기관의 운영에 관한 법률」상 종합평가의 대상이다.	2024 지방7	
6	책임운영기관의 직원은 법률상 공무원이 아니다.	2011 국회9	
7	정보목록은 비공개 대상 정보가 포함된 경우라도 공공기관이 작성, 공개하여야 한다.	2022 국가7	
8	행정안전부 장관은 5년 단위로 책임운영기관의 관리 및 운영 전반에 관한 기본계획을 수립하여야 한다.	2015 국회8	
9	책임운영기관 특별회계는 계정별로 책임운영기관의 장이 운용하고, 기획예산처장관이 이를 통합하여 관리한다.	2008 국가7	
10	중앙책임운영기관으로 특허청이 있다.	2020 행정사	
11	특허청은 중앙책임운영기관의 유형에 해당한다.	2025 국가9	
12	책임운영기관의 조직, 예산 등의 운영상 자율성이 책임운영기관장이 아닌 주무 부처 장관에게 부여되어 있다.	2020 행정사	
13	「공공기관의 정보공개에 관한 법률」에 따르면 직무를 수행한 공무원의 성명·직위는 공개할 수 있다.	2010 지방9	
14	「공공기관의 정보공개에 관한 법률」에 따르면 외국인은 우리나라의 정보공개제도를 이용할 수 없다.	2013 군무원9	
15	정보공개청구제도는 특정 청구인을 대상으로 한다.	2012 지방7	
16	모든 국민은 정보의 공개를 청구할 권리를 가지며, 외국인의 정보공개 청구에 관하여는 법률로 정한다.	2016 사회복지	
17	책임운영기관은 1970년대 영국에서 집행기관(executive agency)이라는 이름으로 처음 도입되었고, 우리나라는 1990년부터 운영하고 있다.	2020 국가9	
18	민원행정은 규정에 따라 서비스를 제공하는 전달적 행정이며, 행정기관도 민원을 제기하는 주체가 될 수 있다.	2020 지방9	
19	중앙과 지방을 불문하고 공공기관에 대해 정보공개를 청구할 수 있다.	2021 경찰간부	
20	소속책임운영기관의 기관장은 공개모집을 통해 정년이 보장되는 정규직 공무원으로 채용된다.	2021 경찰간부	
21	책임운영기관 제도설계의 이론적 기반은 신공공관리론이다.	2021 경찰간부	
22	무어의 공공가치창출론은 신공공관리론을 계승하여 행정의 수단성을 강조한다.	2023 지방9	

정답과 해설

※ 일반적으로 정답이 'X'인 선지에 대한 해설만 있음

Section 01	총론 관련 제도 및 법령 등

구분	해설	회독	정답
1	사회적 기업은 이익을 재투자하도록 노력해야 하지만 그 일부를 연계기업에 배분할 수 없음	☐☐☐	X
2	사회적 기업으로 인증을 받으려면 유급 근로자를 고용해야 함	☐☐☐	X
3	책임운영기관은 공공성이 강하고 성과관리가 용이한 분야에 적용할 필요가 있음	☐☐☐	X
4	우리나라 책임운영기관의 조직에 관하여는 「책임운영기관의 설치·운영에 관한 법률」을 우선하여 적용함	☐☐☐	X
5	책임운영기관은 정부기업이며, 책임운영기관법상 종합평가 대상임	☐☐☐	X
6	책임운영기관의 직원은 법률상 공무원임	☐☐☐	X
7	정보공개법에 따르면 비공개 대상 정보는 공개하지 않을 수 있음	☐☐☐	X
8	**책임운영기관법 제3조의2 【중기관리계획의 수립 등】** ① 행정안전부장관은 5년 단위로 책임운영기관의 관리 및 운영 전반에 관한 기본계획(이하 "중기관리계획"이라 한다)을 수립하여야 한다.	☐☐☐	O
9	특별회계는 계정별로 중앙행정기관의 장이 운용하고, 기획예산처장관이 통합하여 관리함	☐☐☐	X
10	① 특허청은 국무총리 소속의 지신재산처로 승격되었으며, 지식재산처는 중앙책임운영기관이 아님 ② **책임운영기관법 제2조 【정의】** ② 책임운영기관은 기관의 지위에 따라 다음 각 호와 같이 구분한다. 　2. 중앙책임운영기관: 「정부조직법」 제2조제2항에 따른 청(廳)으로서 제4조에 따라 대통령령으로 설치된 기관	☐☐☐	X
11	10번 해설 참고	☐☐☐	X
12	책임운영기관은 조직, 예산 등의 운영상 자율성이 책임운영기관장에게 부여된 조직임	☐☐☐	X
13	공무원의 성명 및 직위는 행정책임을 위해 공개할 수 있음	☐☐☐	O
14	「공공기관의 정보공개에 관한 법률」에 따르면 외국인은 우리나라의 정보공개제도를 이용할 수 있음	☐☐☐	X
15	정보공개청구제도는 청구권자가 정보를 청구했을 때 공개하는 제도임	☐☐☐	O
16	모든 국민은 정보의 공개를 청구할 권리를 가지며, 외국인의 정보공개 정구에 관하여는 대통령령으로 정함	☐☐☐	X
17	책임운영기관은 영국의 1988년 정부개혁 프로그램인 Next Steps에서 집행기관(executive agency)이라는 이름으로 처음 도입한 제도이며, 우리나라는 「책임운영기관의 설치·운영에 관한 법률」을 1999년 1월(김대중 정권)에 제정하면서 운영하고 있음	☐☐☐	X
18	**▪ 참고 조항** **민원 처리에 관한 법률 제2조 【정의】** 이 법에서 사용하는 용어의 뜻은 다음과 같다. 2. "민원인"이란 행정기관에 민원을 제기하는 개인·법인 또는 단체를 말한다. 다만, 행정기관(사경제의 주체로서 제기하는 경우는 제외한다), 행정기관과 사법(私法)상 계약관계(민원과 직접 관련된 계약관계만 해당한다)에 있는 자, 성명·주소 등이 불명확한 자 등 대통령령으로 정하는 자는 제외한다.	☐☐☐	O
19	중앙행정기관 및 지방자치단체는 정보공개법상 '공공기관'에 해당함	☐☐☐	O
20	소속책임운영기관의 기관장은 공개모집을 통해 임기제 공무원으로 채용됨	☐☐☐	X
21	책임운영기관은 신공공관리론에 기초하기 때문에 기관장에게 운영상의 자율성을 부여하고 성과책임을 부여함	☐☐☐	O
22	공공가치창출론은 신공공관리를 비판하면서 등장한 개념임	☐☐☐	X

DAY

29

23	공직자는 옳은 일을 하기 위해 비도덕적인 행위를 하는 상황에 놓이기도 한다. 왈처(Walzer)가 제시한 '선택의 역설'이란 공직을 통해 대표성을 지닌 개인이 국가나 공동체의 대의를 위해, 개인의 가치관이나 윤리관에서는 수용할 수 없는 결정을 내려야 하는 문제 상황을 의미한다.	2025 국가9	
24	정부와 시민 간의 신뢰 유형 중 신탁적 신뢰는 대칭적 관계에서 형성된다.	2023 국가7	
25	무어(Moore)는 공공가치 실패를 진단하는 도구로 '공공가치 지도그리기(mapping)'를 제안한다.	2024 지방9	
26	보즈만에 따르면, 시장과 공공부문이 공공가치 실현에 필수적으로 요구되는 재화와 서비스를 제공하지 못할 때 '공공가치 실패'가 일어난다.	2024 지방9	
27	무어는 공공가치창출론에서 전략적 삼각형 개념을 제시하고 있으며, 전략적 삼각형 모델은 정당성과 지지, 운영 역량, 공공가치로 구성된다.	2024 지방9	
28	보즈만은 공공기관에 의해 생산된 순(純) 공공가치를 추정하는 '공공가치 회계'를 제시했다.	2024 지방9	
29	공공가치관리론에서 보즈만(Bozeman)은 정당성과 지지, 공공가치, 운영역량으로 구성된 전략적 삼각형(strategic triangle) 모형을 제시한다.	2025 지방9	
30	시민들이 기피하는 시설의 건설 추진 여부에 대한 공론조사에서 시민대표단을 구성하여 토론하는 것은 숙의민주주의의 사례이다.	2023 국가7	
31	숙의민주주의는 대의민주주의를 견고히 강화하는 수단으로 활용된다.	2025 국가7	
32	숙의민주주의를 구체화하는 방법으로 공론조사, 합의회의, 시민배심원제 등이 있다.	2025 국가7	
33	공공데이터의 제공 및 이용 활성화에 관한 법률(공공데이터법)상 비상업적 공익적 목적에 한해 공공데이터의 자율적 이용권한이 보장된다.	2025 지방7	
34	개인정보 보호법, 신용정보의 이용 및 보호에 관한 법률, 정보통신망 이용촉진 및 정보보호 등에 관한 법률은 데이터 3법에 해당한다.	2025 국가7	

23	① 선지는 더러운 손의 딜레마에 대한 내용임 ② **선택의 역설**: 사람들에게 지나치게 많은 옵션이 주어질 경우, 적은 옵션을 가졌을 때보다 좋지 않은 선택을 하거나 선택 자체를 포기하는 현상	□□□	×
24	신탁적 신뢰는 정보의 비대칭적 관계에서 형성됨	□□□	×
25	선지는 보즈먼의 공공가치실패에 대한 내용임	□□□	×
26	예를 들어, 초등교육을 시장이나 정부가 공급하지 못하면 공공가치 실패임	□□□	O

27	※ 무어의 전략적 삼각형 <table><tr><td>정당성과 지지</td><td>시민의 지지와 이로부터 생겨난 정당성 등</td></tr><tr><td>운영 역량</td><td>정책을 구현하는 데 요구되는 조직관리능력</td></tr><tr><td>공공가치</td><td>조직비전과 미션 등</td></tr></table>	□□□	O

28	① 무어는 공공기관에 의해 생산된 순(純) 공공가치를 추정하는 공공가치 회계를 제시함 ② 무어의 공공가치회계 <table><tr><th>비용</th><th>수익</th></tr><tr><td>• 투입된 재정적 비용 • 의도치 않은 부정적 결과 등</td><td>• 사회적 성과달성 및 미션달성 • 의도치 않은 긍정적 결과 • 정의 및 형평 등</td></tr></table> **참고** 수익과 비용을 계량적으로 표현한 뒤, 수익에서 비용을 빼면 순공공가치임	□□□	×
29	선지는 무어(Moore)의 공공가치창출론(creating public value)에 대한 내용임 → 보즈만은 시장 행위자 혹은 공공부문의 행위자가 공공가치에 부합하는 재화나 서비스를 제공하지 못하는 공공가치실패론을 주장함	□□□	×
30	공론조사는 시민으로부터 담론의 결과를 도출하는 과정임 → 공론조사는 여론조사와는 다르게 '토론'을 수반하므로 숙의민주주의 사례로 볼 수 있음 ※ 숙의민주의: 깊이 있는 의논을 강조하는 민주주의	□□□	O
31	숙의민주주의는 대의민주주의의 결함을 보완하는 수단임	□□□	×

32	■ 숙의민주주의 유형 <table><tr><td>공론조사</td><td>① 대표성 있는 시민의 선발과 정보제공에 기초한 토론 → 공론도출 ② 참여자들의 변화된 의견을 공공정책 결정에 반영 ③ 여론조사에 숙의와 토론과정을 보완했으나, 토론과정에서 조사대상자가 탈락하는 경우가 있음 ④ 공론화 과정을 거치기 때문에 시간과 비용↑ ⑤ 우리나라에서 2017년 신고리원전 5·6호기 건설재개 여부에 대한 정책결정과정에서 공론조사를 도입·활용한 바 있음</td></tr><tr><td>합의회의</td><td>① 시민이 전문가에게 질의 및 의견청취 ② 의견교환과 심의를 통해 일치된 의견 도출</td></tr><tr><td>시민회의</td><td>① 공공정책결정 과정에 시민이 참여하여 결론도출 ② 시민회의의 결정을 의회동의를 얻어 입법화</td></tr><tr><td>주민배심</td><td>대표 시민들이 정책질의 및 심의과정에 참여 → 정책권고안 제시</td></tr></table>	□□□	O
33	① 공공데이터의 제공 및 이용 활성화에 관한 법률(공공데이터법)에 따르면 공공데이터의 이용을 공익적 목적의 범위에 국한하지 않고 영리적 목적의 이용의 경우에도 이를 금지 또는 제한하여서는 안된다라고 규정하고 있음 ② 공공정보를 민간에 개방하여 사용자에게 도구를 제공하고 사용자가 그 도구를 이용해 콘텐츠를 제작하여 부가가치를 창출하는 것 → **예** 2009년 서울의 고등학생이 개발한 '서울버스 앱'	□□□	×
34	• **데이터 3법**: 데이터 이용을 활성화하는「개인정보 보호법」,「정보통신망 이용촉진 및 정보보호 등에 관한 법률(약칭: 정보통신망법)」,「신용정보의 이용 및 보호에 관한 법률(약칭: 신용정보법)」등 3가지 법률을 통칭함 • **참고** 데이터 이용 활성화를 위해 개인정보 보호법상 본인 동의 없이 가명정보를 민간에서 활용할 수 있음 → 가명정보: 개인정보의 일부를 삭제하거나 대체하여 추가 정보 없이는 특정 개인을 알아볼 수 없도록 처리된 정보(**예** 홍○○, 나이: 30대 초반, 주소: 서울특별시)	□□□	O

DAY

29

CHAPTER **02** 행정학각론

Section 01 정책학 관련 제도 및 법령 등

구분	지문	시행	O·X
1	우리나라 규제영향분석은 정부입법과 의원입법의 신설·강화 규제심사 시 활용되고 있다.	2021 국회9	
2	환경영향평가와 교통영향평가는 정책집행 이후에 실시되며, 효과성 평가의 대표적인 예이다.	2025 국가7	
3	규제영향분석은 규제의 비용보다 규제의 편익에 주안점을 둔다.	2017 지방9	
4	「행정규제기본법」에 의하면 규제영향분석은 불필요한 정부규제를 완화하고자 할 때 현존하는 규제의 사회적 편익과 비용을 점검하고 측정하는 체계적인 의사결정도구이다.	2014 서울7	
5	「행정규제기본법」상 규제개혁위원회는 위원장 2명을 포함한 20명 이상 25명 이하의 위원으로 구성한다.	2016 지방7	
6	정부의 규제정책을 심의·조정하고 규제의 심사·정비 등에 관한 사항을 종합적으로 추진하기 위하여 국무총리 소속으로 규제개혁위원회를 둔다.	2025 지방9	
7	넛지 방식은 정책대상집단의 행동에 개입하지만 개인의 자유로운 선택을 허용한다.	2022 지방7	
8	넛지이론은 정부의 역할 및 정책수단으로서 선택설계의 개념을 도입한다.	2024 지방7	
9	넛지이론의 학문적 토대는 공공선택론이다.	2023 국가7	
10	행동경제학에서는 휴리스틱과 행동 편향에 따른 영향이 개인의 의사결정과 선택에 영향을 미쳐 자신의 후생 손실을 초래하는 외부효과가 행동적 시장실패의 핵심 요소라고 본다.	2023 군무원7	
11	넛지는 디폴트 옵션 설정 방식처럼 사람들의 인지적 편향을 전략적으로 활용하는 정책수단이다.	2022 지방7	
12	넛지이론은 행동경제학에 기반하여 실험을 통한 귀납적 분석보다는 가정에 기초한 연역적 분석을 지향한다.	2024 지방7	
13	오류와 편향에 대한 관심, 자유주의적 개입주의, 비구조화된 선택지 제공, 부드러운 개입주의는 넛지의 특징에 해당한다.	2025 지방7	
14	규제샌드박스는 특정한 신기술을 활용한 새로운 서비스 또는 제품에 관련된 기존 규제의 적용을 일정 기간 면제 또는 완화해 주는 제도이다.	2025 지방9	
15	데이터기반행정은 데이터 분석뿐만 아니라 정책결정자의 경험에 근거한 의사결정을 지향하여 객관적이고 과학적인 행정을 구현하고자 한다.	2025 지방9	
16	행정안전부장관은 데이터기반행정을 체계적으로 추진하기 위하여 데이터기반행정 활성화를 위한 기본계획을 3년마다 수립하여야 한다.	2025 지방9	

정답과 해설

※ 일반적으로 정답이 'ｘ'인 선지에 대한 해설만 있음

정책학 관련 제도 및 법령 등

구분	해설	회독	정답
1	우리나라 규제영향분석은 정부입법에 대해서만 적용되고 의원입법은 제외되고 있음	☐☐☐	✕
2	• 환경영향평가와 교통영향평가는 정책집행 이전에 실시하는 사전평가임 • 정책집행 이후에 실시되는 효과성 평가는 총괄평가임	☐☐☐	✕
3	규제영향분석은 규제의 비용과 편익에 모두 주안점을 둠	☐☐☐	✕
4	「행정규제기본법」에 의하면 규제영향분석은 규제를 신설하거나 강화할 때 규제의 시행에 따른 사회적 편익과 비용을 점검하고 측정하는 체계적인 의사결정도구임	☐☐☐	✕
5	**행정규제기본법 제23조【설치】** 정부의 규제정책을 심의·조정하고 규제의 심사·정비 등에 관한 사항을 종합적으로 추진하기 위하여 대통령 소속으로 규제개혁위원회를 둔다. **동법 제25조【구성 등】** ① 위원회는 위원장 2명을 포함한 20명 이상 25명 이하의 위원으로 구성한다.	☐☐☐	○
6	정부의 규제정책을 심의·조정하고 규제의 심사·정비 등에 관한 사항을 종합적으로 추진하기 위하여 대통령 소속으로 규제개혁위원회를 둠	☐☐☐	✕
7	① **넛지**(nudge) : 사람의 행동을 은연 중에 좋은 방향으로 이끌어 주는 것 ② 개인의 자유로운 선택을 통해 정책의 목표를 달성할 수 있는 방식 → 선택설계 ③ 디폴트 옵션 설정 방식처럼 사람들의 인지적 편향을 활용하는 정책수단	☐☐☐	○
8	넛지이론에서 정부는 선택설계자(choice architect) 역할을 수행함 → 즉, 넛지이론에 따르면 국민의 자유로운 선택을 통해 정부는 정책목표를 달성할 수 있음	☐☐☐	○
9	넛지이론의 학문적 토대는 행동경제학임 ※ 행동경제학: 심리학을 경제학에 적용한 학문	☐☐☐	✕
10	선지에서 외부효과를 지워야 함 → 외부효과는 남에게 피해 혹은 이익을 주는 것이나, 행동적 시장실패는 자신의 결정이 본인에게 손실을 초래하는 현상임	☐☐☐	✕
11	넛지이론은 기본값을 그대로 사용하는 사람들의 인지적 편향을 활용하여 바람직한 행동을 유노힐 수 있다는 입장임	☐☐☐	○
12	넛지이론은 심리학을 경제학에 적용한 행동경제학에 기반하는바 실험을 통한 귀납적 분석을 중시함	☐☐☐	✕
13	넛지이론에서는 사람들에게 이로운 선택을 자연스럽게 할 수 있는 기본값을 정하는 게 중요하므로 구조화된 선택지를 제공해야 함	☐☐☐	✕
14	아이들이 자유롭게 뛰어노는 모래놀이터처럼 신기술, 신산업 분야에서 새로운 제품, 서비스를 내놓을 때 일정 기간 또는 일정 지역 내에서 기존의 규제를 면제 또는 유예시켜주는 제도 → 우리나라는 2009년에 규제샌드박스를 도입하였음	☐☐☐	○
15	**데이터기반행정법 제2조【정의】** 이 법에서 사용하는 용어의 뜻은 다음과 같다. 2. "데이터기반행정"이란 공공기관이 생성하거나 다른 공공기관 및 법인·단체 등으로부터 취득하여 관리하고 있는 데이터를 수집·저장·가공·분석·표현하는 등(이하 "분석등"이라 한다)의 방법으로 정책 수립 및 의사결정에 활용함으로써 객관적이고 과학적으로 수행하는 행정을 말한다. → 정책결정자의 경험에 근거한 의사결정✕	☐☐☐	✕
16	**데이터기반행정법 제6조【데이터기반행정 활성화 기본계획】** ① 행정안전부장관은 데이터기반행정을 체계적으로 추진하기 위하여 데이터기반행정 활성화를 위한 기본계획(이하 "기본계획"이라 한다)을 3년마다 수립하여야 한다.	☐☐☐	○

DAY — 29

17	증거기반 정책결정을 주장하는 학자들은 정치적 결정 과정을 증거기반 정책결정으로 대체할 수 있다고 주장한다.	2024 군무원9	
18	증거기반 정책결정은 보건정책 분야, 사회복지정책 분야, 교육정책 분야, 형사정책 분야 등에서 상대적으로 용이하게 적용할 수 있다.	2024 군무원9	
19	증거기반 정책결정의 실무적용과 학술분석은 증거자료 수집이 어려운 보건정책과 복지정책보다, 국방정책과 문화정책 분야를 중심으로 발전되어 왔다.	2025 지방7	
20	정보기반, 분석 전문가 등을 비롯해 견고하게 구축된 증거기반 프레임워크는 정책에 대한 실증적 접근을 용이하게 한다.	2025 지방7	
21	상호적응(mutual adaptation), 적응적 흡수(co-optation), 부집행(non-implementation), 거부와 순응(defiance and compliance)은 정책집행 과정에서 맥러린(M. Mclaughlin)이 제시한 정책결정자와 정책집행자 간 상호작용 유형에 해당한다.	2025 국가7	
22	호그우드와 건(Hogwood&Gunn)은 정책문제의 성격이 인간의 감정보다 이성적 측면에 호소하는 문제일수록 정책의제화가 쉽다고 하였다.	2024 국가7	

Section 02 조직론 관련 제도 및 법령 등

구분	지문	시행	O · X
1	방송미디어통신위원회는 국무총리 직속의 위원회이다.	2014 서울9	
2	식품 및 의약품의 안전에 관한 사무를 관장하기 위하여 보건복지부 소속으로 식품의약품안전처를 둔다.	2025 국가9	
3	국무총리가 특별히 위임하는 사무를 수행하기 위하여 부총리 2명을 둔다.	2025 국가9	
4	검찰청, 병무청, 행정중심복합도시건설청, 경찰청 등은 정부조직법에 근거하여 설치된 기관이다.	2012 서울9	
5	특정평가는 국무총리가 중앙행정기관과 공공기관을 대상으로 국정을 통합적으로 관리하기 위한 목적을 갖는다.	2022 국가9	
6	공기업의 상임이사(상임감사위원 제외)는 주무기관의 장이 임명한다.	2011 지방9	
7	「공공기관의 운영에 관한 법률」상 재정경제부장관은 경영실적 평가 결과 경영실적이 부진한 공기업·준정부기관에 대하여 공공기관운영위원회의 심의·의결을 거쳐 기관장·상임이사의 임명권자에게 그 해임을 건의하거나 요구할 수 있다.	2024 지방7	
8	공공기관의 운영에 관한 법령상 시장형 공기업은 자산규모가 2조 원 이상이거나 총수입액 중 자체수입액이 차지하는 비중이 50 % 이상인 공기업이다.	2024 지방7	
9	「공공기관의 운영에 관한 법률」에 근거하여 공공기관운영위원회를 설치하며, 행정안전부장관이 위원장이 된다.	2025 국가9	
10	우리나라의 공공기관 중 준정부기관에는 기금관리형과 위탁집행형이 있다.	2025 국가9	

17	증거기반 정책결정을 주장하는 학자들은 현실 정책이 정치적 과정임에는 틀림없으나, 정치적 결정과정에서 과학적 지식의 활용을 배제할 수 있는 것은 아니라는 반론을 제기하고 있음 → 증거기반 정책결정으로 대체할 수 있음×	☐☐☐	×
18	증거기반 정책결정은 자료 수집이 상대적으로 용이한 보건정책과 복지정책, 형사정책 등에 활용됨 → 다만, 국방정책이나 문화정책 등은 정책목표나 성과를 계량화하고 명확한 증거를 수집하는 데 어려움이 있어 적용에 한계가 있음	☐☐☐	O
19	위의 해설 참고	☐☐☐	×
20	▌ 증거기반 정책결정 도입조건(Head, 2010) ① 관련 정책 영역에서 상당한 수준의 정보를 활용할 수 있는 정보기반이 갖추어져 있어야 함 ② 관련 데이터를 분석하고 가공하여 정책대안 및 기존 정책성과 등을 평가할 수 있는 전문가가 확보되어야 함	☐☐☐	O

21	① 거부와 순응은 해당하지 않음 ② 맥러린(M. Mclaughlin)이 제시한 정책결정자와 정책집행자 간 상호작용 유형		

⊙ **상호적응형**	집행 도중 정책내용(사업계획)이 집행자 요구 등에 맞게 수정되었으며, 집행기관의 제도 변경, 직원 교체를 통해 성공적으로 집행	
ⓛ **현지적응형**	• 정책내용은 집행자 요구 등에 맞게 수정되었으나 집행기관의 제도나 직원 변경이 없음 • 집행상 저항, 집행자의 자원부족으로 인해 정책의 본래 의도를 탈피할 수 있음	☐☐☐ ×
ⓒ **부집행**	정책은 결정되었으나 집행과정에서 중단·무시됨	

| 22 | ▌ 호그우드와 건(Hogwood&Gunn)이 제시한 의제설정에 영향을 주는 요인
① 문제가 심각성과 특수성을 지니는 경우
② 제기된 문제가 감정적 측면을 가지고 있어 대중매체의 관심을 끄는 경우
③ 많은 다수의 사람들에게 영향을 주는 문제일 경우
④ 이미 해결책이 강구된 문제나 다른 지방자치단체에서 정책의제로 채택문제인 경우
⑤ 주도집단의 규모나 정치적 자원이 풍부할 경우 | ☐☐☐ | × |

Section 02 | 조직론 관련 제도 및 법령 등

구분	해설	회독	정답
1	방송미디어통신위원회는 대통령 직속의 위원회임	☐☐☐	×
2	식약처는 국무총리 소속임	☐☐☐	×
3	우리나라는 부총리제를 운영하고 있으며, 재정경제부장관(경제부총리), 과학기술정보통신부장관(과학기술부총리)이 겸임하고 있음	☐☐☐	O
4	행정중심복합도시건설청은 '신행정수도 후속대책을 위한 연기·공주지역 행정중심복합도시 건설을 위한 특별법(약칭 : 행복도시법)'에 설치 근거가 마련되어 있음	☐☐☐	×
5	특정평가 대상에 공공기관은 포함되지 않음	☐☐☐	×
6	공기업의 상임이사(상임감사위원 제외)는 기관장이 임명함	☐☐☐	×
7	**공공기관의 운영에 관한 법률 제48조 [경영실적 평가]** ⑧ 재정경제부장관은 제7항에 따른 경영실적 평가 결과 경영실적이 부진한 공기업·준정부기관에 대하여 운영위원회의 심의·의결을 거쳐 제25조 및 제26조의 규정에 따른 기관장·상임이사의 임명권자에게 그 해임을 건의하거나 요구할 수 있다.	☐☐☐	O
8	공공기관의 운영에 관한 법령상 시장형 공기업은 자산규모가 2조 원 이상이면서 총수입액 중 자체수입액이 차지하는 비중이 85 % 이상인 공기업임	☐☐☐	×
9	「공공기관의 운영에 관한 법률」에 근거하여 공공기관운영위원회를 설치하며, 재정경제부장관이 위원장이 됨	☐☐☐	×
10	준정부기관에는 기금관리형(기금이나 자산을 관리하거나 위탁받은 준정부기관)과 위탁집행형(기금형이 아닌 준정부기관)이 있음	☐☐☐	O

DAY —

30

11	준정부기관은 시장성과 기업성이 강한 업무를 수행함으로써 정부에 재정적으로 의존하지 않는다.	2025 국가7	
12	준정부기관의 장은 임원추천위원회가 복수로 추천한 사람 중에서 주무기관의 장이 임명하지만 대통령령으로 정하는 기관의 장은 주무기관의 장의 제청으로 대통령이 임명한다.	2025 국가7	
13	정부업무평가위원회는 대통령 직속 하에 설치한다.	2020 군무원7	
14	정부업무평가의 실시와 평가기반의 구축을 체계적·효율적으로 추진하기 위하여 행정안전부장관 소속하에 정부업무평가위원회를 둔다.	2024 지방7	
15	정부업무평가위원회는 위원장 2인을 포함한 15인 이내의 위원으로 구성한다.	2024 지방7	
16	정부업무평가의 대상에는 중앙행정기관 또는 지방자치단체의 소속기관이 포함된다.	2024 지방7	
17	정부업무평가기본법에 따르면 중앙행정기관장과 지방자치단체장은 매년 자체평가위원회를 통해 자체평가를 실시한다.	2020 군무원7	
18	주식회사형 공기업은 일반행정기관에 적용되는 조직·인사원칙이 적용된다.	2021 국가9	
19	부속기관이란 행정권의 직접적인 행사를 임무로 하는 기관에 부속하여 그 기관을 지원하는 행정기관을 말한다.	2018 국가9	
20	특허청은 재정경제부 소속의 외청이다.	2018 지방9	
21	지방직영기업에 소속된 직원은 공무원 신분이 아니다.	2017 서울9	
22	주택사업, 하수도사업, 마을상수도사업, 자동차운송사업 등은 지방공기업법의 적용대상이 되는 사업이다.	2025 지방7	
23	지방공사를 설립하고자 하는 시장·군수·구청장은 설립 전에 행정안전부장관과 협의하여야 한다.	2024 지방9	
24	공사의 운영을 위하여 필요한 경우에는 자본금의 2분의 1을 넘지 아니하는 범위에서 지방자치단체 외의 자로 하여금 공사에 출자하게 할 수 있다. 단, 외국인 및 외국법인을 제외한다.	2019 서울7	
25	지방자치단체는 상호 규약을 정하여 다른 지방자치단체와 공동으로 지방공사를 설립할 수 있다.	2024 지방9	
26	중앙행정기관의 장은 자체평가조직 및 자체평가위원회를 구성·운영하여야 하며, 이 경우 평가의 공정성과 객관성을 확보하기 위하여 자체평가위원의 3분의 2 이상은 민간위원으로 하여야 한다.	2023 지방7	
27	재정경제부장관은 중앙행정기관의 자체평가결과를 확인·점검 후 평가의 객관성과 신뢰성에 문제가 있어 다시 평가가 필요하다고 판단되는 경우, 위원회의 심의·의결을 거쳐 재평가를 실시할 수 있다.	2023 지방7	
28	이해관계자 자본주의 모델에서 근로자의 경영 참여는 종업원 지주제도 등을 통해서 이루어지며 단기업적주의를 추구한다.	2023 지방7	
29	레빈(Lewin)은 조직 변화의 과정을 현재 상태에 대한 해빙(unfreezing), 원하는 상태로의 변화(moving), 새로운 변화가 지속될 수 있도록 재동결(refreezing)하는 3단계로 제시하였다.	2023 지방7	
30	리더-구성원 교환이론에 따르면 내집단(in-group)에 속한 구성원이 많을수록 집단성과가 높아지며, 리더는 모든 구성원을 차별 없이 대우하는 공정성을 중시한다.	2024 지방9	
31	리더-구성원 교환이론에서 리더와 구성원이 파트너십 관계로 발전하는 과정을 '리더십 만들기'라 한다.	2024 지방9	

11	• 준정부기관은 공공성이 강한 업무를 정부로부터 위탁받아 수행함 • 아울러 정부에 재정적으로 의존함 → 예를 들어, 공무원연금공단(기금관리형), 한국연구재단(위탁집행형), 국립생태원(위탁집행형) 등이 있음	☐☐☐	×
12	준정부기관의 장은 주무기관의 장이 임명하지만 대통령령으로 정하는 기관의 장(**예** 공기업의 장)은 주무기관의 장의 제청으로 대통령이 임명함	☐☐☐	O
13	정부업무평가위원회는 국무총리 직속 하에 설치함	☐☐☐	×
14	정부업무평가위원회는 국무총리 직속 하에 설치함	☐☐☐	×
15	**정부업무평가기본법 제10조 【위원회의 구성 및 운영】** ① 위원회는 위원장 2인을 포함한 15인 이내의 위원으로 구성한다.	☐☐☐	O
16	※ 정부업무평가 대상은 다음과 같음 ① 중앙행정기관 ② 지방자치단체 ③ 중앙행정기관 또는 지방자치단체의 소속기관 ④ 공공기관	☐☐☐	O
17	중앙행정기관과 지방자치단체는 자체평가 대상임	☐☐☐	O
18	주식회사형 공기업은 일반행정기관이 아니므로 일반행정기관에 적용되는 조직·인사원칙(정부조직법, 국가공무원법)이 적용되지 않음	☐☐☐	×
19	**참고** 부속기관의 유형에는 소속책임운영기관과 그 외 부속기관이 있음	☐☐☐	O
20	특허청은 국무총리 소속의 지식재산처로 승격되었음	☐☐☐	×
21	지방직영기업은 지자체가 직접 설치하고 운영하는 행정기관이므로 소속 직원은 공무원임	☐☐☐	×
22	마을상수도 사업은 제외됨	☐☐☐	×
23	① 행정안전부장관을 시도지사로 수정해야 함 ② **지방공기업법 제49조 【설립】** ① 지방자치단체는 제2조에 따른 사업을 효율적으로 수행하기 위하여 필요한 경우에는 지방공사(이하 "공사"라 한다)를 설립할 수 있다. 이 경우 공사를 설립하기 전에 특별시장, 광역시장, 특별자치시장, 도지사 및 특별자치도지사(이하 "시·도지사"라 한다)는 행정안전부장관과, 시장·군수·구청장(자치구의 구청장을 말한다)은 관할 특별시장·광역시장 및 도지사와 협의하여야 한다.	☐☐☐	×
24	**지방공기업법 제53조 【출자】** ① 공사의 자본금은 그 전액을 지방자치단체가 현금 또는 현물로 출자한다. ② 제1항에도 불구하고 공사의 운영을 위하여 필요한 경우에는 자본금의 2분의 1을 넘지 아니하는 범위에서 지방자치단체 외의 자(외국인 및 외국법인을 포함한다)로 하여금 공사에 출자하게 할 수 있다.	☐☐☐	×
25	**지방공기업법 제50조 【공동설립】** ① 지방자치단체는 상호 규약을 정하여 다른 지방자치단체와 공동으로 공사를 설립할 수 있다.	☐☐☐	O
26	**정부업무평가기본법 제14조 【중앙행정기관의 자체평가】** ② 중앙행정기관의 장은 자체평가조직 및 자체평가위원회를 구성·운영하여야 한다. 이 경우 평가의 공정성과 객관성을 확보하기 위하여 자체평가위원의 3분의 2이상은 민간위원으로 하여야 한다.	☐☐☐	O
27	재정경제부장관을 국무총리로 수정해야 함	☐☐☐	×
28	이해관계자 자본주의 모델에서 근로자 경영참여는 이사회를 통해서 이루어지며 장기적 성장을 추구함	☐☐☐	×
29	① **해빙**: 조직원들이 변화를 깨닫게 하는 과정 ② **변화**: 예전의 방식에서 새로운 방식으로 움직이는 것 ③ **재동결**: 새롭게 형성된 행동이 정형화된 행동으로 굳어지는 과정	☐☐☐	O
30	① 내집단(in-group)은 리더의 신뢰와 존중을 받는 구성원이며, 내집단이 많을수록 조직성과가 높아짐 ② 리더-구성원 교환이론에서 리더는 내집단 구성원을 중심으로 조직을 운영하므로 특정인만을 편애한다는 비판을 받을 수 있음	☐☐☐	×
31	**리더와 구성원의 발전단계: 리더십 만들기** ① 이방인 | 구성원은 공식적 업무만 수행 ② 면식 | 리더와 구성원 간 자원과 정보 등 공유 ③ 파트너십 | 리더와 구성원 간 신뢰와 존중	☐☐☐	O

DAY — 30

32	애자일(agile) 조직은 한 조직으로 결합하였다가 해체되어 다른 조직으로 재조직화되는 과정을 반복한다.	2025 지방7	
33	애자일(agile) 조직은 사전에 완벽하게 분석·기획하여 완결성이 높은 해결책을 제시한다.	2025 지방7	
34	애자일 조직은 사전에 완벽한 분석과 기획을 하기보다는 정책에 아이디어를 반영하는 실험적 기회를 제공한다.	2025 국가7 인사조직	
35	애자일 조직은 피드백을 꾸준히 반영하면서 성과주기를 길게 운영한다.	2025 국가7 인사조직	

Section 03   인사행정 관련 제도 및 법령 등

구분	지문	시행	O · X
1	통상적인 근무시간보다 짧은 시간(주 15~35시간)을 근무하는 공무원으로서 일반 공무원처럼 시험을 통해 채용되고 정년이 보장되는 공무원은 시간선택제 채용공무원이다.	2020 군무원9	
2	시차출퇴근형과 근무시간선택제는 유연근무제 중 탄력근무 방식에 해당한다.	2020 행정사	
3	원격근무제는 재택근무형과 스마트워크 근무형으로 구분된다.	2018 지방9	
4	시간선택제 근무는 통상적인 전일제 근무시간(주 40시간)보다 길거나 짧은 시간을 근무하는 제도이다.	2019 국가9	
5	전문경력관은 일반직 공무원과 마찬가지로 계급 구분과 직군 및 직렬의 분류를 적용한다.	2018 국가9	
6	스마트워크(smart work)란 통신, 방송, 인터넷 등을 통합한 멀티미디어 서비스를 안전하게 제공하는 통합네트워크를 의미한다.	2020 국가7	
7	탄력근무제 유형 중 하나로서 1일 8시간 근무에 구애받지 않고 주 3.5~4일 근무하는 유형은 집약근무형이다.	2022 지방9	
8	전직시험을 거쳐 다른 일반직공무원을 전문경력관으로 전직시킬 수 있으나, 전문경력관을 다른 일반직공무원으로 전직시킬 수는 없다.	2022 국가7	
9	지방의회의원은 「지방공무원법」상 인사위원회의 위원으로 임명되거나 위촉될 수 있다.	2023 국가9	
10	우리나라의 균형인사정책은 지방인재채용목표제, 전국 지역인재추천채용제, 양성평등채용목표제 순으로 도입하였다.	2025 지방9	

32	애자일 조직은 팀단위로 구성된 조직으로 상황에 따라 팀이 결합·해체를 반복하며, 필요할 때마다 새로운 프로젝트 단위로 재조직화되는 유연한 구조임	☐☐☐	O
33	애자일 조직은 사전의 완벽한 계획보다는 실험과 학습을 반복하며 신속·유연하게 대응하는 것을 중시함	☐☐☐	×
34	위의 해설 참고	☐☐☐	O
35	애자일 조직은 피드백을 꾸준히 반영하면서 성과주기를 짧게 운영함	☐☐☐	×

Section 03 인사행정 관련 제도 및 법령 등

구분	해설	회독	정답
1	시간선택제공무원은 시험을 통해 채용되며, 정년이 보장됨	☐☐☐	O
2	▮ 탄력근무제 • 주 40시간 근무하되, 출·퇴근시각·근무시간·근무일을 자율적으로 조정하는 제도 **시차출퇴근형**: 1일 8시간 근무체제 유지하되, 출근시간 선택 가능 / 1시간 일찍 출근하면 1시간 일찍 퇴근할 수 있음 **근무시간 선택형**: 1일 4~12시간 근무, 주 5일 근무 **집약근무형 (압축근무형)**: 1일 10~12시간 근무, 주 3.5~4일 근무; 주 40시간 근무를 주 3~4일로 압축하여 근무할 수 있게 만든 제도 **재량근무형**: 출퇴근 의무 없이 전문 프로젝트 수행으로 주 40시간 인정	☐☐☐	O
3	▮ 원격근무제 **재택근무형**: 가정에서 인터넷을 활용하여 업무를 처리하는 유형 **스마트워크근무형**: 자택 인근 스마트워크센터 등 별도 사무실에서 근무; 주거지 근처에서 원격근무사무실(smart office)에서 인터넷을 사용하여 업무를 처리하는 것	☐☐☐	O
4	시간선택제 근무는 통상적인 전일제 근무시간(주 40시간)보다 짧은 시간을 근무하는 제도임	☐☐☐	×
5	**전문경력관 규정 제2조【적용 범위】**① 이 영은「국가공무원법」(이하 "법"이라 한다) 제4조 제2항 제1호에 따라 계급 구분과 직군 및 직렬의 분류를 적용하지 아니하는 특수 업무 분야에 종사하는 공무원에 대하여 적용한다.	☐☐☐	×
6	스마트워크란 영상회의 등 정보통신기술을 이용해 시간과 장소의 제약 없이 업무를 수행하는 유연한 근무형태를 의미함	☐☐☐	×
7	2번 해설 참고	☐☐☐	O
8	전문경력관 제도는 전직을 허용하고 있음	☐☐☐	×
9	**지방공무원법 제7조【인사위원회의 설치】**⑥ 다음 각 호의 어느 하나에 해당하는 사람은 위원으로 위촉될 수 없다. 2.「정당법」에 따른 정당의 당원 3. 지방의회의원	☐☐☐	×
10	양성평등채용목표제(2003) → 전국지역인재추천채용제(2005) → 지방인재채용목표제(2007) → 저소득층 채용제(2009)	☐☐☐	×

DAY
30

11	「공직자의 이해충돌 방지법」의 위반행위는 감사원, 수사기관, 국민권익위원회 등에 신고할 수 있으나 위반행위가 발생한 기관은 제외된다.	2023 국가9	
12	「공직자의 이해충돌 방지법」상 '사적이해관계자'는 공직자 자신 또는 그 가족, 공직자의 직무수행과 관련하여 이익 또는 불이익을 직접적으로 받는 다른 공직자, 공직자로 채용·임용되기 전 2년 이내에 공직자 자신이 재직하였던 법인 또는 단체, 공직자 자신 또는 그 가족이 임원·대표자·관리자 또는 사외이사로 재직하고 있는 법인 또는 단체이다.	2024 국가9	
13	공직자는 직무관련자가 사적이해관계자임을 안 날부터 30일 이내에 소속기관장에게 그 사실을 신고하면 회피신청이 면제된다.	2022 행정사	
14	「공직자의 이해충돌 방지법」상 모든 공직자는 직무관련자가 사적이해관계자임을 안 경우 안 날부터 7일 이내에 신고하여야 한다.	2025 국가7	

Section 04　재무행정 관련 제도 및 법령 등

구분	지문	시행	O · X
1	재정사업 자율평가제도는 기획예산처가 정해준 10개의 평가지표에 근거하여 사업 수행 부처가 소관 재정사업을 매년 모두 평가한다.	2016 국가7	
2	우리나라는 예산편성과 성과관리의 연계를 위해 재정사업 자율평가제도를 실시하고 있다.	2017 국가9	
3	재정수입준칙은 조세지출을 우회적으로 활용함으로써 재정건전성이 훼손될 가능성이 있다.	2022 지방7	
4	1961년 설립된 경제기획원은 수입·지출의 총괄기능을 담당하였으며, 재무부는 중앙예산기관의 역할을 담당하였다.	2022 국가7	
5	재정사업 심층평가 결과 기획예산처장관이 필요하다고 판단하면 재정사업 자율평가를 실시할 수 있다.	2023 국가9	
6	총액계상, 총사업비관리, 국가재정운영계획, 재정준칙은 우리나라 국가재정법에 규정되어 있다.	2023 국가7	
7	우리나라가 발행하는 국채의 종류에 국고채와 재정증권은 포함되지 않는다.	2019 지방9	
8	우리나라 중앙정부가 발행하는 국채에는 국고채권, 국민주택채권, 외화표시 외국환평형기금채권 등이 있다.	2023 국가7	
9	국가재정법에 따른 국가채무는 국가의 회계가 발행한 채권을 포함하며, 모든 기금이 발행한 채권은 제외된다.	2023 국가7	

11	이해충돌방지법 시행령 제19조【위반행위의 신고】법 제18조제1항에 따라 법 위반행위가 발생하였거나 발생하고 있다는 사실을 신고하려는 자는 다음 각 호의 사항을 적은 서면을 법 위반행위가 발생한 공공기관, 감독기관, 감사원 또는 수사기관(이하 "조사기관"이라 한다)이나 국민권익위원회에 제출해야 한다.	☐☐☐	✕
12	공직자의 직무수행과 관련하여 이익 또는 불이익을 직접적으로 받는 다른 공직자는 직무관련자에 해당함 ※ 직무관련자 ① 공직자의 직무수행과 관련하여 일정한 행위나 조치를 요구하는 개인, 법인 또는 단체 ② 공직자의 직무수행과 관련하여 이익 또는 불이익을 직접적으로 받는 개인, 법인 또는 단체 ③ 공직자가 소속된 공공기관과 계약을 체결하거나 체결하려는 것이 명백한 개인, 법인 또는 단체 ④ 공직자의 직무수행과 관련하여 이익 또는 불이익을 직접적으로 받는 다른 공직자	☐☐☐	✕
13	이해충돌방지법」제5조【사적이해관계자의 신고 및 회피·기피 신청】① 다음 각 호의 어느 하나에 해당하는 직무를 수행하는 공직자는 직무관련자가 사적이해관계자임을 안 경우 안 날부터 14일 이내에 소속기관장에게 그 사실을 서면(전자문서를 포함한다. 이하 같다)으로 신고하고 회피를 신청하여야 한다.	☐☐☐	✕
14	위의 해설 참고	☐☐☐	✕

Section 04   재무행정 관련 제도 및 법령 등

구분	해설	회독	정답
1	사업 평가지표는 사업부처에서 자율적으로 수립함(평가지표의 개수도 자율적으로 정함)	☐☐☐	✕
2	우리나라는 현재 재정사업에 대해 자율평가제도를 실시하고 있음	☐☐☐	○
3	선지는 재정지출준칙에 대한 내용임 → 지출 상한선을 정할 경우 세금 감면과 같은 간접적 지출을 활용할 가능성이 높아짐 ※ 재정준칙: 재정수지, 재정지출, 국가채무, 재정수입 등의 재정지표에 대해 계량적 목표를 법제화함으로써 정부의 재량적 재정운영에 제약을 가하는 재정운영체제	☐☐☐	✕
4	1961년에 설립된 경제기획원은 중앙예산기관, 재무부는 국고수지총괄기관이었음	☐☐☐	✕
5	재정사업 자율평가 결과 기획예산처장관이 필요하다고 판단하면 재정사업 심층 평가를 실시할 수 있음	☐☐☐	✕
6	재정준칙을 도입하기 위한 「국가재정법」개정안이 윤석열정부에 의하여 2022.9 국회에 제출되었으나 아직 계류 중임 → 따라서 재정준칙은 현재 「국가재정법」에 규정되어 있지 않음	☐☐☐	✕
7	현재 우리나라에서는 국고채권(국고채), 재정증권, 외화표시 외국환평형기금채권(외평채), 국민주택채권(제1종) 등 4종의 국채가 발행되고 있음	☐☐☐	✕
8	7번 문제해설 참고	☐☐☐	○
9	국가채무에는 기금이 발행한 채권도 원칙적으로 포함됨 국가재정법 제91조【국가채무의 관리】① 기획예산처장관은 국가의 회계 또는 기금이 부담하는 금전채무에 대하여 매년 다음 각 호의 사항이 포함된 국가채무관리계획을 수립하여야 한다.	☐☐☐	✕

Section 05 지방행정 관련 제도 및 법령 등

구분	지문	시행	O·X
1	이승만 정부에서 처음으로 시·읍·면 의회의원을 뽑는 지방선거가 실시되었다.	2019 국가9	
2	2010년 지방선거부터 정당공천제가 기초지방의원까지 확대되었지만 많은 문제점이 지적되면서 현재는 실시되지 않고 있다.	2019 국가9	
3	지방자치분권 및 지역균형발전을 추진하기 위하여 국무총리 소속으로 지방시대위원회를 둔다.	2017 국가9 수정	
4	열린 혁신은 문재인 정권 시기에 이루어진 행정개혁이다.	2019 군무원9	
5	특별지방자치단체를 구성하는 지방자치단체의 장은 「지방자치법」상 겸임 제한 규정에 의해 특별지방자치단체의 장을 겸할 수 없다.	2022 국가9	
6	1991년 지방선거에서 지방의회의원을 선출하였으나, 지방자치단체장 선거는 실시되지 않았다.	2022 국가7	
7	지방세 탄력세율 제도에 따르면 지방세 일부 세목의 세율에 대해 일정 범위 내에서 지방자치단체가 자율적으로 결정할 수 있다.	2022 지방7	
8	지방세 탄력세율 제도에 따르면 레저세, 지방소비세는 탄력세율이 적용되지 않는다.	2022 지방7	
9	지역균형발전특별회계는 노무현 정부의 국가균형발전특별회계의 신설에서 비롯되었다.	2023 국가7	
10	지역상생발전기금은 지방소비세 도입 과정에서의 광역지자체와 기초지자체 간 세수입 배분의 불균형을 해소하기 위한 것이다.	2023 국가7	
11	특별지방자치단체를 구성하는 지방자치단체는 상호 협의에 따른 규약을 정하여 구성 지방자치단체의 지방의회 의결을 거쳐 기획예산처장관의 승인을 받아야 한다.	2025 지방9	
12	특별지방자치단체를 구성하는 지방자치단체의 지방의회의원은 특별지방자치단체의 의회 의원을 겸할 수 있다.	2025 지방9	
13	지방의회의 의장은 지방의회의 사무직원을 지휘·감독한다.	2023 국가7	
14	주민자치위원회 위원은 시·군·구청장이 위촉하고, 주민자치회위원은 읍·면·동장이 위촉한다.	2022 군무원9	
15	주민자치회는 지방자치단체가 위탁하는 사무의 처리에 관한 사항을 수행한다.	2025 지방7	
16	주민자치회는 현행 「지방자치법」에 명시된 제도로 읍·면·동의 주민자치 기능을 강화하기 위해 설치된다.	2025 지방7	

Section 05	지방행정 관련 제도 및 법령 등

구분	해설	회독	정답
1	우리나라는 1952년(이승만 정권) 6.25 전쟁 중 시·읍·면 의회의원을 뽑는 지방선거를 최초로 실시하였음	☐☐☐	O
2	현재 우리나라는 광역자치단체와 기초자치단체의 장 및 의원의 선거에 있어서 정당공천제를 실시하고 있음(단, 교육감 선거는 예외임)	☐☐☐	X
3	**지방분권균형발전법 제62조【지방시대위원회의 설치 및 존속기한】** ① 지방자치분권 및 지역균형발전을 추진하기 위하여 대통령 소속으로 지방시대위원회를 둔다. ② 지방시대위원회는 이 법 시행일(2023. 7. 10.)부터 5년간 존속한다.	☐☐☐	X
4	문재인 정권은 국정목표 중 하나로서 '열린혁신'을 내세움; 이는 '국민이 주인인 정부'의 실현을 위하여 추진되는 혁신활동으로 시민이 문제제기를 넘어 문제해결 과정까지 주도하고, 정부·민간의 이분법적 사고를 뛰어넘어 정부·민간의 공동생산 및 자원공유를 확산하는 것을 뜻함	☐☐☐	O
5	특별지방자치단체를 구성하는 지방자치단체의 장은 특별지방자치단체의 장을 겸할 수 있음	☐☐☐	X
6	1991년(노태우 정부) 지방선거에서 지방의회의원을 선출하였으나, 지방자치단체장 선거는 실시되지 않았음 → 지방의회의원과 장을 모두 주민 직선으로 동시에 선출하는 전국동시지방선거는 1995년 김영삼 정부에서 처음 실시되었음	☐☐☐	O
7	지방세의 탄력세율제도는 지방재정의 신축성과 자율성을 제고하기 위하여 자치단체 조례로 세율의 일정 비율을 가감할 수 있는 제도임	☐☐☐	O
8	레저세, 지방소비세는 탄력세율이 적용되지 않음 ① **대통령령으로 정하는 탄력세율 세목** : 담배소비세, 자동차 주행에 대한 자동차세 ② **조례로 정하는 탄력세율 세목** : 취득세, 등록에 대한 등록면허세, 주민세, 지방소득세 일부, 재산세, 자동차 소유에 따른 자동차세, 목적세(지역자원시설세·지방교육세)	☐☐☐	O
9	윤석열 정권에서 「지방자치분권 및 지방행정체제개편에 관한 특별법」과 「국가균형발전 특별법」을 통합하여 「지방자치분권 및 지역균형발전에 관한 특별법」을 제정하면서 국가균형발전특별회계는 지역균형발전특별회계가 되었음	☐☐☐	O
10	지역상생발전기금은 수도권과 비수도권 지방자치단체 간 재정조정을 위한 자금임 **지방기금법 제17조의2【발전기금의 재원】** ① 발전기금은 다음 각 호의 재원으로 조성한다. 3. 서울특별시·인천광역시·경기도의 출연금으로서 회계 연도별 지방소비세 세입 등을 고려하여 대통령령으로 정하는 금액	☐☐☐	X
11	기획예산처장관을 행정안전부장관으로 고쳐야 함	☐☐☐	X
12	**지방자치법 제204조【의회의 조직 등】** ① 특별지방자치단체의 의회는 규약으로 정하는 바에 따라 구성 지방자치단체의 의회 의원으로 구성한다. ② 제1항의 지방의회의원은 제43조 제1항에도 불구하고 특별지방자치단체의 의회 의원을 겸할 수 있다.	☐☐☐	O
13	**지방자치법 제103조【사무직원의 정원과 임면 등】** ② 지방의회의 의장은 지방의회 사무직원을 지휘·감독하고 법령과 조례·의회규칙으로 정하는 바에 따라 그 임면·교육·훈련·복무·징계 등에 관한 사항을 처리한다.	☐☐☐	O
14	주민자치위원회 위원은 읍·면·동장이 위촉하고, 주민자치회 위원은 시·군·구청장이 위촉함	☐☐☐	X
15	지방자치단체와 대등한 협력관계임 → 주민총회 개최, 지방정부 위임·위탁 사무 수행 등	☐☐☐	O
16	• 주민자치회는 「지방자치법」이 아니라 「지방자치분권 및 지역균형발전에 관한 특별법」에 명시된 제도임 • 읍·면·동 단위에 설치되어 주민자치 기능을 강화하고 주민의 참여를 제도화하기 위한 기구임	☐☐☐	X

최욱진

주요 약력

고려대학교 정경대학 행정학과 졸업
고려대학교 일반대학원 행정학과 행정학 전공
현) 박문각 공무원 행정학 전임교수

주요 저서

- 최욱진 행정학 기본서
- 최욱진 행정학 단원별 7·9급 기출문제집
- 최욱진 행정학 천지문 OX
- 최욱진 행정학 단원별 예상문제집

최욱진 행정학
천지문 OX

초판 인쇄 | 2026. 1. 12.   **초판 발행** | 2026. 1. 15.   **편저자** | 최욱진
발행인 | 박 용   **발행처** | (주)박문각출판   **등록** | 2015년 4월 29일 제2019-000137호
주소 | 06654 서울시 서초구 효령로 283 서경 B/D 4층   **팩스** | (02)584-2927
전화 | 교재 문의 (02)6466-7202

저자와의
협의하에
인지생략

정가 20,000원
ISBN 979-11-7519-664-3